H. ZIMMERMANN

Die **MOON**LIGHT
**METHODE**

## WICHTIGER HINWEIS DES AUTORS!

Der Verfasser gibt weder direkt noch indirekt medizinische Ratschläge noch verordnet er die Anwendung einer Diät als Behandlungsform für Krankheiten ohne medizinische Beratung. Ernährungsfachleute und andere Experten auf dem Gebiet der Gesundheit und Ernährung vertreten unterschiedliche Meinungen. Es liegt nicht in der Absicht des Verfassers, Diagnosen zu stellen oder Verordnungen zu erteilen. Seine Zielsetzung besteht lediglich darin, Informationen auf dem gesundheitlichen Sektor anzubieten und die Zusammenarbeit mit Ihrem Arzt im gegenseitigen Suchen nach Gesundheit zu unterstützen. Wenn Sie die vorliegenden Informationen ohne Einschaltung eines Arztes anwenden, so verordnen Sie sich eine Selbstbehandlung – ein Recht, das Ihnen zusteht.
Verlag und Autor übernehmen jedoch keine Verantwortung.

SCHLESWIG 2003
ALLE RECHTE LIEGEN BEIM AUTOR
TITEL © BY H. ZIMMERMANN
HERSTELLUNG: BOOKS ON DEMAND GMBH, NORDERSTEDT

ISBN 3-00-010635-9

Mein Dank gilt allen
die mich in meiner Arbeit
für dieses Buch unterstützt haben.
Besonderen Dank sage ich
meiner geduldigen Familie.

H. Zimmermann

# INHALT

| | |
|---|---:|
| Vorwort | 9 |
| Diät-»Kuren« und (k)ein Erfolg? | 11 |
| Zur Handhabung dieses Buches | 25 |
| Zeichenerklärung und Sonstiges | 31 |

## Widder
| | |
|---|---:|
| Mixgetränke | 35 |
| Empfohlene Lebensmittel | 38 |
| Tages-Menue-Pläne | ab 40 |

## Stier
| | |
|---|---:|
| Mixgetränke | 61 |
| Empfohlene Lebensmittel | 64 |
| Tages-Menue-Pläne | ab 66 |

## Zwillinge
| | |
|---|---:|
| Mixgetränke | 88 |
| Empfohlene Lebensmittel | 90 |
| Tages-Menue-Pläne | ab 92 |

## Krebs
| | |
|---|---:|
| Mixgetränke | 112 |
| Empfohlene Lebensmittel | 114 |
| Tages-Menue-Pläne | ab 116 |

## Löwe
| | |
|---|---:|
| Mixgetränke | 139 |
| Empfohlene Lebensmittel | 142 |
| Tages-Menue-Pläne | ab 144 |

## Jungfrau
| | |
|---|---:|
| Mixgetränke | 166 |
| Empfohlene Lebensmittel | 170 |
| Tages-Menue-Pläne | ab 172 |

## Waage
| | |
|---|---:|
| Mixgetränke | 196 |
| Empfohlene Lebensmittel | 198 |

# INHALT

| | |
|---|---:|
| TAGES-MENUE-PLÄNE | ab 200 |

## SKORPION

| | |
|---|---:|
| MIXGETRÄNKE | 221 |
| EMPFOHLENE LEBENSMITTEL | 224 |
| TAGES-MENUE-PLÄNE | ab 226 |

## SCHÜTZE

| | |
|---|---:|
| MIXGETRÄNKE | 246 |
| EMPFOHLENE LEBENSMITTEL | 248 |
| TAGES-MENUE-PLÄNE | ab 250 |

## STEINBOCK

| | |
|---|---:|
| MIXGETRÄNKE | 270 |
| EMPFOHLENE LEBENSMITTEL | 272 |
| TAGES-MENUE-PLÄNE | ab 274 |

## WASSERMANN

| | |
|---|---:|
| MIXGETRÄNKE | 298 |
| EMPFOHLENE LEBENSMITTEL | 300 |
| TAGES-MENUE-PLÄNE | ab 302 |

## FISCHE

| | |
|---|---:|
| MIXGETRÄNKE | 327 |
| EMPFOHLENE LEBENSMITTEL | 330 |
| TAGES-MENUE-PLÄNE | ab 332 |

| | |
|---|---:|
| GESÜNDER WÜRZEN OHNE SALZ | 351 |
| REZEPTE MIT EXOTISCHEN FRÜCHTEN | 355 |
| AUF EIN WORT... | 428 |
| MONDPHASEN-KALENDER | 429 |
| BEZUGSQUELLEN | 439 |
| KRANKHEITEN UND IHRE MIXGETRÄNKE | 440 |

»Gelegentlich stolpern die Menschen über eine Wahrheit. Aber sie richten sich auf und gehen weiter, als sei nichts geschehen.« Winston S. Churchill 1874–1965

## Vorwort des Autors

Liebe Leserin, lieber Leser, ich beglückwünsche Sie zum Kauf dieses Buches. Damit haben Sie den ersten Schritt in ein gesundes Leben getan.

Schon die Wahl des Titels war ein langer Prozeß des Schreiben und wieder Verwerfen, bis dann eine Bezeichnung gefunden wurde, die abweicht von all den gängigen Diät-Titeln in Zeitschriften und Büchern, die es auf dem Markt zu kaufen gibt. Schließlich wollte ich vermitteln, daß es sich hier nicht um eine der vielen »Crash-Diäten« handelt, die wenn angewendet und nach ein paar Wochen oder Monaten beendet, jeden Abnehmwilligen mit dem so sehr gefürchteten JoJo-Effekt »belohnen«. Ich finde, dafür lohnt es sich nicht, mehrere Wochen oder Monate den Körper einer Tortour auszusetzen, ihn mit Mangelversorgung und aggressivem Sportgehabe zu drangsalieren. Selbstverständlich führt auch Bewegung in Verbindung mit einer gesunden Ernährung, zu einer normalgewichtigen Figur, aber sie sollte sich im Rahmen halten; zwei Stunden Spazierengehen, Fahradfahren oder Schwimmen pro Woche, ohne sich zu überanstrengen, sind vollkommen ausreichend.

Es wurde deshalb Zeit ein Programm zur Gewichtsnormalisierung und Gesundheitsvorsorge zu entwickeln; und nun haben Sie dieses Buch in der Hand, daß in fast dreijähriger Arbeit erstellt wurde und Ihnen einen Weg zeigt, den zu gehen nicht schwer fällt. Dieser Weg führt zu Normalgewicht und Gesundheit, ohne Mangelerscheinungen, Streß, JoJo-Effekt und Gelenkverschleiß.

Eines sei schon vorab gesagt: Mit der in diesem Buch beschriebenen Methode werden Sie nicht innerhalb weniger Tage Massen an Gewicht verlieren. Gewichtsreduktion braucht Zeit und Pflege. Mit der **MOON-LIGHT-METHODE** dauert es vielleicht etwas länger, dafür bleibt aber der vielgefürchtete JoJo-Effekt aus, weil Sie Ihre Eßgewohnheiten umstellen werden. Sie werden also Ihr Leben mit schmackhaften und reichhaltigen Gerichten, ohne auf Genuß verzichten zu müssen, normalgewichtig und gesund verbringen.

Alle, in diesem Buch angegebenen Rezepte sind vielfach erprobt und wurden unter Beachtung der Vielfältigkeit des heutigen Warenangebotes, aber auch unter Einhaltung der Harmonie mit den Mondphasen und den durchwanderten Tierkreiszeichen erarbeitet. Zum besseren Verständnis sollten Sie wissen, daß es hier nicht um Ihr persönliches Sternzeichen geht, sondern um das vom Mond auf seiner Himmelsbahn durchwanderte Tierkreiszeichen.

Der Rezeptteil stellt natürlich den größten Teil dieses Buches dar. Er wurde überaus sorgfältig erarbeitet und durchaus übersichtlich gestaltet. Alle Zubereitungsanweisungen sind gut lesbar, um zu gewährleisten, daß Sie auch während des Zubereitens der Speisen schnell mal nachlesen können, welches der nächste Schritt ist, bevor Ihnen das Essen anbrennt oder der Topf überläuft.

Ab Seite 25 erhalten Sie eine detaillierte Einweisung in die Handhabung dieses Buches, nach dem Motto: »EINFACHES PRINZIP – EFFEKTIVE WIRKUNG!«

Ich wünsche Ihnen viel Erfolg mit der **MOON-LIGHT-METHODE**, sowie ein langes normalgewichtiges und gesundes Leben.

H. Zimmermann<br>Schleswig 2003

## Diät-Kuren und (k)ein Erfolg?

Schlemmen nach Herzenslust. Noch nie gab es bei uns soviel zu essen und eine derart reiche Auswahl an Lebensmitteln. Ein Schlaraffenland der Köstlichkeiten.

Das Leben im Schlaraffenland birgt aber einige Gefahren. Eine der größten ist sicherlich die, dick zu werden. Überall in der industrialisierten Welt wuchern die Pfunde, auf allen Kontinenten, in den verschiedensten Völkern. Ganz egal, ob Deutscher oder Japaner, Mann oder Frau, arm oder reich, schwarz oder weiß.

Daran ist sicher auch die Ernährung schuld. Kalorien locken an jeder Straßenecke. Wer kann da schon widerstehen?

Das ist aber nicht der Hauptgrund für den dicken Trend. Wir werden immer fülliger, weil das Verhältnis «Input» und »Output« nicht mehr stimmt. Wir bewegen uns nicht mehr genug, für die Mengen die wir in uns hineinstopfen. Muß ja auch nicht sein. Nicht einmal der Pfunde zuliebe?

Die mobile Gesellschaft wird immer unbeweglicher. Kleine elektronische Helfer wie Garagentoröffner und Co. ersparen uns so manchen Meter, zudem meiden wir das Tageslicht das den Appetit steuert, wie der Teufel das Weihwasser.

Viele Umweltbedingungen sind für die Fettpolster verantwortlich; und doch denkt jeder, der mit seinen Pfunden hadert, stets zunächst an eines, an eine Diät.

Vor allem das sogenannte schwache Geschlecht ist anfällig für Diäten. Jahr für Jahr wird den mehr oder weniger Dicken eine Bikini-Figur versprochen. Mit den wunderlichsten Methoden sollen die Pfunde in wenigen Tagen schmelzen.

Gesundheitliche Aspekte sind allerdings selten der Motor um abzuspecken, schon eher Schlankheitswahn und Jugendkult. Der Traum vom Idealgewicht und dem wohlgeformten Körper wird nicht zuletzt durch Medien und Werbung verstärkt. Versprechungen aller Art verleiten die Verbraucher; und die Phantasie von der Traumfigur wird mit attraktiven Models geködert.

In den Köpfen spukt: »Dick ist, wer zuviel ißt; und wer nicht so aussieht, wie die Models auf den Titelseiten, macht etwas falsch.«

**Diäten sind ein gutes Geschäft**, nicht nur für die schönen bunten Illustrierten; sie füllen TV-Shows ebenso wie die Regale der Apotheken und Supermärkte. Sogar Ärzte empfehlen sie, *obwohl erwiesenermaßen 95% aller Hungerkuren scheitern*.

Selbst der simpelste Ratschlag »Einfach weniger Fett« zu essen, wäre nach neusten Erkenntnissen, für diese diätbereiten Frauen schlichtweg ein »Flop«.

*Wer kann sich im Dickicht des Diäten-Dschungels überhaupt noch orientieren?*

Sicher ist, wenn die Waage erschreckendes zeigt dann wird häufig radikal gehandelt, um die Pfunde so schnell wie möglich loszuwerden. Ab jetzt wird dem Appetit nicht mehr nachgegeben. Im Gegenteil, Hungerkuren mit Minimalversorgung sollen das Leben leichter machen. Kein Trick ist zu schade, um den Pfunden das Leben schwer zu machen. Eisern werden die Polster angegangen und jeder Rat ist lieb und wird zumindest ausprobiert.

Wer schlank werden will meidet Fett, denn Fett gilt als Dickmacher Nummer eins. Schließlich empfehlen auch unsere »Ernährungsexperten« wie etwa die »Deutsche Gesellschaft für Ernährung« höchstens 60g Fett am Tage. Das entspricht einem Fettanteil im Essen von 30%.

Solches glaubt der kaloriengeplagte Bundesbürger gerne. Allein, es fehlt der Beweis.

Die amerikanische Gesundheitsbehörde mußte 1995 nach einer ihrer umfangreichsten Studien eingestehen, daß fettes Essen keinen Einfluß auf das Körpergewicht hat.

So wurde das Fett in den letzten Jahrzehnten einfach dämonisiert und man fragt sich: warum eigentlich? Es existieren keinerlei wissenschaftliche Daten hierfür. Hier wurde vor Jahren eine Lawine losgetreten die sich zum Dogma verfestigte und man hat es auf der ganzen Welt unkritisch übernommen. Einen Schuldigen zu haben ist schon immer bequem gewesen, und die etwas kritischeren Geister die immer wieder darauf hingewiesen haben, daß es überhaupt keine wissenschaftlichen Belege für all diese Behauptungen gibt, die wurden negiert. Man hat sie sogar als Intreganten und unwillkommene Diskutanten abqualifiziert.

**Fett macht fett!** Doch das in dieser Theorie ein Webfehler steckt fällt jedem auf, der einfach die Daten vergleicht.

So zählen etwa die Dänen zu den schlankesten Völkern in ganz Europa, obwohl sie 44% Fett verzehren. Genauso dünn sind die Holländer, die ihren Fettkonsum allerdings auf ganze 37% heruntergeschraubt haben. Wir Deutschen nehmen im Essen zwar genauso wenig Fett zu uns, sind aber merkwürdigerweise wesentlich dicker. In Deutschen Landen gibt es viermal soviel Dicke wie in Holland. Die dicksten Europäer leben in Rußland, obwohl dort nur 25% Fett verzehrt werden. Übrigens genauso wenig wie im Land der Light-Produkte, in den USA, wo 40 Millionen übergewichtig sind.

Schaut man gar ins ferne Afrika, wird es ganz kontrovers. Die Massai, die sich zu 60% aus Fett ernähren, zählen zu den schlankesten Völkern der Welt.

Weshalb aber hält sich der Slogan: »Fettarm = Schlank« so hartnäckig? Vielleicht weil massive wirtschaftliche Interessen dahinter stecken!? Die großen Konzerne machen schließlich mit abgespeckten Light-Produkten ein Riesengeschäft. In Amerika sind bereits 76% aller Produkte kalorienreduziert, und auch bei uns boomt der Markt. Obwohl uns doch das amerikanische Paradoxon eines Besseren belehren sollte, das besagt, daß die Amerikaner trotzdem sie immer leichter essen, immer fetter werden.

Eine Tatsache die wissenschaftlich bestens belegt ist und die jeder Diäterprobte bestätigen kann: *»Bei diesen Light-Produkten hast du das Gefühl als hättest du nichts gegessen und ißt dann immer mehr!«*

Werbung und Ratschläge der Ernährungsexperten läßt Millionen Deutsche zu Light-Produkten greifen. Das ist umso erstaunlicher da deren Nutzen noch nie bestätigt werden konnte. Im Gegenteil, Light-Produkte können nur durch viel Aromastoffe schmackhaft gemacht werden; und Aromastoffe machen dick, genauso wie Süßstoffe und Fettaustauscher.

Dies wissen wir sowohl aus den Studien der Hersteller solcher Produkte, die zeigen konnten, daß Versuchstiere die beispielsweise Süßstoffe statt Zucker zu fressen bekommen, oder die Fett-Ersatzstoffe statt richtigem Fett zu fressen bekommen, über kurz oder lang dicker werden als solche, die mit normalen Kohlehydraten oder normalem Fett ernährt werden.

*Hier geschieht also genau das Gegenteil von dem, was man nach herkömmlicher Meinung erwarten sollte.*

Man sollte doch erwarten, daß bei einer fettarmen und kalorienarmen Ernährung das Gewicht eher sinkt, aber es ist genau umgekehrt, das Gewicht steigt und zwar deshalb weil der Körper offenbar merkt, daß das was im Mund und am Gaumen wahrgenommen wird im Verdauungstrakt überhaupt nicht ankommt. Daraus folgert er offensichtlich, daß hier irgend etwas nicht stimmt; und steuert dagegen, versucht vorzubeugen; versucht also diesen drohenden Mangel auszugleichen indem er sich vorsorglich Fettpölsterchen zulegt. Der Schuß geht also nach hinten los. *Light macht nur den Geldbeutel dünn, den Bauch aber dicker.*

**Fettarmes Essen** ist nicht immer gesundes Essen. Nur wenige Wissenschaftler sind in den vergangenen Jahrzehnten der Fetthysterie nicht verfallen.

So etwa der Chefarzt einer europäischen Diät-Klinik, der das Fett-Dogma als ein US-amerikanisches Mißverständnis bezeichnet, das wir Europäer dummerweise übernommen haben. Welche Art von Fett wir zu uns nehmen scheint viel wichtiger für unsere Gesundheit zu sein, als wieviel. Der genannte Chefarzt setzt deshalb in seiner Klink auf die Mittelmeer-Kost, die mit viel frischem Gemüse, Fisch, Fleisch und Olivenöl kocht.

Und das ist nicht einmal soviel kostenintensiver. Eine Kost die über 40% Fett enthält und jedem Deutschen »Ernährungsexperten« die Haare zu Berge stehen liese. Doch sie ist die einzige Kostform die wissenschaftlich nachgewiesen, überhaupt je einen Nutzen für die Gesundheit hatte. Weiß man doch schon seit Jahrzehnten, daß in den Mittelmeerländern das Vorkommen von koronalen Herzkrankheiten stark reduziert ist.

Mediziner und »Ernährungsexperten« rudern zurück, sogar Nachrichten-Magazine verkünden neuerdings die gute Botschaft »Fett macht doch nicht fett«, »Cholesterin nicht krank« und »wer sich gesund ernähren will, setzt auf die Mittelmeer-Kost«. Sehen wir uns diese Mittelmeer-Kost mal an den Originalschauplätzen an. Normalerweise ist es so, daß die mediterrane Ernährung darin besteht zum Frühstück möglichst wenig zu verzehren. Also nicht wie ein Kaiser sondern eher wie ein Bettler zu speisen. Die Hauptmahlzeit wird am Abend eingenommen. Der Fleischverzehr ist im Mittelmeerraum erstaunlicherweise deutlich höher als bei uns in Deutschland. Es wird außerdem reichlich Fett verwendet, so daß das Gemüse im Fett schwimmend quasi mausetod gekocht wird. So »garantiert« man, daß diese fettreiche Kost auch wirklich keine Vitamine mehr enthält. Es wird gesalzen ohne Rücksicht auf Verluste. Man ißt kaum Rohkost und verstößt gegen alle Ernährungsregeln die unsere Experten so mühsam aufgestellt haben. Es wird kein Vollkorn verzehrt, sondern ausschließlich Weißbrot; und dazu wird dann auch noch Alkohol in Unmengen getrunken. All das zusammen genommen führt dann schließlich dazu, daß die Herz-Kreislauferkrankungen bei diesen Menschen deutlich **niedriger** liegen als bei uns. Da muß es doch jedem »Experten« den Blutdruck hochtreiben?

**Wichtig beim Abnehmen** ist allein die Energiebilanz. Man muß mehr Kalorien verbrauchen als zu sich zu nehmen. Mit allen herkömmlichen Reduktionsdiäten beschränkt sich der Effekt aktiver Gewichtsverluste auf etwa 10-12 kg in den ersten 4 Monaten. Dann kommt der Punkt den jeder Diäter fürchtet, die Frustration wenn der Zeiger der Waage partout nicht mehr weiter nach unten will. Das hat seinen Grund in der Biologie, denn jetzt schaltet der Körper auf Sparflamme, er spart Energie um das Überleben zu sichern, schraubt den Kalorienverbrauch herunter und nutzt andererseits die Nahrung intensiver. Das ist der Punkt, an dem die meisten aufgeben. Nach Abbruch der Diät ißt der Mensch wieder normal, sein Organismus läuft aber immer noch auf Sparflamme. Die Folge: **man nimmt wieder zu!**

Es ist also biologisch bedingt, daß es nur die wenigsten schaffen das erhungerte Gewicht zu halten. Der Alptraum eines jeden Diäters ist die Phase in der er wieder normal ißt; in der der Appetit steuert, was er essen will, mit Lust auf mehr. Solange bis das alte Gewicht wieder erreicht ist und oft genug sogar darüber hinaus.

Auch das ist inzwischen wissenschaftliches Allgemeingut: der JoJo-Effekt, die Tatsache das man am Ende vieler Diäten immer dicker ist als vorher. Der Grund liegt auch hier in der Biologie des Menschen. *Denn dauerndes Diäten verstört das Evolutions-System.*

Wenn diese Diäten regelmäßig stattfinden hat der Organismus das Gefühl in der Lebenszeit eines Menschen kommen offenbar schreckliche Hungersnöte, Mißernten, Belagerungen, Kriege und andere fürchterliche Dinge vor. Er weiß ja nicht das der dumme Mensch freiwillig abnehmen will und auf Nahrung verzichtet. Nun legt er sich für diese gefährlichen Situationen die offensichtlich regelmäßig vorkommen immer wieder neue Extrareserven zu. Nach dem Prinzip: *Einen Fehler kann man einmal machen, das man in eine Hungersnot hineingerät, aber man darf diesen Fehler nicht zweimal machen.*

**Diätmentalitäten** gibt es in vielen Berufsgruppen. Der dauernde Zwang das Körpergewicht zu kontrollieren und ja nicht zuzunehmen.

Ob Jockey, Skispringer, Eiskunstläuferin oder Model. Wo das Körperliche dominiert ist die Eßstörung nicht weit. Im Grunde genommen ist bei den allermeisten Eßstörungen, besonders bei *Eß-Brechsucht* und auch bei *Magersucht* eine Diät die **Einstiegsdroge**, oder sagen wir nicht eine Diät, sondern viele Diäten.

Seit *Twiggi* in den siebziger Jahren den Laufsteg eroberte, frönt die westliche Welt dem Schlankheitswahn, obwohl 92% aller Frauen nicht das Ideal der Kleidergröße 38 erreichen werden. Dieses Ideal treibt viele Mädchen in gefährliche psychische Erkrankungen. *Heißhungeranfälle sind ernstzunehmende Anzeichen für ein gestörtes Körpergefühl. Eßgestörte merken nicht mehr, ob sie hungrig oder satt sind. Sie verlieren die Kontrolle über eines ihrer wichtigsten Organe, ihren Appetit. In Spezialkliniken versucht man ihnen dieses Körpergefühl wiederzugeben. Etwa in* der Bewegungstherapie, in der sie sich ganz auf ihre Gefühle einlassen sollen.

**Das Fettgewebe des Menschen** ist beileibe kein unnötiger Ballast, sondern eines unserer größten und wichtigsten Organe. Es ist über den ganzen Körper verteilt.

Das vielgehaßte Fett im Oberbauch, unter dem besonders Männer leiden, ist für die rasche Energielieferung an Muskeln und Organe unentbehrlich. Die bei Frauen vermehrt auftretenden Fettdepots an Hüften und Schenkeln sind eher für den langfristigen Energiehaushalt verantwortlich. Alle wichtigen Organe, wie etwa die Nieren oder das Herz sind mit einem Fettschutzschild umgeben. Fett ist nicht nur ein passiver Speicher, über Hormone regelt es unsere Fortpflanzungsfähigkeit, es umhüllt die Lymphknoten und bestimmt die Abwehrkraft des Immunsystems. Über das Nervensystem beeinflußt das Fett auch unsere Stimmung. Die Fettzellen kommunizieren sogar mit dem Gehirn, sie lösen das Hormon *Leptin* das an den *Hypothalamus* gebunden wird. Das ist die Gehirnregion die so wichtige Dinge wie die Nahrungsaufnahme, das Körpergewicht, den Schlaf, die Körpertemperatur und die Fortpflanzung steuert.

**Ohne Fett geht im Körper nichts!** »*Diäten machen krank, weil sie den Fettstoffwechsel stören.*« Fett sparen kann einen gesunden Organismus also aus dem Gleichgewicht bringen.

Das entscheidende gesundheitliche Risiko bei einer fettarmen Ernährung ist die deutliche Zunahme von Gallenkrankheiten, vor allem von Gallensteinen. Allerdings mit einer Verzögerung von sechs bis neun Monaten. Das hängt damit zusammen das bei einer Verminderung der Fettzufuhr nicht mehr so viel Gallenflüssigkeit gebraucht wird. Aber diese Gallenflüssigkeit wird produziert, wird in der Galle konzentriert und dann kommt es natürlich zu auskristalisierenden Bestandteilen und damit zur Gallensteinbildung. Viele Menschen sehen allerdings den Zusammenhang nicht, zwischen ihren Gallenproblemen, zwischen den Gallensteinen und der vorher durchgeführten fettarmen Ernährung.

Dauerndes Diäten bringt die Körperfunktionen aus dem Gleichgewicht. Über diese Erfahrungen können viele Diätgeschädigten berichten.

Ein Horror für jeden Kalorienzähler ist wohl eine fette Schweinshaxe. In Wirklichkeit jedoch ist sie der Gesundheit zuträglicher als jede Schlankheitskur. Wer hungert, verliert Muskelmasse, auch am Herzen, und schwemmt Kalzium aus. Dadurch drohen *Osteoporose*, *Gicht* und *Depressionen*. Und längst ist erwiesen, daß der JoJo-Effekt viel dicker macht als die größte Haxe mit den reichlichsten Beilagen. Auch die Tatsache, daß bei den meisten Diäten anstelle von Fett vermehrt Kohlehydrate gegessen werden macht den Medizinern neuerdings Sorgen. Denn dies könnte der Auslöser für eine gefährliche Krankheit sein, dem *metabolischen Syndrom*.

So nennt man das tödliche Quartett von erhöhten Blutdruck-, Blutfett-, Insulin- und Blutzuckerwerten, an denen immer mehr Menschen leiden. Besonders bewegungsarme Übergewichtige sind betroffen. Eine kontinuierlich hohe Kohlehydratzufuhr hat bei diesen Menschen das Risiko, daß die Blutfette dramatisch steigen, das gute *Cholesterin* (HDL) absinkt, daß also gewisse Symptome des so genannten *metabolischen Syndroms* verstärkt werden.

Wenn Abnehmen mit soviel ernsten Krankheiten verbunden ist, stellt sich die Frage, ob es überhaupt einen gesundheitlichen Nutzen bringt sein Gewicht zu verringern. Angeblich soll Abnehmen die Risikofaktoren von Herz-Kreislauferkrankungen verringern, doch das Gegenteil ist der Fall. 25 Langzeitstudien kamen zu dem Ergebnis, daß mit dem Gewichtsverlust bei gesunden Menschen die Lebenserwartung sinkt. Wer also erfolgreich schlanker wurde, starb früher als diejenigen die dick geblieben waren, und zwar auffallend häufig an Herz- und Hirn-Infarkten.

Es gibt Untersuchungen dazu. um wieviel diese Menschen gesünder werden, die erfolgreich abnehmen. Und diese Untersuchungen sollten eigentlich alle »Ernährungsexperten« zum Nachdenken bringen. Es hat sich nämlich gezeigt, daß Menschen die erfolgreich abnehmen, eher sterben als solche die zunehmen. Und das gilt sogar für dicke, für fette Menschen. Dahinter steckt im Grunde auch wieder ein einfacher platter Denkfehler. Wenn man nämlich feststellt das schlanke Menschen etwas länger leben als richtig Dicke, heißt das doch noch lange nicht, daß ein abgehungerter Dicker dann denselben Stoffwechsel wie ein Schlanker hat.

**Keine Angst vor den überflüssigen Pfunden.** Wer dick ist stirbt nicht unbedingt früher. Vor allem bei Frauen war in der Mehrheit der Studien überhaupt kein Zusammenhang zwischen Übergewicht und Sterblichkeit nachweisbar. Und noch etwas zeigten die Untersuchungen: ein langsam mit dem Alter ansteigendes Körpergewicht scheint immer mit der stabilsten Gesundheit verbunden zu sein.

Stehen hinter den derzeit propagierten Gewichtsnormen vielleicht eher kommerzielle als medizinische Gründe!?

**3,7 Milliarden DM** gaben die Bundesdeutschen im Jahr 2000 für Diät- und Reformprodukte aus. Für Appetitzügler, Fettweg-Pillen, Schlankheitspulver oder Sättigungskapseln. Nicht eingerechnet sind die obligatorischen Ratgeber-Bücher, magnetische Ohrringe oder Massage-Einlegesohlen.

Doch nicht nur der Einzelhandel, Drogeriemärkte und Apotheken machen mit dem Schlankheitswunsch gute

Geschäfte. Da hängen ganze Industrien und Konzerne dran, angefangen von den Sportstudios, Print-Medien mit ihren Diät-Zeitschriften, Frauen- und Mode-Zeitschriften, die die angeblich neuesten Diät-Tipps und Schlankheitskuren veröffentlichen und daran anschließend die Abteilung: *»Was mache ich wenn ich krank geworden bin, durch die Diät?«*. So eine Art *»Fragen Sie Dr. Sommer«*, für 3.68 Euro pro Minute!

Natürlich sind auch die Hersteller von Light-Produkten und Diät-Nahrungsmitteln zu nennen. Die Süßwarenindustrie nicht zu vergessen; wenn ich permanent auf Süßwaren verzichte und bekomme dann Heißhungeranfälle, dann brauche ich doppelt und dreifach soviel. Es profitiert aber auch sehr stark die Mode- und Kosmetik-industrie davon. Aber auch unseren Ärzten und »Ernährungswissenschaftlern« bietet sich hier ein reiches Betätigungsfeld. Sie eröffnen eine Diät-Klinik nach der anderen, oder schreiben zumindest schlaue Bücher.

Die Frage wer überhaupt übergewichtig ist, ist gar nicht so einfach zu beantworten und zieht eine größere Rechenaufgabe nach sich. Die zuständigen medizinischen Institutionen haben sich auf ein Maß für die Körpermasse geeinigt. Den so genannten »Body-Mass-Index« (BMI). Er berechnet sich nach dem Körpergewicht (Beispiel: 75 kg), geteilt durch das Quadrat der Körperlänge (Beispiel: 1.78m x 1.78m). In diesem Fall ergäbe das einen BMI von aufgerundet 24. Normalgewichtig ist man bei einem BMI von 20-25, ab 25 gilt eine Person als übergewichtig, ab 30 sogar als fettsüchtig und behandlungsbedürftig. Nach diesen Kriterien sind allein in Deutschland 40% aller Menschen übergewichtig und Millionen im klinischen Sinn therapierbar, unabhängig davon ob sie tatsächlich krank sind oder nicht.

Aber der BMI allein sagt überhaupt nichts aus, er kann höchstens in Kombination mit weiteren Faktoren wie beispielsweise Umwelt-, Lebensstil-, und Risiko-Faktoren, näher zur Betrachtung herangezogen werden. Inzwischen ist auch sehr klar, daß ältere Menschen (bis ca. 65 Jahre) mit einem etwas höheren BMI über 25 eine höhere Lebenserwartung haben als solche mit einem BMI unter 25.

Es sprechen also viele Punkte dafür, daß das starre Festhalten an diesem Schema »BMI 20 bis 25 ist erstrebenswert und darüber ist es behandlungsbedürftig«, unsinnig ist, daß aber auf der anderen Seite die Schlankheitsindustrie daran ein großes Interesse hat, so einen Grenzwert möglichst niedrig anzusetzen. Vielleicht sogar bald bei 24 oder 23, dann haben wir mit einem Schlag noch mehr Behandlungsbedürftige. Welch ein Segen für die Diät-Kliniken und all die anderen die da mitverdienen.

Der denkende Mensch fragt sich nun, wie solche Grenzwerte wie *BMI = 30 = fettsüchtig = behandlungsbedürftig* zustande kommen. Das geschieht in so genannten »*Konsensus-Konferenzen*«, wo sich ausgewählte »Experten« des Gebietes in schönen Konferenzräumen um eine einheitliche wissenschaftliche (?) Übereinstimmung mehr oder weniger redlich bemühen.

Man stimmt über wissenschaftliche Tatsachen ab. Natürlich stimmt man im Interesse dessen ab, der diese Konferenz bezahlt. In der Medizin ist so etwas heute *Usus*, vor allem in der Ernährungsmedizin. Aber man muß wissenschaftliche Fragen durch saubere Forschungsergebnisse belegen, und man kann sie nicht dadurch lösen, indem sich einfach 20 Professoren zusammensetzen und erklären, »*wir sind gemeinsam der Meinung daß es so sein muß*«; und damit ist das »wissenschaftlich« gesichert!

**Der erste Schritt aus der Diätenfalle** wäre das Schönheitsideal zu ändern, das von der Werbung und der Modewelt verbreitet wird. Hier sind die Kreativen gefordert, die diese Bilderflut von schönen, dünnen, erfolgreichen und glücklichen Menschen in die Welt setzen.

**Der zweite Schritt** wäre eine Änderung des Lebens-

Stils. Das fängt mit der Ernährung an und hört mit mehr Bewegung auf.

Also Gewicht halten oder auf Normalität bringen und körperlich aktivieren. **Viel besser als jede Diät ist körperliche Fitness.** Dazu bedarf es keiner gewaltigen Sportprogramme. Zwei Stunden Training pro Woche, so daß man leicht ins Schwitzen kommt, das reicht schon. Und, wenn das ganze im Freien stattfindet, dann noch besser.

Denn inzwischen weiß auch die Wissenschaft, daß zur »*artgerechten Menschenhaltung*« auch das Tageslicht gehört. Es ist wichtig für die Bildung von Hormonen und reguliert den Appetit. Bewegung, Licht, Eßkultur, mehr Selbstbewußtsein und ein anderes Schönheitsideal, so einfach könnten wir der Diätenfalle entrinnen, und wären vielleicht nicht schlanker aber sicher gesünder. Und vor allem glücklicher.

**Was also** schlagen Mediziner, Wissenschaftler, Medien sowie Pharma-Industrie und Diätetiker vor? Wie sollen wir gesund abnehmen und unser Normalgewicht halten, ohne das es zum JoJo-Effekt kommt. Mit Pillen, Fertignahrung, Injektionen, Meditation, exzessivem Sport, Formula-Diät, Blutgruppendiät und Light-Produkten?

Die ausreichende Bereitstellung von Lebensmitteln ist heute ein nicht zu unterschätzender ökonomischer Faktor. So liegt zum Beispiel der jährliche Umsatz von Brot in der Größenordnung von ca. zwölf Milliarden Euro.

Auch Diäten sind Bestandteil kommerzieller Aktivitäten und stellen einen erheblichen Wirtschaftsfaktor dar. Zuguterletzt verdienen natürlich auch die Print-Medien am Dauerbrenner »Diäten«, indem sie immer »bessere« und »erfolgreichere Nonsens-Diäten« veröffentlichen. Um genügend Aufmerksamkeit zu erregen werden Schauspieler und andere »Stars« und »Sternchen« in den

Vordergrund gerückt. Diese haben dann angeblich die neue Diät ausprobiert und, es gleicht einem Wunder, 'zig Kilo in wenigen Wochen verloren, sowie Tausende Euro mehr auf dem eigenen Konto!

Dagegen kommt der Abnehmwillige in die paradoxe Situation, daß er die bisherige Fehlernährung die zwangsweise zum Übergewicht führt, durch eine weitaus gefährlichere Fehlernährung nämlich die Diät ablöst. Der durch die Diät aufkommende Mangel stellt aber die primären Ernährungsfehler nicht ab. Im Gegenteil: er beinhaltet die weitaus größere Gefahr der Unterernährung und Mangelversorgung mit Vitaminen, Ballaststoffen, Fetten und essentiellen Aminosäuren die der Körper unbedingt benötigt.

Da man aber Ernährungsfehler die zu Übergewicht führen kennt, läßt sich auch ohne eine spezielle Diät gut dagegensteuern. Man muß also die häufigsten Ernährungsfehler wie z. B. »zu wenig Ballaststoffe, zu viel, zu fett, zu süß, zu salzig essen« abstellen und durch eine gesunde, ausgeglichene Ernährung ersetzen.

**In diesem Buch** stelle ich Ihnen eine Möglichkeit vor, die ohne jegliche Mangelerscheinung zu Gesundheit und Normalgewicht führt. Es klingt paradox, aber **»Essen macht schlank«**. Richtiges Essen unter Berücksichtigung der Mondphasen in Verbindung mit dem jeweils durchwanderten Tierkreiszeichen hilft Ihnen gesund und schlank zu werden; und zu bleiben. Machen Sie also »*Gesunde Ernährung zur täglichen Gewohnheit*«, und der Erfolg wird nicht lange auf sich warten lassen.

Fangen Sie noch heute, spätestens aber morgen mit der »**MOON-LIGHT-METHODE**« an und bleiben Sie ein Leben lang schlank und gesund!

*»Neues Denken fängt da an, wo wir die Grenzen unseres Verstandes aufheben und die Weisheit unserer Seele zu Wort kommen lassen.«*

## Zur Handhabung dieses Buches

Auf dieser und den folgenden Seiten soll Ihnen die Handhabung des Buches detailliert erklärt werden. Außerdem wird auf die Mondphasen und Tierkreiszeichen eingegangen, die bei der Nahrungsaufnahme eine große, wenn nicht sogar die wichtigste Rolle spielen. Sie werden eingeführt in die richtige, an den Mondphasen orientierte Ernährung; und Sie werden verstehen, daß es nicht darauf ankommt was oder wieviel man ißt, sondern wann der Verdauungstrakt was am besten verarbeiten kann, bzw. wann der Körper welche Vitamine, Mineral- und Ballaststoffe in welcher Menge und Dareichungsform am besten in den Organismus einbauen kann.

Sie lernen die Mondphasen in Ihrem täglichen Leben zu berücksichtigen. Sie werden verstehen, warum die unterschiedlichen Mondstände im Tierkreis so wichtig sind für unser Leben, unsere Ernährung und unser Wohlbefinden. Vor Ihnen liegt ein Leben in Harmonie, Glück und Gesundheit.

Ob eine Mahlzeit gut bekommt oder nicht hängt zu einem großen Teil davon ab, ob sie bei zunehmendem oder abnehmendem Mond eingenommen wird. So ist es nicht verwunderlich, daß wir uns bei zunehmendem Mond nach dem Essen meistens unwohl fühlen und von Völlegefühl und Trägheit geplagt werden. Bei abnehmendem Mond dagegen, ist von diesen Symptomen weitaus weniger zu spüren, weil die aufgenommene Nahrung besser verarbeitet, also schneller durch den Verdauungstrakt geleitet wird.

Diese Feststellung können Sie auch selbst machen, wenn Sie in der Zeit vor Beginn der »**MOON-LIGHT-METHODE**«, also in der Zeit Ihrer normalen bisherigen Ernährungsweise Notizen machen. Notieren Sie über einen Zeitraum von 3-4 Wochen, welche Nahrung Sie zu sich nehmen, und beobachten Sie Ihren Körper. Schreiben Sie sich auf welche Reaktionen Ihre Organe vollziehen und halten Sie fest welche Mondphase in welchem Tierkreiszeichen aktuell ist.

Später, bei Beginn der **MOON-LIGHT-METHODE** können Sie den Unterschied festmachen. Sie werden erstaunt sein wie groß der Unterschied zwischen Essen und richtig essen sein kann. So manche mißliche Situation aus vergangenen Tagen oder Jahren, der unkontrollierten Ernährung, werden Sie besser bewerten und verstehen können. Aus Fehlern soll man lernen; tun Sie es!

**Bevor** wir nun zur spezifischen Handhabung des Buches kommen, ist es gewiß nützlich einige grundsätzliche Tatsachen vom Bezug zwischen Mond, Tierkreiszeichen, Ernährung und Mensch festzuhalten.

**Der zunehmende Mond** (☽) führt zu, speichert Energie, baut auf und absorbiert. Sie sollten also die zunehmende Phase des Mondes dazu nutzen, dem Körper wichtige Vitamine, Mineralien und Aufbaustoffe zuzuführen. Alle sportlichen Aktivitäten kommen Ihrem Körper in dieser Phase zugute, d. h. besonders geeignet ist der zunehmende Mond zum Muskelaufbau, zur Konditionssteigerung und zur Verabreichung von Vitaminen in natürlicher Form, also durch Obst und Gemüse. Verzichten Sie auf Vitamin-Präparate der Chemischen Industrie, die kann der menschliche Organismus sowieso nicht verarbeiten. Diese Präparate bewirken eigentlich das Gegenteil; da der Organismus sie nicht aufnehmen kann, werden sie als Verdauungsmüll meist dort abgelagert wo sie nicht hingehören und verursachen Zivilisationskrankheiten, wie Rheuma, Gicht, Osteoporose usw. Vertrauen Sie der Natur; nehmen Sie Vitamine zu sich, die uns die Natur in frischem Gemüse und Obst anbietet.

**Der abnehmende Mond** (☾) schwitzt und atmet aus, lädt zu Aktivität ein und eignet sich besonders gut zur

Entgiftung des Körpers und Organismus. In dieser Mondphase sollten Sie also alle Anstrengungen unternehmen, den durch Ernährungsmüll belasteten Organismus zu entlasten. Sollten Sie Gelüste nach Schokolade oder anderen Süßigkeiten haben, so stillen Sie diese an solchen Tagen des abnehmenden Mondes. Natürlich sollten Sie sich auch jetzt mäßigen, aber eine kleine Sünde kann keiner verwehren und an solchen Tagen sollten Sie sich auch mal was gönnen. Sie werden sehen, der Mond ist Ihr bester Verbündeter. Auch wenn Sie ihn mal vergessen, er denkt immer an Sie und ist immer zur Stelle.

**Der Neumond** (●) stellt einen Neuanfang dar. An solchen Tagen sollten Sie einen Fastentag einlegen, also keine feste Nahrung zu sich nehmen. Trinken Sie verschiedene frisch hergestellte Mixgetränke des an diesem Tag aktuellen Tierkreiszeichens. Alle übrigen Aktionen, wie z. B. Vertragsabschlüsse, Vorstellungsgespräche und Verhandlungen sollten Sie auf Neumondtage legen. Übrigens ist der Neumondtag bestens geeignet alte Laster, wie z. B. Nikotin, Alkohol oder Sonstiges hinter sich zu lassen.

**Der Vollmond** (☺) entspricht einem allgemeinen vitalen Höhepunkt. An solchen Tagen entfalten Heilkräuter und Vitamingaben, in natürlicher Form, ihre größte Wirkung. Diesen Tag sollten Sie außerdem kreativ gestalten, gehen Sie Ihren Hobbys nach und lassen Sie die Seele mal baumeln. Vermeiden Sie anstrengende Arbeiten, soweit dies möglich ist. Leben Sie einfach in den Tag hinein und erfreuen Sie sich am Leben im Einklang mit der Natur. Erzählen Sie Ihren Freunden, Bekannten und Verwandten wie gut Sie sich fühlen, und lassen Sie das auch Ihre Mitmenschen spüren. Lassen Sie sie teilhaben an Ihrem Glück, vielleicht bewirken Sie so etwas positives bei Ihren Mitmenschen, daß diese auch gerne erfahren und weitergeben möchten.

Kommen wir nun zur praktischen Handhabung des

Rezeptteils. Sie sollten die Angaben nachvollziehen, d. h. schlagen Sie die in den Beispielen angegebenen Seiten auf, so können Sie die Angaben besser nachvollziehen und bekommen, je öfter Sie diese Beispiele nachschlagen, eine gewisse Routine im Umgang mit dem Rezeptteil.

**1. Beispiel:** Dienstag den 29. April 2003

Wenn Sie jetzt den Mondphasen-Kalender aufschlagen sehen Sie für diesen Tag folgendes:

Mondphase = abnehmender Mond ☾
Tierkreiszeichen = **WIDDER** ♈

Das bedeutet für Sie, daß ein Widder-Tages-Menue ansteht. Nun sehen Sie bitte auf den Tages-Menue-Seiten unter Widder nach.

Da wäre z. B. das Widder-Menue 1 (sie können selbstverständlich jedes andere der 6 Widder-Tages-Menues auswählen).

Ihr **Tages-Menue-Plan** sieht also wie folgt aus:

**Nach dem Aufstehen** – (bei ☻+☾) roter Johannisbeersaft vermischt mit Brennesselpreßsaft trinken.

**Erstes Frühstück** – Obstflocken und dazu eine Tasse Brennesseltee

**Zweites Frühstück** – (bei ☻+☾) Obstjoghurt

**Vor dem Mittagessen** – (bei ☻+☾) Fencheltee mit Brennesselpreßsaft

**Mittag** – Putenschnitzel mit Bananen-Curry

**Nachmittag** – (bei ☻+☾) Pflaumen-Joghurt

Abend – Champignonsalat

**2. Beispiel:** Montag den 10. März 2003

Wenn Sie jetzt den Mondphasen-Kalender aufschlagen sehen Sie für diesen Tag folgendes:

Mondphase = zunehmender Mond ☽
Tierkreiszeichen = ZWILLINGE ♊

Das bedeutet für Sie, daß ein Zwillinge-Tages-Menue ansteht. Nun sehen Sie bitte auf den Tages-Menue-Seiten unter Zwillinge nach.

Da wäre z. B. das Zwillinge-Menue 3 (sie können selbstverständlich jedes andere der 6 Zwillinge-Tages-Menues auswählen).

Ihr Tages-Menue-Plan sieht also wie folgt aus:

**Nach dem Aufstehen** – (bei ●+☽) Zwillinge-Mixgetränk. Sie können sich ein Zwillinge-Mixgetränk aussuchen, sollten aber am Tage verschiedene Mixgetränke trinken.

**Erstes Frühstück** – Schinken-Omelette, **aber ohne Brennesseltee.**

**Zweites Frühstück** – (bei ●+☽) Zwillinge-Mixgetränk (siehe oben)

**Vor dem Mittagessen** – (bei ●+☽) 1 Glas Mineralwasser trinken, es kann auch stilles Wasser sein.

**Mittag** – Spargel-Pute

**Nachmittag** – (bei ●+☽) Zwillinge-Mixgetränk (siehe oben)

**Abend** – Gurken-Carpaccio

Sie sehen, es ist gar nicht so kompliziert, wie es auf den ersten Blick erscheint. Sie müssen nur unterscheiden welches Mondphasen-Piktogramm vor den einzelnen Gerichten angebracht ist. Speisen ohne spezielles Mondphasen-Piktogramm gelten für alle Mondphasen. Speisen die nur im abnehmenden oder zunehmenden Mond bzw. nur bei Vollmond oder Neumond zu verzehren sind, sind dementsprechend gekennzeichnet.

Probieren Sie es nun noch einmal mit einem frei gewählten Datum. Sollten Sie noch Unterscheidungsschwierigkeiten haben, gehen Sie die vorgegebenen Beispiele nochmals, in aller Ruhe durch. In der Ruhe liegt die Kraft, Sie werden sehen, daß Sie das Prinzip schnell erfassen können; und nach 3-4 Versuchen sollten Sie keinerlei Schwierigkeiten mehr haben, den richtigen Tages-Menue-Plan bzw. die richtigen Speisen zu finden.

**Die Mixgetränke** zu den jeweiligen Tierkreiszeichen befinden sich auf den Seiten vor den Tages-Menue-Plänen. Nach den Mixgetränken finden Sie zwei Seiten mit empfohlenen Lebensmittel für das jeweilige Tierkreiszeichen. Sie können mit den dort angegebenen Lebensmittel jederzeit eigenständige Gerichte kreieren. Die jeweils 6 Tages-Menue-Pläne pro Tierkreiszeichen sind Beispiele um Ihnen Anregungen zu geben. Sie können also ausschließlich (vielleicht in den ersten 6 Monaten) diese Menue-Vorschläge nutzen, sollten später aber auch selbständig Gerichte entwickeln. Lassen Sie Ihrer Kreativität im Rahmen der empfohlenen Lebensmittel, freien Lauf.

Brennesselpreßsaft sowie Brennesseltee (siehe auch Bezugsquellen, Seite 438) und die Mixgetränke sollten allerdings nicht abgesetzt werden, weil sie ein wichtiger Bestandteil der »MOON-LIGHT-METHODE« sind! Denken Sie bitte auch daran, daß Sie täglich mindestens 2-3 Liter Flüssigkeit zu sich nehmen sollten. Gleichen Sie die fehlende Flüssigkeit mit Mineralwasser oder »Stillem Wasser« aus.

## ZEICHENERKLÄRUNG

| | |
|---|---|
| ☺ | VOLLMOND |
| ☽ | ABNEHMENDER MOND |
| ● | NEUMOND |
| ☾ | ZUNEHMENDER MOND |

| | |
|---|---|
| ♈ | WIDDER |
| ♉ | STIER |
| ♊ | ZWILLINGE |
| ♋ | KREBS |
| ♌ | LÖWE |
| ♍ | JUNGFRAU |
| ♎ | WAAGE |
| ♏ | SKORPION |
| ♐ | SCHÜTZE |
| ♑ | STEINBOCK |
| ♒ | WASSERMANN |
| ♓ | FISCHE |

## MENGENANGABEN

| | |
|---|---|
| TL | TEELÖFFEL |
| EL | EßLÖFFEL |
| Msp | MESSERSPITZE |
| gestr. | GESTRICHENER EL OD. TL |

Die Mengenangaben der Rezepte sind, wenn nicht anders angegeben, jeweils für eine Per-son.

Die angegebenen Gemüse- und Obst-Rationen bei den Mixgetränken ergeben eine Menge von ca. 0.25 - 0.33 Liter, also eine normale Glasfüllung. Sollten Ihnen die Säfte zu dickflüssig sein, können Sie diese, nach Wunsch, mit Mineralwasser oder ganz normalem Trinkwasser verdünnen.

Olivenöl: Wenn in der Zubereitungsangabe von Olivenöl

die Rede ist, handelt es sich bei Salaten und kalten Speisen um »Natives Olivenöl« also »Olio extra vergine«, zum braten sollten Sie normales, also kein kaltgepresstes Olivenöl verwenden.

Noch ein Wort zur täglichen Ernährung. Sollten Sie im Laufe des Tages vom »kleinen Hunger« geplagt werden, spricht nichts dagegen ein Stück Obst zu verzehren. Achten Sie aber bitte darauf, daß es ein, für das an diesem Tag geltende Tierkreiszeichen, empfohlenes Obst ist; und essen Sie es unbedingt vor einer Hauptmahlzeit, nie direkt danach wie es sich in unserer Gesellschaft leider eingebürgert hat. Obst hat die Eigenschaft schnell durch den Verdauungstrakt zu gehen, wogegen eine Hauptmahlzeit wie z. B. Fleisch und Kartoffeln länger den Darmweg blockiert und sich so ein »Interessenkonflikt« ereignen wird, der Ihnen mit absoluter Sicherheit Magen- und Darmbe-schwerden beschert.

**Sehen Sie es einmal so:** *»Sie fahren in einem Sportwagen (Obst) mit hohem Tempo auf einer einspurigen Straße durch einen Tunnel; vor Ihnen fährt in aller Seelenruhe ein Schwerlaster (Hauptmahlzeit aus Fleisch und Kartoffeln usw.). Da Ihr Sportwagen aber einen Bremsendefekt hat und Sie nicht langsamer fahren können, werden Sie auf jede erdenkliche Weise versuchen an diesem Laster vorbeizukommen, koste es was es wolle. Da ist also der Unfall (Magen- und Darmbeschwerden) schon vorprogrammiert.«*

*Und nun, wünsche ich Ihnen viel Erfolg, Gesundheit und baldigst Ihr Normalgewicht ohne JoJo-Effekt !!!*

# Tages-Menue-Pläne

### nach Tierkreiszeichen unterteilt

# WIDDER

Heute sollten Sie mindestens ein Bekleidungsstück in roter Farbe tragen.

Die empfohlenen Speisen und Getränke helfen heute Kopf, Augen, Zähnen, Mund und Ohren.

KRANKHEITSDISPOSITIONEN

*Kopfschmerzen, Kurzsichtigkeit, Migräne, Nervosität und Schlafstörungen.*

## GETRÄNKE BEI ●+● IM STERNZEICHEN WIDDER

### CRYSTAL-CLEAR

Zutaten: 6 Karotten
1 Bund Petersilie

Zubereitung: Karotten säubern, nicht schälen, in Stücke schneiden. Petersilie mit den Stielen klein schneiden. In der Reihenfolge Karotten, Petersilie, Karotten in den Entsafter geben.

### EAGLE-EYE

Zutaten: 150 g Fenchelknolle
3 Äpfel

Zubereitung: Fenchelknolle in kleine Stücke schneiden. Die Äpfel mit Wasser abspülen, Stiele entfernen, in Stücke schneiden. Alles in der Reihenfolge Apfel, Fenchel, Apfel in den Entsafter geben.

### HAIR-CARE

Zutaten: 4 Karotten
1/4 Weißkohl
100 g Blattspinat

Zubereitung: In der Reihenfolge gesäuberte Karotten, Weißkohl und Blattspinat, Karotten in den Entsafter geben.

## HAIR-PROTECTION

Zutaten:
4 Karotten
1/2 rote Paprikaschote
1 Bund Petersilie

Zubereitung:
In der Reihenfolge gesäuberte Karotten, Paprikaschote und Petersilie, Karotten in den Entsafter geben.

## CARROT-HIGH

Zutaten:
6 Karotten
eine Handvoll Luzernesprossen
4 Salatblätter

Zubereitung:
In der Reihenfolge gesäuberte Karotten, in Salatblätter eingewickelte Luzernesprossen, Karotten in den Entsafter geben.

## HEADACHE-KILLER

Zutaten:
4 Äpfel
2 Stangen Staudensellerie

Zubereitung:
In der Reihenfolge Apfel, Staudensellerie, Apfel in den Entsafter geben.

## MIGRAINE-DIMINISHER I

Zutaten:
3 Karotten
1 Stange Staudensellerie
1 Apfel

|  |  |
|---|---|
|  | 1/2 Rote Bete mit Blattgrün<br>1 Bund Petersilie |
| Zubereitung: | Die Petersilie zwischen dem festen Obst und Gemüse in den Entsafter geben. |

## MIGRAINE-DIMINISHER II

|  |  |
|---|---|
| Zutaten: | 2 dicke (2-3 cm) Ananasscheiben<br>2 Stangen Staudensellerie |
| Zubereitung: | In der Reihenfolge Ananas, Staudensellerie in den Entsafter geben. |

## SNEEZER

|  |  |
|---|---|
| Zutaten: | 2 Äpfel<br>5 Karotten<br>1 Bund Radieschen |
| Zubereitung: | Die Radieschen zwischen den Äpfeln und den Karotten in den Entsafter geben. |

## EMPFOHLENE LEBENSMITTEL
## im Sternzeichen WIDDER

| | |
|---|---|
| FLEISCH | Hammel, Hase, Kalb, Lamm, Schaf |
| GEFLÜGEL | Huhn, Pute |
| GEMÜSE | Erbse, Karotte, Kartoffel, Knoblauch, Lauch, Linse, Paprikaschote, Radicchio, Rote Bete, Rote Bohne, Tomate |
| OBST | Erdbeere, Feige, Grapefruit, Mandarine, Pflaume, Preiselbeere, Rote Johannisbeere, Sauerkirsche, Stachelbeere, Zitrone |
| MILCHPRODUKTE | Butter, Buttermilch, Creme fraiche, Edamer, Emmentaler, Feta-Käse, Frischkäse, Gouda, Hüttenkäse, Magermilch, Magerquark, Mozzarella, Naturjoghurt, Sahne, Schafskäse, Ziegenkäse |
| KRÄUTER | Basilikum, Kresse, Oregano, Petersilie, Schnittlauch, Thymian |

*Widder*

GEWÜRZE         Chili, Curry, Jodsalz, Meersalz,
                Muskat, Paprikapulver, Pfeffer,
                Tabasco


GETRÄNKE        Fencheltee, Johannisbeersaft,
                Kirschsaft, Melissentee, Multi-
                Vitaminsaft, Pfefferminztee,
                Pflaumensaft


SONSTIGES       Balsamico, Ei, Hirse, Honig, Olivenöl,
                Pinienkerne, Sanddornsirup,
                Vollkornbrot, Vollkornhaferflocken,
                Vollkornknäcke, Vollkornnudel,
                Zwieback

## Widder-Tages-Menue 1

### Nach dem Aufstehen

bei ☺+☾ 20 ml Brennesselpreßsaft mit 150 ml roten Johannisbeersaft vermengen und vor dem Frühstück trinken.

bei ●+☽ WIDDER-Mixgetränk (Seite 35–37)

### Erstes Frühstück   Obstflocken

Zutaten:
*1/4 L Magermilch*
*4 EL Haferflocken (zart)*
*1/2 Apfel (gewürfelt und ungeschält)*
*1/2 Birne (gewürfelt und geschält)*
*1/2 Banane (in Scheiben geschnitten)*

Zubereitung:
Die Milch in einem Topf erhitzen, bevor sie kocht die Haferflocken einrühren und unter ständigem Rühren etwas quellen lassen.
Die Haferflocken in einen tiefen Teller geben und das Obst unterrühren.

bei ☺+☾ Dazu 1 Tasse Brennesseltee trinken

### Zweites Frühstück

bei ●+☽ WIDDER-Mixgetränk (Seite 35–37)

bei ☺+☽ OBSTJOGHURT

Zutaten:
*150 g Naturjoghurt*

1/2 Banane (in Scheiben geschnitten)

Zubereitung:
Den Naturjoghurt in ein Schälchen geben und die Bananenscheiben unterrühren.

## VOR DEM MITTAGESSEN

bei ☺+☾ 10 ml Brennesselpreßsaft mit 150 ml Fencheltee vermengen und trinken.

bei ●+☾ 1 Glas Mineralwasser

MITTAG  PUTENSCHNITZEL MIT BANANENCURRY

Zutaten:
1/2 Zwiebel (fein gewürfelt)
1 Knoblauchzehe (fein gewürfelt)
1 Karotte (in Stifte geschnitten)
1 Putenschnitzel (ca. 100-120 g, in Streifen geschnitten)
2 EL Olivenöl
1 kleine Dose Erbsen
Jodsalz, Pfeffer, Cayennepfeffer
1/2 feste Banane (in 1 cm dicke Scheiben schneiden)
1/2 EL Currypulver (nicht zu scharf)
50 g Creme fraiche)

Zubereitung:
Zwiebel- und Knoblauchwürfel in 1 EL erhitztem Olivenöl anbraten, Erbsen und Karotten dazugeben, ebenfalls anbraten, salzen und pfeffern.
Etwas Wasser dazugeben, so daß der Pfannenboden bedeckt ist, das Ganze ca. 12 Minuten dünsten.
Gleichzeitig die Putenfleischstreifen in einer anderen Pfanne mit 1 EL erhitztem Olivenöl anbraten und öfter wenden, 15 Minuten garen lassen, mit Salz und Cayennepfeffer würzen.

Die Bananenscheiben zu dem Gemüse geben, Currypulver beigeben und ständig umrühren, bis die Bananenscheiben breiig werden.
Creme fraiche dazugeben und unter ständigem Rühren aufkochen lassen.
Die Gemüse-Bananen-Curry-Mischung auf einen flachen Teller geben und die Putenfleischstreifen darauf verteilen.

NACHMITTAG

bei ●+● WIDDER-Mixgetränk (Seite 35–37)

bei ☺+● PFLAUMEN-JOGHURT

Zutaten:
6 Trockenpflaumen
150 g Naturjoghurt

Zubereitung:
Die Trockenpflaumen in feine Würfel schneiden und mit dem Naturjoghurt in eine kleine Schüssel geben. Gut vermischen und ca. 10-15 Minuten quellen lassen.

ABEND                           CHAMPIGNONSALAT

Zutaten:
100 g frische Champignons
1 EL Olivenöl
1 EL Balsamico
Jodsalz, Pfeffer, Petersilie (fein gehackt)

Zubereitung:
Die Champignons gründlich waschen, Stengel abschneiden und die Pilze je nach Größe in Viertel oder Hälften schneiden.
Aus Olivenöl und Balsamico sowie Salz und Pfeffer eine Marinade herstellen und über die Champignons gießen.

Mit feingehackter Petersilie bestreuen.

**Dazu:**
*1 Scheibe Vollkornbrot*
*1 TL Butter*
*2 Scheiben Geflügelwurst*

## WIDDER-TAGES-MENUE 2

### NACH DEM AUFSTEHEN

bei ☺+☻ 20 ml Brennesselpreßsaft mit 150 ml Tomatensaft vermengen und vor dem Frühstück trinken.

bei ●+◐ WIDDER-Mixgetränk (Seite 35–37)

### ERSTES FRÜHSTÜCK          SANDDORNQUARK

Zutaten:
*1 EL Sanddornsirup*
*200 g Magerquark*
*2 EL Magermilch*

Zubereitung:
Den Magerquark mit der Milch verschlagen, den Sanddornsirup dazugeben und alles glattrühren, bis eine hellorange Färbung entsteht.

bei ☺+◐ Dazu 1 Tasse Brennesseltee trinken

### ZWEITES FRÜHSTÜCK

bei ●+◐ WIDDER-Mixgetränk (Seite 35–37)

bei ☺+◐ JOGHURTSUPPE

Zutaten:
*1/2 Zwiebel (gewürfelt)*
*1 Knoblauchzehe (gewürfelt)*
*1/2 Karotte (gewürfelt)*
*1/2 Stange Lauch (in dünne Scheiben geschnitten)*
*1 EL Olivenöl*
*Jodsalz, Pfeffer*

200 g Naturjoghurt
1 Tasse Wasser

Zubereitung:
Die Zwiebelwürfel in einem Topf mit erhitztem Olivenöl glasig andünsten, das Gemüse und den Knoblauch dazugeben und anbraten. Salzen und pfeffern.
Jetzt nach und nach 1 Tasse Wasser hinzugießen. Alles ca. 5 Minuten köcheln lassen.
Den Naturjoghurt dazugeben, aufkochen lassen und dann servieren.

VOR DEM MITTAGESSEN

bei ☺+● 10 ml Brennesselpreßsaft mit 150 ml Fencheltee vermengen und trinken.

bei ●+☾ 1 Glas Mineralwasser

MITTAG                    GRÜNE BANDNUDELN
                          IN TOMATENSAHNE

Zutaten:
2 Tomaten (geviertelt)
1/2 Zwiebel (gewürfelt)
1 Knoblauchzehe (gewürfelt)
100 g grüne Bandnudeln
Jodsalz, Pfeffer
1 EL Olivenöl
1 EL Tomatenmark
1 TL eingelegte Kapern
100 g Creme fraiche
1 TL Thymian (getrocknet)
1 TL Oregano (getrocknet)
1 TL Olivenöl (für die Nudeln)
1 EL Schnittlauch (in feine Röllchen geschnitten)

Zubereitung:
Die Bandnudeln in kochendem, leicht gesalzenem, Wasser mit 1 TL Olivenöl, etwa 10-12 Minuten kochen. Die Nudeln sollten noch bißfest sein.
Inzwischen die Zwiebel- und Knoblauchwürfel in einer Pfanne mit erhitztem Olivenöl (1 EL) andünsten, die Tomaten dazugeben.
Wenn die Tomaten zerfallen sind, das Tomatenmark, die Kapern und die Creme fraiche dazugeben. Gut umrühren. Mit Jodsalz, Pfeffer, Thymian und Oregano würzen.
Die Nudeln in ein Sieb abgießen und mit Wasser abspülen.
Auf einem Teller anrichten und mit den Schnittlauchröllchen bestreuen.


NACHMITTAG

bei ●+● WIDDER-Mixgetränk (Seite 35–37)

bei ☺+● 1 BIRNE (mit Schale)


ABEND                           MOZZARELLA-
                                TOMATEN-CARPACCIO

Zutaten:
*1 Mozzarella*
*1 Bund frisches Basilikum*
*2 Tomaten*
*1 EL Olivenöl*
*1 EL Balsamico*
*Jodsalz, Pfeffer*

Zubereitung:
Den Mozzarella und die Tomaten in dünne Scheiben schneiden. Die Scheiben abwechselnd, kreisförmig und etwas überlappend auf einen flachen Teller anordnen. Zwischen die Scheiben je ein frisches Basilikumblatt

legen. Mit Salz und Pfeffer würzen. Balsamico und Olivenöl darüber träufeln. Ca. 5-10 Minuten ziehen lassen.

**Dazu:**
*1 Scheibe Vollkornknäcke*
*1 TL Butter*
*1 EL Schnittlauch (in Röllchen geschnitten)*

## Widder-Tages-Menue 3

NACH DEM AUFSTEHEN

bei ☺+☽ 20 ml Brennesselpreßsaft mit 150 ml Tomatensaft vermengen und vor dem Frühstück trinken.

bei ☻+☾ WIDDER-Mixgetränk (Seite 35–37)


ERSTES FRÜHSTÜCK         PREISELBEER-
                         KOMPOTT

Zutaten:
*150 g Preiselbeeren*
*1 TL Zucker*
*1 Becher Naturjoghurt*
*150 ml Wasser*

Zubereitung:
Die Preiselbeeren verlesen, gründlich waschen und gut abtropfen lassen.
Die Beeren in einem Topf mit dem Zucker vermischen, Wasser zugeben und das Ganze zum Kochen bringen, 8-10 Minuten zugedeckt, bei schwacher Hitze köcheln lassen. Den Topf von der Kochstelle nehmen und die Masse etwas abkühlen lassen.
Auf einem Teller mit dem Joghurt anrichten.

bei ☺+☽ Dazu 1 Tasse Brennesseltee trinken


ZWEITES FRÜHSTÜCK

bei ☻+☾ WIDDER-Mixgetränk (Seite 35–37)

bei ☺+☽ RÜHREI

Zutaten:
2 Eier
2 EL Magermilch
Jodsalz, Pfeffer, Paprika (scharf)
1 EL Olivenöl
1 EL Schnittlauch (in Röllchen geschnitten)

Zubereitung:
Die Eier in einer Schüssel mit der Milch verschlagen. Mit Salz, Pfeffer und Paprika würzen.
Das Olivenöl in einer Pfanne erhitzen und die Eimasse eingießen. Unter ständigem Rühren stocken lassen.
Auf dem Teller mit den Schnittlauchröllchen bestreuen.


VOR DEM MITTAGESSEN

bei ☺+● 10 ml Brennesselpreßsaft mit 150 ml Fencheltee vermengen und trinken.

bei ●+☺ 1 Glas Mineralwasser


MITTAG                            HÄHNCHENBRUSTFILET
                                  MIT BROCCOLI

Zutaten:
1 Zwiebel (gewürfelt)
1 Knoblauchzehe (in feine Scheiben geschnitten)
1 Hähnchenbrustfilet (ca. 150 g, in Streifen geschnitten))
1/2 Kopf Broccoli (in Röschen geschnitten)
2 EL Olivenöl
Jodsalz, Pfeffer, Muskat

Zubereitung:
Jeweils die Hälfte der Zwiebelwürfel und der Knoblauchscheiben in eine Pfanne mit erhitztem Olivenöl (1 EL) geben und glasig dünsten.
Die Fleischstreifen hinzufügen und von allen Seiten braun werden lassen. Salzen, pfeffern und ca. 10 Minuten bei

schwacher Hitze garen lassen.
In der Zwischenzeit die restlichen Zwiebelwürfel und Knoblauchscheiben in eine Pfanne mit erhitztem Olivenöl (1 EL) geben, die Broccoliröschen dazugeben und leicht anbraten. Nach ca. 3 Minuten etwas Wasser zugeben, bis der Boden der Pfanne etwa 1 cm hoch bedeckt ist.
Den Broccoli mit Salz, Pfeffer und frisch geriebenem Muskat würzen, 15 Minuten weiter dünsten lassen bei schwacher Hitze.
Die Fleischstreifen auf dem Broccoligemüse anrichten.


**NACHMITTAG**

bei ●+◐ WIDDER-Mixgetränk (Seite 35–37)

bei ◉+◐ 200 g ERDBEEREN, halbiert und mit frisch gemahlenem Pfeffer (schwarz) gewürzt


**ABEND**                               **RADICCHIOSALAT**

Zutaten:
*1 kleiner Kopf Radicchio*
*1 EL Olivenöl*
*1 EL Balsamico*
*Jodsalz, Pfeffer*

Zubereitung:
Den Radicchio zupfen, von den bitteren Strunkteilen befreien und gut waschen.
Eine Marinade aus Olivenöl, Balsamico, Salz und Pfeffer herstellen und über den Radicchio geben.

Dazu:
*1 Scheibe Vollkornbrot*
*1 TL Butter*
*1 Scheibe Edamer*
*1 Tomate zum garnieren (in Scheiben geschnitten)*

*Widder* 51

## WIDDER-TAGES-MENUE 4

### NACH DEM AUFSTEHEN

bei ☺+☽ 20 ml Brennesselpreßsaft mit 150 ml roten Johannisbeersaft vermengen und vor dem Frühstück trinken.

bei ●+☽ WIDDER-Mixgetränk (Seite 35–37)

### ERSTES FRÜHSTÜCK          VOLLKORNBROT

Zutaten:
*1 Scheibe Vollkornbrot*
*1 TL Butter*
*2 Scheiben Geflügelwurst*
*100 g Salatgurke (in Scheiben geschnitten)*
*1 Tasse Brennesseltee*

Zubereitung:
Das Vollkornbrot mit Butter bestreichen, mit der Geflügelwurst belegen und mit Gurkenscheiben garnieren.

bei ☺+☽ Dazu 1 Tasse Brennesseltee trinken.

### ZWEITES FRÜHSTÜCK

bei ●+☽ WIDDER-Mixgetränk (Seite 35–37)

bei ☺+☽ 1/4 ANANAS

### VOR DEM MITTAGESSEN

bei ☺+☽ 10 ml Brennesselpreßsaft mit 150 ml Melissentee vermengen und trinken.

bei ●+☻ 1 Glas Mineralwasser


MITTAG                          BRENNESSELGEMÜSE
                                MIT FETA-KÄSE

Zutaten:
*150 g junge Brennesselblätter*
*1/2 Zwiebel (fein gehackt)*
*1 EL Olivenöl*
*1 Knoblauchzehe (durchgepreßt)*
*1 EL Pinienkerne*
*Jodsalz, Pfeffer (schwarz, frisch gemahlen)*
*1 Prise Oregano*
*100 g Feta-Käse*
*30 g Vollkornnudeln (Rohgewicht)*

Zubereitung:
Die Brennesselblätter waschen. Die Zwiebel in heißem Olivenöl glasig dünsten. Knoblauch zugeben, Brennesselblätter zufügen und alles ca. 10 Minuten dünsten. Die Pinienkerne einstreuen, mit Jodsalz, frisch gemahlenem Pfeffer und einer Prise Oregano würzen. Feta-Käse in kleine Würfel schneiden, zu den Brennesseln geben und bei geringer Hitze ca. 5 Minuten mitgaren.
Nudeln in Salzwasser bißfest garen und mit dem Brennesselgemüse auf einem Teller anrichten.


NACHMITTAG

bei ●+☻ WIDDER-Mixgetränk (Seite 35–37)

bei ☺+☻ 1 APFEL (mit Schale)


ABEND                           PAPRIKA-EI-SALAT

*Widder*

## Zutaten:
*300 g Paprikaschoten (gemischt, in dünne Streifen geschnitten)*
*1 Ei (hart gekocht, gewürfelt)*
*3 EL Naturjoghurt*
*1 EL Weinessig*
*1 EL Gemischte Kräuter (tiefgekühlte 8-Kräuter-Mischung)*
*Jodsalz, Pfeffer*

## Zubereitung:
Paprikastreifen und Eierwürfel miteinander vermengen. Aus Naturjoghurt, Weinessig, Kräuter, Salz und Pfeffer eine Marinade herstellen und darüber geben.

## Dazu:
*1 Scheibe Mehrkornbrot*
*1 TL Butter*

## WIDDER-TAGES-MENUE 5

### NACH DEM AUFSTEHEN

bei ☻+☽ 20 ml Brennesselpreßsaft mit 150 ml Tomatensaft vermengen und vor dem Frühstück trinken.

bei ●+☽ WIDDER-Mixgetränk (Seite 35–37)

### ERSTES FRÜHSTÜCK

Zutaten:
*1 Scheibe Vollkornbrot*
*2 EL Hüttenkäse*
*1 TL Honig (nach Wahl)*
*1/2 Grapefruit*

Zubereitung:
Den Frischkäse mit dem Honig vermengen und auf das Vollkornbrot geben.

bei ☻+☽ Dazu 1 Tasse Brennesseltee trinken.

### ZWEITES FRÜHSTÜCK

bei ●+☽ WIDDER-Mixgetränk (Seite 35–37)

bei ☻+☽ 1 BANANE

### VOR DEM MITTAGESSEN

bei ☻+☽ 10 ml Brennesselpreßsaft mit 150 ml Pfefferminztee vermengen und trinken.

bei ●+☽ 1 Glas Mineralwasser

Widder

## MITTAG

## KARTOFFELN MIT BRENNESSEL-QUARK

Zutaten:
250 g Kartoffeln
200 g Magerquark
2-3 EL Magermilch
1/2 Zwiebel (gewürfelt)
1 TL Petersilie (fein gehackt)
1 TL Schnittlauch (in Röllchen geschnitten)
4 EL junge Brennesselblätter (fein gehackt)
Jodsalz, Pfeffer (weiß), Paprikapulver (edelsüß)

Zubereitung:
Kartoffeln unter fließendem Wasser kräftig abbürsten, ca 20 Minuten in leicht gesalzenem Wasser garen. In der Zwischenzeit den Quark mit der Milch verrühren bis die Masse glatt ist, Petersilie, Schnittlauch und die gehackten Brennesselblätter unterrühren. Mit Jodsalz, Pfeffer und Paprikapulver abschmecken.

## NACHMITTAG

bei ●+● WIDDER-Mixgetränk (Seite 35–37)

bei ☺+● 250 ml BUTTERMILCH und 2 Stück ZWIEBACK

## ABEND

## LINSENSALAT

Zutaten:
50 g Apfel (entkernt und gewürfelt)
50 g Linsenkeimlinge
2 EL süße Sahne
1 EL Zitronensaft
1 EL Wasser
Pfeffer, Jodsalz
1 TL Honig (nach Wahl)

**Zubereitung:**
Apfel und Linsenkeimlinge vermischen. Aus den restlichen Zutaten eine Marinade rühren und darübergeben.

**Dazu:**
*1 Scheibe Vollkornbrot*
*1 TL Butter*
*1 Scheibe Gouda*

*Widder*

## WIDDER-TAGES-MENUE 6

### NACH DEM AUFSTEHEN

bei ☺+☾ 20 ml Brennesselpreßsaft mit 150 ml roten Johannisbeersaft vermengen und vor dem Frühstück trinken.

bei ●+☽ WIDDER-Mixgetränk (Seite 35–37)

### ERSTES FRÜHSTÜCK        HAFERFLOCKEN

*Zutaten:*
*4 EL Haferflocken*
*150 g Naturjoghurt*
*200 g Ananas (gewürfelt)*

*Zubereitung:*
Haferflocken mit dem Naturjoghurt gut verrühren und über die gewürfelte Ananas geben.

bei ☺+☾ Dazu 1 Tasse Brennesseltee trinken.

### ZWEITES FRÜHSTÜCK

bei ●+☽ WIDDER-Mixgetränk (Seite 35–37)

bei ☺+☾ VOLLKORNBRÖTCHEN

*Zutaten:*
*1 Vollkornbrötchen*
*2 EL Magerquark*
*1/2 Kästchen Kresse (geschnitten)*

*Zubereitung:*
Vollkornbrötchen halbieren. Jede Hälfte mit Quark

bestreichen und mit der geschnittenen Kresse bestreuen

VOR DEM MITTAGESSEN

bei ☺+🌑 10 ml Brennesselpreßsaft mit 150 ml Fencheltee vermengen und trinken.

bei 🌑+🌒 1 Glas Mineralwasser

MITTAG                  GEFÜLLTE PAPRIKA
                        MIT TOMATENSAUCE

Zutaten:
*1/2 Zwiebel (gewürfelt)*
*1/2 Knoblauchzehe (durchgepreßt)*
*4 EL Brennesselblätter (fein gehackt)*
*1 TL Olivenöl*
*100 ml Gemüsebrühe*
*40 g Hirse (heiß gewaschen)*
*1 EL Edamer (gerieben)*
*Jodsalz, Pfeffer, Muskatnuß*
*1 große Paprikaschote (Deckel entfernt und ausgehöhlt)*

Für die Sauce:
*1/2 Zwiebel (gewürfelt)*
*1 TL Olivenöl*
*200 g Tomaten (gehäutet und gewürfelt)*
*Jodsalz, Pfeffer, Thymian, Oregano (getrocknet)*
*1 TL Creme fraiche*

Zubereitung:
Zwiebel, Knoblauch und die gehackten Brennesselblätter in Olivenöl anbraten. Mit der Gemüsebrühe ablöschen, Hirse hinzufügen und 20-25 Minuten garen. Hirsemasse mit dem Käse vermengen, mit Salz, Pfeffer und Muskat abschmecken, Paprikaschote mit der Masse füllen.

Für die Sauce die Zwiebel in Olivenöl andünsten. Die Tomaten dazugeben, mit Salz, Pfeffer, Thymian sowie Oregano würzen, 15-20 Minuten köcheln lassen. Die Sauce mit dem Pürierstab glattrühren und mit der Creme fraiche verfeinern.
Die gefüllte Paprikaschote in eine kleine Auflaufform setzen, mit der Tomatensauce umgießen.
Im Backofen bei 200 Grad ca. 15-20 MInuten garen.


NACHMITTAG

bei ●+● WIDDER-Mixgetränk (Seite 35–37)

bei ☺+● 1 APFEL und 2 ZWIEBACK


ABEND                        KÄSESALAT
                             MIT VOLLKORNTOAST

Zutaten:
80 g Emmentaler (in Streifen geschnitten)
100 g Salatgurke (halbiert, in Scheiben geschnitten, ungeschält)
1 Mandarine (in Spalten geteilt)
1/2 Apfel (entkernt, in Scheiben geschnitten)
2 EL Joghurt-Salat-Creme
1 TL Zitronensaft
Jodsalz, Pfeffer

Zubereitung:
Käse, Gurke, Mandarine und Apfel in eine Schüssel geben und vermengen. Aus der Joghurt-Salat-Creme, Zitronensaft, Salz und Pfeffer eine Marinade herstellen und unter den Salat heben.

Dazu:
1 Scheibe Vollkorntoast
1 TL Butter

# STIER

Heute sollten Sie mindestens ein Bekleidungsstück in blauer Farbe tragen.

Die empfohlenen Speisen und Getränke helfen heute Hals, Zähnen, Kiefer, Ohren, Kehlkopf und Mandeln.

KRANKHEITSDISPOSITIONEN

*Erkältung, Grippe, Heiserkeit, Herzstörungen, Nackenverspannungen, Verstopfung und Schluckbeschwerden.*

Stier

## GETRÄNKE BEI ●+● IM STERNZEICHEN STIER

### BISS-FEST

Zutaten: 4 Karotten
2 Stangen Spargel
1 Stange Staudensellerie

Zubereitung: Karotten säubern, nicht schälen, in Stücke schneiden. In der Reihenfolge Karotten, Spargel, Staudensellerie in den Entsafter geben.

### APFELTEST

Zutaten: 4 Äpfel
2 Stangen Staudensellerie

Zubereitung: Alles in der Reihenfolge Apfel, Staudensellerie, Apfel in den Entsafter geben.

### DER MANDARIN

Zutaten: 3 Mandarinen
1 dicke (2-3 cm) Ananasscheibe
150 g rote Weintrauben

Zubereitung: In der Reihenfolge Mandarinen, Weintrauben, Ananasscheibe in den Entsafter geben.

## ZA(H)NK-APFEL

| | |
|---|---|
| Zutaten: | 4 Karotten<br>5 Broccoliröschen mit Stielen<br>1/2 Apfel |
| Zubereitung: | Die Karotten waschen, nicht schälen, in der Reihenfolge Apfel, Broccoli, Karotten in den Entsafter geben. |

## ALDENTE

| | |
|---|---|
| Zutaten: | 4 Karotten<br>2 Stangen Staudensellerie<br>eine Handvoll Blattspinat<br>1 Bund Petersilie |
| Zubereitung: | Die Karotten und den Blattspinat waschen. In der Reihenfolge Karotten, Blattspinat, Petersilie, Staudensellerie in den Entsafter geben. |

## SPOOKY-TOOTH

| | |
|---|---|
| Zutaten: | 5 Karotten<br>6 Spinatblätter<br>4 Salatblätter<br>1/4 Rote Bete mit Blattgrün<br>1/2 Bund Petersilie |
| Zubereitung: | Karotten, Salatblätter, Rote Bete und den Blattspinat waschen. In der Reihenfolge Karotten, Blattspinat, Salatblätter, Petersilie, Rote Bete in den Entsafter geben. |

## PARADONTIX

Zutaten: 4 Karotten
1 Rote Bete mit Blattgrün
8 Salatblätter

Zubereitung: Das Gemüse waschen. In der Reihenfolge Karotten, Salatblätter, Rote Bete in den Entsafter geben.

## PINKY

Zutaten: 1/4 Grapefruit
1 dicke Ananasscheibe (ca. 2-3 cm)
1 Apfel
1/2 Limone

Zubereitung: In der Reihenfolge Apfel, Grapefruit, Limone, Ananasscheibe in den Entsafter geben.

## GROUND ZERO

Zutaten: 1/2 rosa Grapefruit
1 Orange
10 entstielte Erdbeeren

Zubereitung: In der Reihenfolge Orange, Erdbeeren, Grapefruit, in den Entsafter geben.

## EMPFOHLENE LEBENSMITTEL
im Sternzeichen **STIER**

FLEISCH   Kalb, Schwein

GEFLÜGEL   Pute, Strauß

GEMÜSE   Avocado, Endiviensalat, Feldsalat, Karotte, Kartoffel, Knoblauch, Lauch, Radieschen, Rosenkohl, Rote Bete, Salatgurke, Schalotte, Sellerie, Spargel, Süßkartoffel, Tomate, Zucchini, Zuckererbse, Zwiebel

OBST   Ananas, Apfel, Feige, Grapefruit, Karambole, Kiwano, Kiwi, Mango, Maracuja, Nashi-Birne, Nektarine, Orange, Papaya, Passionsfrucht, Physalis, Pitahaya, Zitrone

MILCHPRODUKTE   Frischkäse, Gouda, Magermilch, Magerquark, Naturjoghurt

KRÄUTER   Basilikum, Dill, Gartenkresse, Koriander, Majoran, Oregano, Petersilie, Rosmarin, Salbei, Schnittlauch, Thymian, Zitronengras

| | |
|---|---|
| GEWÜRZE | Ingwer, Jodsalz, Muskat, Nelke, Paprikapulver (edelsüß), Pfeffer, Rosmarin, Sternanis, Wacholder, Zimt |
| GETRÄNKE | Apfelsaft, Fencheltee, Karottensaft, Melissentee, Orangensaft, Rote-Bete-Saft, Sojamilch, Tomatensaft, Traubensaft |
| SONSTIGES | Apfelessig, Balsamico, Ei, Erdnuß, Grünkern, Haselnuß, Hirse, Honig, Kürbiskern, Milchreis, Olivenöl, Sanddornsirup, Sonnenblumenkerne, Vollkornhaferflocken, Vollkornknäcke, Vollkorntoast, Vollkornnudel, Zwieback |

## STIER-TAGES-MENUE 1

### NACH DEM AUFSTEHEN

bei ☺+● 20 ml Brennesselpreßsaft mit 150 ml Rote-Bete-Saft vermengen und vor dem Frühstück trinken.

bei ●+☾ STIER-Mixgetränk (Seite 61–63)

### ERSTES FRÜHSTÜCK    MILCHREIS

Zutaten:
*1/4 L Magermilch*
*100 g Milchreis*
*Jodsalz*
*geriebene Schale von 1 unbehandelte Zitrone*
*1 TL Zimt*

Zubereitung:
Die Milch in einem Topf zum Kochen bringen, den Reis hineingeben. Mit einer Prise Salz würzen und die abgeriebene Zitronenschale (Menge nach Geschmack) in den Milchreis geben.
20 Minuten köcheln lassen und möglichst oft umrühren, damit der Reis nicht anbrennt.
Auf einem Teller nach Belieben mit Zimt würzen.

bei ☺+● Dazu 1 Tasse Brennesseltee trinken.

### ZWEITES FRÜHSTÜCK

bei ●+☾ STIER-Mixgetränk (Seite 61–63)

bei ☺+● VOLLKORNKNÄCKE

Zutaten:
2 Scheiben Vollkornknäcke
2 EL Frischkäse
2 kleine saure Gurken
1 EL Schnittlauch (in Röllchen geschnitten)

Zubereitung:
Den Frischkäse auf beiden Scheiben Vollkornknäcke verteilen und mit Schnittlauchröllchen bestreuen.
Die sauren Gurken dazu essen.


VOR DEM MITTAGESSEN

bei ☺+☻ 10 ml Brennesselpreßsaft mit 150 ml Fencheltee vermengen und trinken.

bei ☻+☺ 1 Glas Mineralwasser


MITTAG                                  SPAGETTI PIKANT

Zutaten:
70 g Spagetti
10 g Oliven (entsteint, halbiert und
in feine Scheiben geschnitten)
5 g Kapern (eingelegt)
1 EL Olivenöl
1 TL Olivenöl (für das Spagettiwasser)
Jodsalz, Pfeffer, Paprikapulver (edelsüß)
1/2 Knoblauchzehe (durchgepreßt)

Zubereitung:
500 ml Wasser, leicht gesalzen und mit 1 TL Olivenöl, in einem ausreichend großen Topf aufkochen lassen und die Spagetti hineingeben. Ca 10 Minuten kochen, dann die Spagetti abgießen und gut abtropfen lassen.
Die Oliven halbieren und in feine Scheiben schneiden, die Kapern fein hacken.
Das Olivenöl (1 EL) in einer Pfanne erhitzen und die abge-

tropften Spagetti darin schwenken. Die Oliven und Kapern dazugeben und das Ganze mit Salz, Pfeffer und Paprikapulver sowie dem durchgepreßten Knoblauch abschmecken.


NACHMITTAG

bei ●+● STIER-Mixgetränk (Seite 61–63)

bei ☺+● ROTE-BETE-CARPACCIO

Zutaten:
*1 mittelgroße Rote Bete (gekocht und geschält)*
*1/2 Zwiebel (gewürfelt)*
*Jodsalz, Pfeffer*
*1 EL Olivenöl*
*1 EL Balsamico*
*1 EL Schnittlauch (in Röllchen geschnitten)*

Zubereitung:
Die Rote Bete in ca 0,5 cm dicke Scheiben schneiden und kreisförmig auf einem flachen Teller auslegen (so das die Scheiben etwas überlappen).
Darüber die Zwiebelwürfel streuen.
Aus Olivenöl, Balsamico, Salz und Pfeffer eine Marinade herstellen und über den Rote-Bete-Scheiben verteilen.
Mit den Schnittlauchröllchen bestreuen.


ABEND                         KARTOFFELPUFFER

Zutaten:
*2 mittelgroße Kartoffeln (gerieben)*
*1 EL Olivenöl*
*Jodsalz, Pfeffer*
*1 großer Apfel*

Zubereitung:
Die geriebene Kartoffelmasse zu Pfannkuchen (Größe

nach eigener Wahl) formen und in Olivenöl ca 15 Minuten braten, mit Salz und Pfeffer würzen. Den Apfel schälen und das Kerngehäuse ausstechen, in ca 0,5 cm dicke Scheiben schneiden und in der gleichen Pfanne weichdünsten.
Die Apfelscheiben auf den Kartoffelpuffern anrichten.

## STIER-TAGES-MENUE 2

### NACH DEM AUFSTEHEN

bei ☺+☾ 20 ml Brennesselpreßsaft mit 150 ml Karottensaft vermengen und vor dem Frühstück trinken.

bei ●+☽ STIER-Mixgetränk (Seite 61–63)

### ERSTES FRÜHSTÜCK — TOAST MIT GEFLÜGELWURST

Zutaten:
2 Scheiben Vollkorntoast
1 TL Butter
4 Scheiben Geflügelwurst
2 kleine saure Gurken

Zubereitung:
Vollkornbrot toasten, mit Butter bestreichen und mit der Geflügelwurst belegen. Die Gurken der Länge nach in dünne Scheiben schneiden und die Toastscheiben damit garnieren.

bei ☺+☾ Dazu 1 Tasse Brennesseltee trinken.

### ZWEITES FRÜHSTÜCK

bei ●+☽ STIER-Mixgetränk (Seite 61–63)

bei ☺+☾ AVOCADO-PIKATA

Zutaten:
1 Avocado (reif, halbweich)
Saft von 1 Zitrone
Jodsalz, Pfeffer (schwarz, frisch gemahlen)

*Stier* 71

Zubereitung:
Die Avocado halbieren, den Kern entfernen und beide Hälften mit Zitronensaft beträufeln.
Mit Salz und Pfeffer nach Geschmack gewürzt essen.


VOR DEM MITTAGESSEN

bei ☺+🌑 10 ml Brennesselpreßsaft mit 150 ml Melissentee vermengen und trinken.

bei ●+🌘 1 Glas Mineralwasser


MITTAG                    RÜHREI MIT
                          CHAMPIGNONS

Zutaten:
*150 g Champignons (in dünne Scheiben geschnitten)*
*1/2 Zwiebel (fein gewürfelt)*
*1 Knoblauchzehe (durchgepreßt)*
*2 Eier*
*2 EL Magermilch*
*Jodsalz, Pfeffer, Paprika (edelsüß)*
*1 EL Olivenöl*
*1 EL Schnittlauch (in feine Röllchen geschnitten)*

Zubereitung:
Die Champignons unter fließendem Wasser abwaschen, abtropfen lassen und in feine Scheiben schneiden.
Die Eier in einer Schüssel verrühren, mit Milch verfeinern und nach Geschmack mit Salz, Pfeffer und Paprika würzen.
Die Zwiebelwürfel und den Knoblauch in einer Pfanne mit erhitztem Olivenöl andünsten. Die Champignons dazugeben. Nach ca. 15 Minuten die Eiermasse darübergießen und ständig rühren, bis die Eier stocken.
Auf einen Teller geben und mit Schnittlauchröllchen bestreuen.

## NACHMITTAG

bei ●+● STIER-Mixgetränk (Seite 61–63)

bei ☺+● 200 g frische ANANAS


## ABEND                                    FELDSALAT

Zutaten:
*200 g Feldsalat*
*1 EL Olivenöl*
*1 EL Balsamico*
*Jodsalz, Pfeffer*
*1 EL Sonnenblumenkerne (geröstet)*

Zubereitung:
Den Feldsalat sortieren, waschen, abtropfen lassen und in eine Schüssel geben.
Aus Olivenöl, Balsamico, Salz und Pfeffer eine Marinade herstellen, über den Feldsalat geben.
Die Sonnenblumenkerne darüberstreuen.

Dazu:
*2 Scheiben Vollkornknäcke*
*1 TL Butter*
*1 EL Schnittlauchröllchen (zum bestreuen)*

*Stier*

## STIER-TAGES-MENUE 3

### NACH DEM AUFSTEHEN

bei ☺+☻ 20 ml Brennesselpreßsaft mit 150 ml Orangensaft vermengen und vor dem Frühstück trinken.

bei ☻+☽ STIER-Mixgetränk (Seite 61–63)

### ERSTES FRÜHSTÜCK         VITAMIN-QUARK

Zutaten:
*1 EL Sanddornsirup
150 g Magerquark
1/2 Orange (filetiert)*

Zubereitung:
Den Sanddornsirup in den Magerquark einmischen bis eine gute Glätte entsteht.
Die Orangenfilets unterziehen.

bei ☺+☻ Dazu 1 Tasse Brennesseltee trinken.

### ZWEITES FRÜHSTÜCK

bei ☻+☽ STIER-Mixgetränk (Seite 61–63)

bei ☺+☻ DREIFRUCHTSALAT

Zutaten:
*1/2 Orange (filetiert)
1 Kiwi (in Scheiben geschnitten)
1/2 Banane (in Scheiben geschnitten)
2 EL Orangensaft (ungesüßt)
1 EL Zitronensaft
1 EL Sonnenblumenkerne (geröstet)*

Zubereitung:
Die Orangenfilets, Kiwi- und Bananenscheiben in einer Schüssel gut vermengen.
Aus Orangen- und Zitronensaft eine Marinade herstellen und über das Obst geben. Mit Sonnenblumenkernen bestreuen.

VOR DEM MITTAGESSEN

bei ☺+🌑 10 ml Brennesselpreßsaft mit 150 ml Fencheltee vermengen und trinken.

bei 🌑+🌒 1 Glas Mineralwasser

MITTAG                    PUTENSCHNITZEL
                          MIT LAUCH

Zutaten:
*1 Putenschnitzel (120-150 g,*
*in ca. 1 cm dicke Streifen geschnitten)*
*1 Zwiebel (gewürfelt)*
*1 Knoblauchzehe (in feine Scheiben geschnitten)*
*1 Stange Lauch (in feine Scheiben geschnitten)*
*2 EL Olivenöl*
*Jodsalz, Pfeffer, Muskat*

Zubereitung:
Die Hälfte der Zwiebelwürfel und der Knoblauchscheiben in einer Pfanne mit erhitztem Olivenöl (1 EL) glasig dünsten.
Die Fleischstreifen hinzufügen und von beiden Seiten braun werden lassen, salzen und pfeffern, ca. 10 Minuten bei schwacher Hitze garen.
In der Zwischenzeit die restlichen Zwiebelwürfel und Knoblauchscheiben in einer anderen Pfanne mit erhitztem Olivenöl (1 EL) glasig dünsten. Die Lauchscheiben dazugeben und leicht anbraten. Nach ca. 4 Minuten Wasser zugeben, bis der Pfannenboden ca. 1 cm hoch

*Stier*

bedeckt ist.
Den Lauch mit Salz, Pfeffer und frisch geriebener Muskatnuß würzen.
15 Minuten bei schwacher Hitze dünsten.


NACHMITTAG

bei ●+● STIER-Mixgetränk (Seite 61–63)

bei ☻+● OBSTJOGHURT

Zutaten:
*150 g Naturjoghurt*
*1/2 Banane (in Scheiben geschnitten)*
*1 Kiwi (in Würfel geschnitten)*

Zubereitung:
Das Obst in einer Schüssel vermischen und den Naturjoghurt darübergeben.


ABEND        CHICCHOREE-SALAT MIT ORANGEN

Zutaten:
*150 g Chicchoree (in feine Streifen geschnitten)*
*1 Orange (filetiert)*
*50 g Naturjoghurt*
*Saft einer halben Zitrone*
*Jodsalz*

Zubereitung:
Den Chicchoree putzen, die bitteren Strünke herausschneiden. Die einzelnen Blätter waschen, abtropfen lassen und in ganz feine Streifen schneiden.
Die Orangenfilets unter die Chicchoreestreifen mischen. Aus Joghurt, ca. 30 ml Wasser, Zitronensaft und Salz eine Marinade herstellen und über den Salat geben.
Ca. 10 Minuten ziehen lassen.

Dazu:
1 Scheibe Vollkornbrot
1 TL Butter
1 Scheibe Gouda

*Stier*

## STIER-TAGES-MENUE 4

### NACH DEM AUFSTEHEN

bei ☺+● 20 ml Brennesselpreßsaft mit 150 ml Orangensaft vermengen und vor dem Frühstück trinken.

bei ●+◐ STIER-Mixgetränk (Seite 61–63)

### ERSTES FRÜHSTÜCK     HIRSEMÜSLI MIT TRAUBEN

Zutaten:
*4 EL Hirseflocken*
*150 g Naturjoghurt*
*150 g Trauben (blau und/oder weiß)*
*1/2 Grapefruit*

Zubereitung:
Hirseflocken und Naturjoghurt gründlich vermengen. Trauben halbieren, entkernen; die Grapefruit filetieren und alles vorsichtig unter das Müsli heben.

bei ☺+● Dazu 1 Tasse Brennesseltee trinken.

### ZWEITES FRÜHSTÜCK

bei ●+◐ STIER-Mixgetränk (Seite 61–63)

bei ☺+● VOLLKORNBROT

Zutaten:
*1 Scheibe Vollkornbrot*
*1 EL Magerquark*
*1 Kiwi (in dünne Scheiben geschnitten)*

Zubereitung:
Vollkornbrot mit dem Quark bestreichen und mit Kiwischeiben belegen.


VOR DEM MITTAGESSEN

bei ☺+☻ 10 ml Brennesselpreßsaft mit 150 ml Melissentee vermengen und trinken.

bei ☻+☽ 1 Glas Mineralwasser


MITTAG　　　　　　　　GRÜNKERN-
　　　　　　　　　　　BRENNESSEL-RISOTTO

Zutaten:
*1 Bund Suppengrün (in kleine Würfel geschnitten)*
*4 EL junge Brennesselblätter (gehackt)*
*1 TL Olivenöl*
*120 ml Gemüsebrühe*
*70 g Grünkern (Rohgewicht)*
*Jodsalz, Pfeffer, Thymian (getrocknet)*
*100 g Karotten (geraspelt)*
*1 EL Haselnüsse (gehackt)*

Zubereitung:
Suppengrün und die gehackten Brennesselblätter in Olivenöl glasig dünsten, mit der Gemüsebrühe angießen. Grünkern und 1 TL getrockneten Thymian einstreuen, ca. 10 Minuten kochen. Anschließend bei kleiner Hitze ca. 30 Minuten ausquellen lassen, mit Salz und Pfeffer abschmecken. Auf einem Teller anrichten.
Das Risotto mit Karottenraspel und den gehackten Haselnüssen bestreuen.


NACHMITTAG

bei ☻+☽ STIER-Mixgetränk (Seite 61–63)

bei ☺+☽ 1 BANANE UND 2 ZWIEBACK

ABEND   SELLERIE-ANANAS-
SALAT

Zutaten:
100 g Sellerie (grob geraspelt)
1 Apfel (grob geraspelt, mit Schale)
200 g Ananas (frisch, gewürfelt)
2 EL saure Sahne
2 EL Zitronensaft
Jodsalz, Pfeffer
1 Prise Ingwer (gemahlen)
1 Salatblatt (groß)

Zubereitung:
Sellerie, Apfel und Ananas in einer Schüssel vermengen. Mit einer Marinade aus saurer Sahne, Zitronensaft und den Gewürzen begießen und unterheben. Salatblatt auf einen Teller trappieren und den Salat einfüllen.

Dazu:
1 Scheibe Vollkorntoast
1 TL Butter

## STIER-TAGES-MENUE 5

### NACH DEM AUFSTEHEN

bei ☺+☻ 20 ml Brennesselpreßsaft mit 150 ml Orangensaft vermengen und vor dem Frühstück trinken.

bei ●+☻ STIER-Mixgetränk (Seite 61–63)

### ERSTES FRÜHSTÜCK          FRUCHT-QUARK

Zutaten:
*150 g Magerquark*
*1/2 Orange (filetiert)*
*1 Kiwi (in Scheiben geschnitten)*
*Saft einer halben Grapefruit*
*1 EL Honig (nach Wahl)*

Zubereitung:
Quark, Honig und Grapefruitsaft glattrühren. Orangenfilets und Kiwischeiben unterheben.

bei ☺+☻ Dazu 1 Tasse Brennesseltee trinken

### ZWEITES FRÜHSTÜCK

bei ●+☻ STIER-Mixgetränk (Seite 61–63)

bei ☺+☻ ZUCCHINI-PILZ-CARPACCIO

Zutaten:
*1 kleine Zucchini*
*50 g Champignons*
*Saft und abgeriebene Schale von*
*1/2 unbehandelte Zitrone*
*1 Schalotte*

*2 EL Gemüsebrühe (Instant)*
*2 EL Olivenöl*
*weißer Pfeffer (frisch gemahlen)*
*1/2 Kästchen Gartenkresse*
*1 Vollkornbrötchen*

Zubereitung:
Zucchini waschen, putzen und in dünne Scheiben hobeln. Champignons mit einem Papiertuch putzen und in dünne Scheiben schneiden. Beide Zutaten auf einem flachen Teller, abwechselnd und etwas überlappend, kreisförmig anrichten und mit Zitronensaft beträufeln. Etwas abgeriebene Zitronenschale mit der fein gewürfelten Schalotte, Brühe, Pfeffer und Olivenöl verrühren und über das Carpaccio geben.
Mit der Gartenkresse garnieren.
Dazu ein Vollkornbrötchen.


VOR DEM MITTAGESSEN

bei ☺+● 10 ml Brennesselpreßsaft mit 150 ml Melissentee vermengen und trinken.

bei ●+● 1 Glas Mineralwasser


MITTAG                    GEMÜSE-NUDELN

Zutaten:
*75 g Nudeln (nach Wahl)*
*2 EL Olivenöl*
*1 Knoblauchzehe*
*1 Stück frische Ingwerwurzel (ca. 2 cm)*
*1 kleine Stange Porree*
*50 g Champignons*
*2 EL Sojasauce (Dunkel)*
*Jodsalz, weißer Pfeffer (frisch gemahlen)*

Zubereitung:
Die Nudeln in ausreichend Salzwasser bißfest kochen, abgießen und mit 1 EL Olivenöl vermischen. Knoblauch und Ingwer schälen und fein hacken. Porree putzen, waschen und in ca. 1 cm breite Stücke schneiden. Die Pilze von den Stielen befreien, Pilzköpfe in feine Streifen, die Pilzstiele in kleine Würfel schneiden.
In einer Pfanne das restliche Olivenöl erhitzen, Porree und Pilzwürfel darin bei großer Hitze unter ständigem Rühren ca. 3 Minuten braten.
Nudeln, Knoblauch, Ingwer und Pilzstreifen zufügen und weitere 3-4 Minuten mitbraten.
Mit Sojasauce, Salz und Pfeffer abschmecken.


**NACHMITTAG**

bei ●+● STIER-Mixgetränk (Seite 61-63)

bei ☺+● ORANGENMILCH

Zutaten:
200 ml Magermilch
1/2 Orange (filetiert)
1 EL Zitronensaft
1 EL Honig (nach Wahl)

Zubereitung:
Alle Zutaten in einem Mixer oder in einem hohen Gefäß mit dem Pürierstab zerkleinern.


**ABEND**                  **VOLLKORNKNÄCKE**

Zutaten:
2 Scheiben Vollkornknäcke
4 Scheiben Geflügelwurst (nach Wahl)
2 kleine Gewürzgurken
2 TL Butter

**Zubereitung:**
Die Vollkornknäcke mit Butter bestreichen, mit der Geflügelwurst belegen und mit Gewürzgurkenscheiben garnieren.

## STIER-TAGES-MENUE 6

### NACH DEM AUFSTEHEN

bei ☻+☽ 20 ml Brennesselpreßsaft mit 150 ml Karottensaft vermengen und vor dem Frühstück trinken.

bei ☻+☽ STIER-Mixgetränk (Seite 61–63)


### ERSTES FRÜHSTÜCK     MÜSLI

Zutaten:
*150 ml Sojamilch*
*80 g Vollkornhaferflocken*
*1/2 Banane*
*1 Kiwi*
*1 EL geriebene Haselnüsse*
*1 EL Honig (nach Wahl)*

Zubereitung:
Haferflocken, Bananenscheiben und gewürfelte Kiwi in eine Müsli-Schale (oder tiefen Teller) geben. Die Sojamilch mit dem Honig glattrühren und über die Haferflocken geben. Mit den geriebenen Haselnüssen bestreuen.

bei ☻+☽ Dazu 1 Tasse Brennesseltee trinken


### ZWEITES FRÜHSTÜCK

bei ☻+☽ STIER-Mixgetränk (Seite 61–63)

bei ☻+☽ MIXGETRÄNK

Zutaten:
*150 ml Sojamilch*

*Stier*

1/2 Banane
1 Kiwi
1 EL Zitronensaft
1 EL Honig (nach Wahl)

Zubereitung:
Alle Zutaten in einem Mixer oder in einem hohen Gefäß mit dem Pürierstab zerkleinern. Schluckweise trinken.

VOR DEM MITTAGESSEN

bei ☺+☻ 10 ml Brennesselpreßsaft mit 150 ml Fencheltee vermengen und trinken.

bei ●+☻ 1 Glas Mineralwasser

MITTAG                              PUTENSTEAK
                                    MIT GEMÜSE

Zutaten:
1 Putensteak (ca. 120-150 g)
1/2 Zwiebel
1 kleine Stange Lauch
1 Knoblauchzehe
2 EL Olivenöl
etwas Mehl
Jodsalz, schwarzer Pfeffer (frisch gemahlen)
1 EL Sojasauce (Hell)
2 Kartoffeln
100 g Rosenkohl

Zubereitung:
Zwiebel und Lauch in Ringe schneiden, den Knoblauch fein hacken. Alles in einer Pfanne mit 1 EL Olivenöl ca. 7 Minuten dünsten.
In der Zwischenzeit das Putensteak in ca. 1-2 cm dicke Streifen schneiden, salzen und danach in etwas Mehl wenden.

Den Rosenkohl säubern und in Salzwasser gar kochen.
Die Kartoffeln schälen und kochen.
Die Zwiebel-Lauch-Mischung nach dem Dünsten aus der Pfanne nehmen. Das restliche Olivenöl (1 EL) in derselben Pfanne erhitzen und das Putenfleisch kräftig anbraten, bis es eine schöne Kruste hat. Mit der Sojasauce ablöschen, das Gemüse wieder zugeben und ca. 2 Minuten köcheln lassen.
Rosenkohl und Kartoffeln abgießen. Die gegarten Zutaten auf einem flachen Teller anrichten.


NACHMITTAG

bei ●+● STIER-Mixgetränk (Seite 61–63)

bei ☺+● 1 ORANGE und 1 KIWI


ABEND                    MISCH-SALAT

Zutaten:
*1/2 Endiviensalat (in feine Streifen geschnitten)*
*1 Tomate (geachtelt)*
*4 Radieschen (geviertelt)*
*1 Knoblauchzehe (gepreßt)*
*Jodsalz, weißer Pfeffer (frisch gemahlen)*
*1 EL Apfelessig*
*2 EL Olivenöl*
*1 Scheibe Vollkornknäcke*

Zubereitung:
Alle Gemüsezutaten zu einem bunten Salat mischen. Aus Apfelessig, Olivenöl, Salz und weißem Pfeffer ein Dressing herstellen und über den Salat geben. 15 Minuten ziehen lassen und mit einer Scheibe Vollkornknäcke servieren.

# ZWILLINGE

Heute sollten Sie mindestens ein Bekleidungsstück in gelber Farbe tragen.

Die empfohlenen Speisen und Getränke helfen heute Schultern, Arme, Hände, Bronchien.

KRANKHEITSDISPOSITIONEN:

*Atembeschwerden, Asthma, Allergien, Rücken- und Bandscheibenprobleme*

## GETRÄNKE BEI ●+● IM STERNZEICHEN ZWILLINGE

### STABILO

Zutaten: 5 Karotten
4 Grünkohlblätter
1/2 Apfel
1/2 Bund Petersilie

Zubereitung: Karotten säubern, nicht schälen, in Stücke schneiden. In der Reihenfolge Karotten, Grünkohl, Petersilie, Apfel in den Entsafter geben.

### BASIC INSTINCT

Zutaten: 3 Mandarinen
1 dicke Ananasscheibe (ca. 2-3 cm)
150 g rote Weintrauben

Zubereitung: Das Obst in der Reihenfolge Weintrauben, Mandarinen, Ananas in den Entsafter geben.

### RICHT-FEST

Zutaten: 6 Karotten
1/2 Pastinake

Zubereitung: Karotten und Pastinake säubern, nicht schälen, in Stücke schneiden. In der Reihenfolge Karotten, Pastinake, Karotten in den Entsafter geben.

*Zwillinge*

## ALCATRAZ

Zutaten:
4 Karotten
2 Stangen Staudensellerie
eine Handvoll Blattspinat
1/2 Bund Petersilie

Zubereitung:
Karotten säubern, nicht schälen, den Blattspinat waschen. In der Reihenfolge Karotten, Blattspinat, Petersilie, Staudensellerie in den Entsafter geben.

## STEEL-EAGLE

Zutaten:
3 Karotten
1/2 Salatgurke
1/2 Rote Bete

Zubereitung:
Das Gemüse säubern, nicht schälen, in Stücke schneiden. In der Reihenfolge Karotten, Rote Bete, Salatgurke in den Entsafter geben.

## BONE-SHAKER

Zutaten:
1/2 Salatgurke
4 Karotten
3 Weißkohlblätter
1/4 grüne Paprikaschote

Zubereitung:
Das Gemüse waschen, nicht schälen, in Stücke schneiden. In der Reihenfolge Karotten, Kohlblätter, Paprikaschote, Salatgurke in den Entsafter geben.

## Empfohlene Lebensmittel
im Sternzeichen **Zwillinge**

FLEISCH　　　　Schwein, Wildschwein

GEFLÜGEL　　　Ente, Gans, Huhn

FISCH　　　　　Rotbarsch

GEMÜSE　　　　Aubergine, Austernpilz, Blumenkohl, Broccoli, Champignon, Kartoffel, Knoblauch, Paprikaschote, Rucola, Spargel, Tomate, Zucchini

OBST　　　　　Ananas, Apfel, Aprikose, Banane, Erdbeere, Grapefruit, Kiwi, Limette, Mango, Pfirsich, Weintraube, Zitrone

MILCHPRODUKTE Blauschimmel-Käse, Creme fraiche, Frischkäse, Gouda, Magermilch, Magerquark, Naturjoghurt

KRÄUTER　　　Basilikum, Dill, Estragon, Petersilie

*Zwillinge*

| | |
|---|---|
| **GEWÜRZE** | Jodsalz, Kümmel, Pfeffer, Safran, Senf, Sesamsamen |
| **GETRÄNKE** | Ananassaft, Apfelsaft, Aprikosensaft, Fencheltee, Kakao, Kokosmilch, Pfefferminztee, Pfirsichsaft, Tomatensaft, Traubensaft |
| **SONSTIGES** | Balsamico, Distelöl, Ei, Honig, Olivenöl, Pinienkerne, Rosine, Sanddornsirup, Vollkornbrot, Vollkornhaferflocken, Vollkornknäcke, Vollkornnudel, Walnuß, Weizenkeimöl |

## ZWILLINGE-TAGES-MENUE 1

### NACH DEM AUFSTEHEN

bei ☺+● 20 ml Brennesselpreßsaft mit 150 ml Ananassaft vermengen und vor dem Frühstück trinken.

bei ●+● ZWILLINGE-Mixgetränk (Seite 88–89)

### ERSTES FRÜHSTÜCK        SANDDORN-QUARK

Zutaten:
*1 EL Sanddornsirup*
*150 g Magerquark*

Zubereitung:
Den Sanddornsirup mit dem Magerquark glatt verrühren.

bei ☺+● Dazu 1 Tasse Brennesseltee trinken.

### ZWEITES FRÜHSTÜCK

bei ●+● ZWILLINGE-Mixgetränk (Seite 88–89)

bei ☺+● DREIFRUCHTSALAT

Zutaten:
*1/2 Apfel (gewürfelt)*
*50 g Ananas (gewürfelt)*
*1/2 Grapefruit (filetiert)*
*1 EL Zitronensaft*
*2 EL Apfelsaft*

Zubereitung:
Das Obst in eine Schüssel geben. Aus Zitronen- und Apfelsaft eine Marinade herstellen und über das Obst

*Zwillinge*

geben, Ca. 10 Minuten ziehen lassen.

VOR DEM MITTAGESSEN

bei ☻+☽ 10 ml Brennesselpreßsaft mit 150 ml Pfefferminztee vermengen und trinken.

bei ☻+☽ 1 Glas Mineralwasser

MITTAG                          PUTENBRUST
                                MIT PELLKARTOFFELN

Zutaten:
1 Putenbrustfilet (120-150 g)
1/2 rote Zwiebel (in Scheiben geschnitten)
1/2 Apfel (in Spalten, ungeschält)
1 EL Zitronensaft
Jodsalz, Pfeffer
1 EL Rotweinessig
2 EL Olivenöl
2 Kartoffeln (mittlere Größe)

Zubereitung:
Die Kartoffeln gut abwaschen und in einem Topf mit Wasser gar kochen. In der Zwischenzeit das Putenbrustfilet salzen und pfeffern, in einer Pfanne mit erhitztem Olivenöl (1 EL) auf beiden Seiten braten.
1 EL Olivenöl in einer Pfanne erhitzen, die Zwiebelwürfel glasig dünsten, dann die Apfelspalten dazugeben. Ca. 5 Minuten dünsten lassen. Mit Zitronensaft und Rotweinessig ablöschen, weitere 5 Minuten köcheln lassen.
Die Kartoffeln und die Zwiebel- Apfelsauce auf einen flachen Teller geben, das Fleisch auf die Sauce legen.

NACHMITTAG

bei ☻+☽ ZWILLINGE-Mixgetränk (Seite 88–89)

bei ☺+☻ **FRUCHTJOGHURT**

**Zutaten:**
*150 g Naturjoghurt*
*1/2 Grapefruit (filetiert)*
*50 g Ananas (gewürfelt)*
*1 TL Sanddornsirup*

**Zubereitung:**
Das Obst in eine Schüssel geben, den Naturjoghurt darübergießen und mit dem Sanddornsirup verfeinern. Alles gut verrühren.

**ABEND**                  **RUCOLA-SALAT**

**Zutaten:**
*200 g Rucola (Rauke)*
*1 EL Olivenöl*
*1 TL Weinessig*
*Jodsalz, Pfeffer*

**Zubereitung:**
Die Rucolablätter unter fließendem Wasser abwaschen und abtropfen lassen.
Aus Olivenöl, Weinessig, Salz und Pfeffer eine Marinade herstellen und über den Salat geben. 5-10 Minuten ziehen lassen.

**Dazu:**
*1 Scheibe Vollkornbrot*
*1 TL Butter*
*1 EL Frischkäse*
*1 EL Schnittlauch (in Röllchen geschnitten)*

*Zwillinge*

## ZWILLINGE-TAGES-MENUE 2

### NACH DEM AUFSTEHEN

bei ☺+☽ 20 ml Brennesselpreßsaft mit 150 ml Apfelsaft vermengen und vor dem Frühstück trinken.

bei ●+☾ ZWILLINGE-Mixgetränk (Seite 88–89)

### ERSTES FRÜHSTÜCK        FRUCHT-JOGHURT

Zutaten:
*150 g Naturjoghurt*
*1 Pfirsich (gewürfelt)*
*60 g Ananas (gewürfelt)*

Zubereitung:
Den Pfirsich schälen, entkernen und in kleine Würfel schneiden, zusammen mit den Ananaswürfeln in eine Schüssel geben und gut vermischen.
Naturjoghurt darüber geben und unterheben.

bei ☺+☽ Dazu 1 Tasse Brennesseltee trinken.

### ZWEITES FRÜHSTÜCK

bei ●+☾ ZWILLINGE-Mixgetränk (Seite 88–89)

bei ☺+☽ VOLLKORNBROT

Zutaten:
*1 Scheibe Vollkornbrot*
*1 TL Butter*
*1 EL Blauschimmelkäse*

## VOR DEM MITTAGESSEN

bei ☻+☾ 10 ml Brennesselpreßsaft mit 150 ml Fencheltee vermengen und trinken.

bei ☻+☽ 1 Glas Mineralwasser


MITTAG  ROTBARSCHFILET
MIT PAPRIKAGEMÜSE

Zutaten:
1 Rotbarschfilet (150 g, auch tiefgekühlt)
Saft von 1 Zitrone
Jodsalz, Pfeffer
je 1/2 Paprikaschote (grün, rot, gelb)
1 EL Olivenöl
1/2 Zwiebel (gewürfelt)
1 Knoblauchzehe (durchgepreßt)
1 EL Dill (fein gehackt)
1 TL Estragon (getrocknet)
1 EL Petersilie (fein gehackt)
1 EL Basilikum (in feine Streifen geschnitten)

Zubereitung:
Das Rotbarschfilet waschen, mit Zitronensaft beträufeln, salzen und pfeffern.
Dill und Estragon auf dem Fischfilet verteilen und abgedeckt stehen lassen.
Die halben Paprikaschoten in dünne Streifen schneiden. Das Öl in einer Pfanne erhitzen, die Zwiebelwürfel, den Knoblauch und die Paprikastreifen darin leicht andünsten (ca. 4-5 Minuten).
Das Rotbarschfilet auf das Gemüse legen und zugedeckt weitere 15 Minuten, bei mittlerer Hitze dünsten.
Auf einem flachen Teller anrichten, mit Petersilie und Basilikum bestreuen.


NACHMITTAG

*Zwillinge*

bei ●+◐ ZWILLINGE-Mixgetränk (Seite 88–89)

bei ☺+● 200 g frische ANANAS

ABEND      PAPRIKASALAT

Zutaten:
*je 1/2 Paprikaschote (grün, rot, gelb)*
*1/2 Zwiebel (gewürfelt)*
*1 EL Petersilie (fein gehackt)*
*1 EL Basilikum (in feine Streifen geschnitten)*
*1 EL Olivenöl*
*1 EL Weinessig*
*Jodsalz, Pfeffer*
*1 Knoblauchzehe (durchgepreßt)*

Zubereitung:
Die halben Paprikaschoten in sehr feine Streifen schneiden (oder hobeln), mit Zwiebelwürfel, Knoblauch sowie Petersilie und Basilikum in eine Schüssel geben und gut vermengen.
Aus Olivenöl, Weinessig, Salz, Pfeffer eine Marinade herstellen und die Paprikamischung damit übergießen.
Ca. 10-15 Minuten ziehen lassen.

Dazu:
*1 Scheibe Vollkornknäcke*
*1 TL Butter*
*1 Scheibe Geflügelwurst nach Wahl*

## ZWILLINGE-TAGES-MENUE 3

### NACH DEM AUFSTEHEN

bei ☺+☽ 20 ml Brennesselpreßsaft mit 150 ml Apfelsaft vermengen und vor dem Frühstück trinken.

bei ●+☾ ZWILLINGE-Mixgetränk (Seite 88–89)


### ERSTES FRÜHSTÜCK    SCHINKEN-OMELETTE

Zutaten:
*2 Eier*
*2 EL Magermilch*
*Jodsalz, Pfeffer*
*1 EL Olivenöl*
*50 g gekochter Schinken (in Streifen geschnitten)*

Zubereitung:
Die Eier in einer Schüssel aufschlagen und die Magermilch darin verquirlen, mit Salz und Pfeffer würzen.
Olivenöl in einer Pfanne erhitzen und die Eimasse hineingeben, vom Pfannenrand zur Mitte schaben bis die Masse stockt.
Den in Streifen geschnittenen Schinken darüberstreuen, ca. 2-3 Minuten mitgaren lassen. Das Omelette in der Hälfte zusammenklappen und auf einem flachen Teller servieren.

bei ☺+☽ Dazu 1 Tasse Brennesseltee trinken.


### ZWEITES FRÜHSTÜCK

bei ●+☾ ZWILLINGE-Mixgetränk (Seite 88–89)

bei ☺+☽ SESAM-QUARK

Zwillinge

Zutaten:
125 g Magerquark
1 EL Sesamkörner
1 Pfirsich (in dünne Scheiben geschnitten)
1 EL Magermilch

Zubereitung:
Die Sesamkörner in einer Pfanne (ohne Fett) anrösten.
Den Quark mit der Magermilch in einer Schüssel cremig verrühren.
Den Pfirsich schälen, entkernen und in dünne Scheiben schneiden, unter den Quark heben.
Zum Schluß mit den Sesamkörnern bestreuen.


VOR DEM MITTAGESSEN

bei ☺+● 10 ml Brennesselpreßsaft mit 150 ml Pfefferminztee vermengen und trinken.

bei ●+☻ 1 Glas Mineralwasser


MITTAG                          SPARGEL-PUTE

Zutaten:
1 Zwiebel (gewürfelt)
1 TL Butter
5 Stangen grünen Spargel
1 Putenbrustfilet (ca. 120 g)
Jodsalz, Pfeffer, Muskat
50 g Creme fraiche
1 Knoblauchzehe (durchgepreßt)
1 EL Olivenöl

Zubereitung:
Die Spargelstangen schälen und in der Länge halbieren. Die Putenbrust mit der Butter bestreichen und ca. 15 Minuten im Backofen bei 200-220 Grad garen. Die Zwiebelwürfel und den durchgepreßten Knoblauch in

erhitztem Olivenöl anbraten und die halbierten Spargelstangen dazugeben. Sofort etwas Wasser zugießen, so daß der Spargel halb bedeckt ist. Mit Salz, Pfeffer und frisch geriebenem Muskat würzen.
Das Ganze ca. 12 Minuten, bei geschlossenem Deckel dünsten. Die Creme fraiche unterrühren und in der offenen Pfanne etwas reduzieren lassen (eindicken).


## NACHMITTAG

bei ●+● ZWILLINGE-Mixgetränk (Seite 88–89)

bei ☺+● KAROTTENSALAT

Zutaten:
*2 Karotten (fein geraspelt)*
*Saft von 1/2 Zitrone*
*2 EL Olivenöl*
*Jodsalz, Pfeffer*

Zubereitung:
Die Karotten waschen, schälen und fein raspeln. Aus Olivenöl, Zitronensaft, Salz und Pfeffer eine Marinade herstellen und über die Karottenraspel geben.
Einige Minuten ziehen lassen.


ABEND                           GURKEN-CARPACCIO

Zutaten:
*Salatgurke (ca. 15 cm)*
*Jodsalz, Pfeffer*
*1 EL Olivenöl*
*1 EL Balsamico*
*1 EL Schnittlauch (in feine Röllchen geschnitten)*

Zubereitung:
Die Salatgurke waschen und in hauchdünne Scheiben schneiden (nicht schälen), auf einem flachen Teller kreis-

förmig und etwas überlappend verteilen. Aus Olivenöl, Balsamico, Salz und Pfeffer eine Marinade herstellen und über die Gurkenscheiben geben. Mit Schnittlauchröllchen bestreuen.

## ZWILLINGE-TAGES-MENUE 4

### NACH DEM AUFSTEHEN

bei ☺+☻ 20 ml Brennesselpreßsaft mit 150 ml Apfelsaft vermengen und vor dem Frühstück trinken.

bei ●+◐ ZWILLINGE-Mixgetränk (Seite 88–89)

### ERSTES FRÜHSTÜCK ANANAS-QUARK

Zutaten:
*150 g Magerquark*
*2 EL Magermilch*
*1 EL Honig (nach Wahl)*
*100 g Ananas (Frisch oder Konserve)*

Zubereitung:
Quark, Milch und Honig vermengen und glattrühren. Ananas in mundgerechte Stücke schneiden und unter den Quark heben.

bei ☺+☻ Dazu 1 Tasse Brennesseltee trinken

### ZWEITES FRÜHSTÜCK

bei ●+◐ ZWILLINGE-Mixgetränk (Seite 88–89)

bei ☺+☻ FRUCHTSALAT

Zutaten:
*150 g Ananas (Frisch oder Konserve)*
*3 Aprikosen*
*100 g helle Weintrauben*
*2 EL Honig (nach Wahl)*

*Zwillinge*

Zubereitung:
Die Früchte in ca. 2 cm große Stücke schneiden (Weintrauben halbieren), und in einer Schüssel mit dem Honig vermengen.

VOR DEM MITTAGESSEN

bei ☻+☻ 10 ml Brennesselpreßsaft mit 150 ml Fencheltee vermengen und trinken.

bei ☻+☻ 1 Glas Mineralwasser

MITTAG                          BUNTES PUTENSTEAK

Zutaten:
*1 Putensteak (ca. 130 g)*
*1 kleine Zwiebel*
*1/2 Paprikaschote (Rot)*
*6 mittelgroße Champignons*
*100 g Cherry-Tomaten*
*2 EL Olivenöl*
*Jodsalz, weißer Pfeffer (frisch gemahlen)*

Zubereitung:
Zwiebel schälen und vierteln, Paprikaschote putzen (Kerne entfernen) und in dünne Streifen schneiden. Die Champignons mit einem Papiertuch putzen und vierteln. Das Putensteak salzen und pfeffern, ca. 3 Minuten in einer Pfanne mit 1 EL Olivenöl anbraten dann wenden. Zwiebelviertel und Paprikastreifen dazugeben, kurz mitdünsten. Salzen und nach Bedarf ein wenig Wasser zufügen.
Das Putensteak ab und zu wenden. Nach ca. 10 Minuten aus der Pfanne nehmen und warm stellen.
Nun die halbierten Cherry-Tomaten und die Champignons dazugeben, noch ca. 5 Minuten mitschmoren.
Das Putensteak auf dem Gemüse anrichten.

NACHMITTAG

bei ●+● ZWILLINGE-Mixgetränk (Seite 88–89)

bei ☻+● 1 APFEL UND 1 KAROTTE

ABEND                                    VOLLKORNKNÄCKE

Zutaten:
2 Scheiben Vollkornknäcke
4 Scheiben Geflügelwurst nach Wahl
1 Tomate
2 TL Butter
1 EL Schnittlauchröllchen

Zubereitung:
Die Vollkornknäcke mit Butter bestreichen und mit der Geflügelwurst belegen. Mit Tomatenscheiben und Schnittlauchröllchen garnieren.

*Zwillinge*

## ZWILLINGE-TAGES-MENUE 5

### NACH DEM AUFSTEHEN

bei ☻+☽ 20 ml Brennesselpreßsaft mit 150 ml Traubensaft vermengen und vor dem Frühstück trinken.

bei ☻+☽ ZWILLINGE-Mixgetränk (Seite 88–89)

### ERSTES FRÜHSTÜCK   FRUCHTJOGHURT

Zutaten:
*150 g Naturjoghurt*
*50 g Ananas (gewürfelt)*
*1 Aprikose (gewürfelt)*
*1 EL Honig (nach Wahl)*

Zubereitung:
Naturjoghurt in einen tiefen Teller oder eine Müsli-Schale geben, mit dem Honig glattrühren und die Fruchtstücke unterheben.

bei ☻+☽ Dazu 1 Tasse Brennesseltee trinken

### ZWEITES FRÜHSTÜCK

bei ☻+☽ ZWILLINGE-Mixgetränk (Seite 88–89)

bei ☻+☽ VOLLKORNBROT

Zutaten:
*1 Scheibe Vollkornbrot*
*1 Scheibe Gouda*
*1 TL Butter*
*etwas Petersilie oder Schnittlauch*

Zubereitung:
Das Vollkornbrot mit Butter bestreichen und mit dem Gouda belegen. Mit Petersilie oder Schnittlauchröllchen bestreuen.


VOR DEM MITTAGESSEN

bei ☺+● 10 ml Brennesselpreßsaft mit 150 ml Pfefferminztee vermengen und trinken.

bei ●+● 1 Glas Mineralwasser


MITTAG                          HÄHNCHENBRUST
                                MIT MANGOSAUCE

Zutaten:
1 Hähnchenbrust (ohne Haut)
1/2 Mango (in 5 mm dünne Scheiben geschnitten)
1 Knoblauchzehe
2 EL Olivenöl
3 Frühlingszwiebeln mit Grün
1 Limette
1 EL Creme fraiche
1 kleiner Becher Naturjoghurt
1/8 L trockener Weißwein
1/8 L Hühnerbrühe (Instant)
Jodsalz, weißer Pfeffer (frisch gemahlen)

Zubereitung:
Die Hähnchenbrust waschen, trockentupfen, leicht salzen, pfeffern und mit dem gehackten Knoblauch in Olivenöl braten, bis sie leicht gebräunt ist. Beiseite stellen.
In einer anderen Pfanne die in Ringe geschnittenen Frühlingszwiebeln und Mangowürfel aus zwei Mangoscheiben in etwas Olivenöl anbraten, mit Weißwein ablöschen, die Hühnerbrühe zugeben und die Mischung über die Hähnchenbrust geben. 10 Minuten köcheln lassen.

*Zwillinge*

Die restlichen Mango-Scheiben pürieren mit dem Saft und der abgeriebenen Schale einer Limette mischen. Salzen und pfeffern. Creme fraiche und Joghurt unterrühren.
Wenn die Hähnchenbrust gar ist, aus der Pfanne nehmen und den Sud auf ca. die Hälfte reduzieren. Die Mango-Joghurt-Mischung dazugeben, 5 Minuten kochen lassen und anschließend über die Hähnchenbrust gießen.


NACHMITTAG

bei ●+● ZWILLINGE-Mixgetränk (Seite 88–89)

bei ☺+● 1/2 MANGO in Scheiben, mit frisch gemahlenem schwarzen Pfeffer


ABEND                           KAROTTEN-SALAT

Zutaten:
*2 Scheiben Vollkornknäcke*
*1 TL Butter*
*2 Karotten (geraspelt)*
*1 EL Zitronensaft*
*1 EL Olivenöl*
*Jodsalz, Pfeffer (frisch gemahlen)*

Zubereitung:
Die Karottenraspel in eine Schale geben. Aus dem Zitronensaft, Olivenöl, Salz und Pfeffer ein Dressing herstellen und über die Karottenraspel geben. Gut durchmengen und ca. 15 Minuten ziehen lassen.
Dazu Vollkornknäcke mit Butter bestrichen.

## ZWILLINGE-TAGES-MENUE 6

### NACH DEM AUFSTEHEN

bei ☻+☻ 20 ml Brennesselpreßsaft mit 150 ml Ananassaft vermengen und vor dem Frühstück trinken.

bei ☻+☻ ZWILLINGE-Mixgetränk (Seite 88–89)

### ERSTES FRÜHSTÜCK     KOKOS-MÜSLI

Zutaten:
*150 ml Kokosmilch*
*80 g Vollkornhaferflocken*
*5 Erdbeeren*
*1/2 Apfel*
*1 EL Rosinen*

Zubereitung:
Haferflocken und Rosinen in eine Müsli-Schale oder in einen tiefen Teller geben. Apfel ungeschält in ca. 1 cm kleine Würfel schneiden, die Erdbeeren halbieren und beides zu den Haferflocken geben. Die Kokosmilch dazugeben und alles gut vermengen.

bei ☻+☻ Dazu 1 Tasse Brennesseltee trinken

### ZWEITES FRÜHSTÜCK

bei ☻+☻ ZWILLINGE-Mixgetränk (Seite 88–89)

bei ☻+☻ **200 g weißer RETTICH** leicht gesalzen

### VOR DEM MITTAGESSEN

bei ○+◑ 10 ml Brennesselpreßsaft mit 150 ml Fencheltee vermengen und trinken.

bei ●+◐ 1 Glas Mineralwasser

## MITTAG

## BROCCOLI JAPANISCHE ART

Zutaten:

*250 g Broccoli (geputzt)*
*100 g Shiitake Pilze (od.. Steinpilze)*
*2 EL helle Sojasauce*
*100 ml Gemüsebrühe (Instant)*
*2 EL Olivenöl*
*2 mittelgroße Kartoffeln*
*Jodsalz, weißer Pfeffer (frisch gemahlen)*

Zubereitung:

Die Kartoffeln abwaschen und als Pellkartoffeln kochen. Die Pilze von den Strünken befreien, vierteln und in Olivenöl anbraten. Den Broccoli in kleine Röschen schneiden und beigeben. Unter ständigem Wenden ca. 7 Minuten dünsten. Mit Salz und Pfeffer würzen. Sojasauce dazugeben und mit der Gemüsebrühe ablöschen. 10 Minuten bei mittlerer Hitze leicht köcheln lassen und anschließend mit den Pellkartoffeln servieren.

## NACHMITTAG

bei ●+◐ ZWILLINGE-Mixgetränk (Seite 88–89)

bei ○+◑ MIXGETRÄNK

Zutaten:

*1 Banane*
*1 Kiwi*
*250 ml Magermilch*
*1 EL Honig (nach Wahl)*

Zubereitung:
Alle Zutaten in einen Mixer geben oder in einem hohen Gefäß mit dem Pürierstab zerkleinern. Schluckweise trinken.

ABEND                              SALAT MIT KNÄCKE

Zutaten:
*2 Scheiben Vollkornknäcke*
*200 g Pflücksalat nach Wahl*
*1/2 Bund Basilikum*
*1 TL Butter*
*1 EL Zitronensaft*
*2 EL Distelöl*
*Jodsalz, weißer Pfeffer (frisch gemahlen)*

Zubereitung:
Den Salat waschen und trockenschleudern, Basilikumblätter in feine Streifen schneiden und mit dem Salat in eine Schüssel geben. Aus Zitronensaft, Distelöl, Salz und Pfeffer ein Dressing herstellen und über den Salat geben. Gut durchmengen und ca. 15 Minuten ziehen lassen.

Dazu:
*Vollkornknäcke mit Butter bestrichen.*

# KREBS

Heute sollten Sie mindestens ein Bekleidungsstück in weißer Farbe tragen.

Die empfohlenen Speisen und Getränke helfen heute Brust, Lunge, Magen, Bauchspeicheldrüse, Zwölffingerdarm, Verdauung, und Milchdrüsen.

### Krankheitsdispositionen

*Magenbeschwerden, Magengeschwür und Nierenleiden.*

## GETRÄNKE BEI ☽+☀ IM STERNZEICHEN KREBS

### STEIFE BRISE

Zutaten:
*5 Karotten*
*1/2 Kartoffel mit Schale*
*4 EL Kresse*
*1/2 Bund Petersilie*

Zubereitung: Karotten und Kartoffel säubern, nicht schälen, in Stücke schneiden. In der Reihenfolge Karotten, Kresse, Petersilie, Kartoffel in den Entsafter geben.

### LANGER ATEM

Zutaten:
*5 Karotten*
*10 Spinatblätter*
*3 EL Kresse*

Zubereitung: Karotten und Spinatblätter waschen. In der Reihenfolge Karotten, Spinatblätter, Kresse, Karotten in den Entsafter geben.

### AIR-CRAFT

Zutaten:
*1 Orange*
*1/2 Limette mit Schale*
*1/2 Tasse Mineralwasser*

Zubereitung: Das Obst in den Entsafter geben und anschließend im Glas mit dem Mineralwasser vermengen.

## FRESH AIR

Zutaten: *3 Äpfel*
*1 Tasse Preiselbeeren*

Zubereitung: Das Obst in der Reihenfolge Apfel, Preiselbeeren, Apfel in den Entsafter geben.

## BREATH

Zutaten: *3 Äpfel*
*150 g helle Weintrauben*
*1/4 Zitrone mit Schale*

Zubereitung: Das Obst in der Reihenfolge Apfel, Weintrauben, Zitrone, Apfel in den Entsafter geben.

## EMPFOHLENE LEBENSMITTEL
## im Sternzeichen Krebs

| | |
|---|---|
| FLEISCH | Schwein |
| GEFLÜGEL | Huhn, Pute, Strauß |
| FISCH | Auster, Hecht, Hummer, Kabeljau, Miesmuschel, Rotbarsch, Thunfisch, Tintenfisch, Zander |
| GEMÜSE | Aubergine, Austernpilz, Avocado, Chiccoree, Fenchel, Karotte, Kartoffel, Knoblauch, Kohlrabi, Kopfsalat, Kürbis, Lauch, Mais, Paprikaschote, Schalotte, Spinat, Sprossen, Tomate, Zucchini, Zuckerschote, Zwiebel |
| OBST | Apfel, Banane, Grapefruit, Limette, Melone, Orange, Weintraube, Zitrone |
| MILCHPRODUKTE | Butter, Creme fraiche, Feta-Käse, Kräuterfrischkäse, Magermilch, Magerquark, Naturjoghurt, Parmesan |

| | |
|---|---|
| KRÄUTER | Basilikum, Dill, Estragon, Petersilie, Salbei, Sauerampfer |
| GEWÜRZE | Curry, Ingwer, Jodsalz, Paprikapulver, Pfeffer, Senf, Sojasauce |
| GETRÄNKE | Apfelsaft, Fencheltee, Gemüsesaft, Grapefruitsaft, Kokosmilch, Melissentee, Orangensaft, Pfefferminztee, Sojamilch |
| SONSTIGES | Ahornsirup, Balsamico, Couscous, Ei, Grünkern, Haselnuß, Honig, Langkornreis, Mandel, Mehrkornbrot, Olivenöl, Vollkornbrot, Vollkornhaferflocken, Vollkornknäcke, Vollkornnudel, Walnuß |

## KREBS-TAGES-MENUE 1

### NACH DEM AUFSTEHEN

bei ☺+● 20 ml Brennesselpreßsaft mit 150 ml Apfelsaft vermengen und vor dem Frühstück trinken.

bei ●+● KREBS-Mixgetränk (Seite 112–113)

### ERSTES FRÜHSTÜCK    FRUCHTSALAT

Zutaten:
1/2 Grapefruit (filetiert)
1/2 Apfel (ungeschält, in Spalten geschnitten)
1/2 Banane (in Scheiben geschnitten)
150 g Naturjoghurt
1 EL Zitronensaft
1 EL Mandelblättchen

Zubereitung:
Die Früchte in eine Schüssel geben, mit Zitronensaft beträufeln. Den Joghurt untermischen und das Ganze mit Mandelblättchen bestreuen.

bei ☺+● Dazu 1 Tasse Brennesseltee trinken.

### ZWEITES FRÜHSTÜCK

bei ●+● KREBS-Mixgetränk (Seite 112–113)

bei ☺+● ANTIPASTI MIT SCHALOTTEN

Zutaten:
1 Bund Frühlingszwiebeln
1 Knoblauchzehe (durchgepreßt)
1 EL gehackte Mandeln

*2 EL Olivenöl*
*1 EL Balsamico*
*Jodsalz, Pfeffer*

Zubereitung:
Die Frühlingszwiebelstangen an der Stelle durchtrennen, wo der Lauch dunkler wird, die Wurzeln am unteren Ende der Zwiebel abschneiden. Die Frühlingszwiebeln dann für ca. 5 Minuten in kochendes Wasser geben, anschließend mit kaltem Wasser abschrecken. Die Frühlingszwiebeln auf einen flachen Teller verteilen. Aus Olivenöl, Balsamico, Salz und Pfeffer eine Marinade herstellen und über die Frühlingszwiebeln geben, mit gehackten Mandelblättchen bestreuen.

VOR DEM MITTAGESSEN

bei ☺+☽ 10 ml Brennesselpreßsaft mit 150 ml Melissentee vermengen und trinken.

bei ●+☽ 1 Glas Mineralwasser

MITTAG                     SPAGETTI AL PESTO

Zutaten:
*100 g Spagetti*
*3 EL Olivenöl*
*1 Bund Basilikum (oder kleiner Topf)*
*Jodsalz, Pfeffer*
*1 EL Zitronensaft*

Zubereitung:
Die Spagetti in ca. 1,5 Liter kochendem, leicht gesalzenem Wasser bißfest garen (ca. 10-13 Minuten).
In der Zwischenzeit Olivenöl, Basilikumblätter, Zitronensaft in einen Mixer geben und glatt pürieren (geht auch mit Pürierstab). Salzen und pfeffern, nochmals leicht mischen.

Die Spagetti abgießen, abtropfen lassen, auf einen Teller geben und das Pesto darüber verteilen.

NACHMITTAG

bei ●+● KREBS-Mixgetränk (Seite 112–113)

bei ☺+● 1/2 BANANE und 1/2 APFEL (ungeschält)


ABEND                    FETA-KÄSE-SALAT

Zutaten:
*1/2 Feta-Käse*
*1/2 Grapefruit (filetiert)*
*50 g Zucchini (gewürfelt)*
*2 Tomaten (grob gewürfelt)*
*2 EL Olivenöl*
*1 EL Zitronensaft*
*Jodsalz, Pfeffer*
*1 EL Petersilie (fein gehackt)*

Zubereitung:
Den halben Feta-Käse in ca. 1 cm große Würfel schneiden und mit Grapefruitfilets, Zucchini- und Tomatenwürfel in eine Schüssel geben, gut vermischen.
Aus Olivenöl, Zitronensaft, Salz und Pfeffer eine Marinade herstellen, über die Feta-Gemüse-Mischung geben und nochmals gut vermengen.
Ca. 10-15 Minuten ziehen lassen, vor dem Servieren mit Petersilie bestreuen.

Dazu:
*1 Scheibe Mehrkornbrot*

*Krebs*

## KREBS-TAGES-MENUE 2

### NACH DEM AUFSTEHEN

bei ☻+☽ 20 ml Brennesselpreßsaft mit 150 ml Gemüsesaft vermengen und vor dem Frühstück trinken.

bei ●+☾ KREBS-Mixgetränk (Seite 112–113)

### ERSTES FRÜHSTÜCK        AHORNQUARK

Zutaten:
*200 g Magerquark*
*2 EL Ahornsirup (oder Honig nach Wahl)*
*2 EL Mandelblättchen*

Zubereitung:
Den Magerquark mit dem Ahornsirup (oder Honig) glatt rühren. Mit Mandelblättchen bestreuen.

bei ☻+☽ Dazu 1 Tasse Brennesseltee trinken.

### ZWEITES FRÜHSTÜCK

bei ●+☾ KREBS-Mixgetränk (Seite 112–113)

bei ☻+☽ EISBERGSALAT

Zutaten:
*1/2 Kopf Eisbergsalat*
*3 EL Mais (Konserve)*
*2 EL Olivenöl*
*2 EL Sojasauce*
*1 EL Petersilie (fein gehackt)*

Zubereitung:
Den Salat waschen, abtropfen lassen, kleinzupfen und in eine Schüssel geben. Den Mais untermischen.
Aus Olivenöl und Sojasauce eine Marinade herstellen und über den Salat geben. Das Ganze gut vermischen und mit Petersilie bestreuen.


VOR DEM MITTAGESSEN

bei ☺+● 10 ml Brennesselpreßsaft mit 150 ml Fencheltee vermengen und trinken.

bei ●+● 1 Glas Mineralwasser


MITTAG                    HÄHNCHENBRUSTFILET
                          MIT TOMATENSAUCE

Zutaten:
1 Hähnchenbrustfilet (ca. 120-150 g)
2 Tomaten (grob gewürfelt)
1/2 Zwiebel (fein gewürfelt)
1 Knoblauchzehe (durchgepreßt)
Jodsalz, Pfeffer
2 EL Olivenöl
1 EL Balsamico
1 Beutel Langkornreis (nur die Hälfte zum Mittag verzehren)

Zubereitung:
Den Reis in leicht gesalzenem Wasser kochen.
Das Hähnchenbrustfilet salzen und pfeffern, in 1 EL erhitztem Olivenöl von beiden Seiten je 5 Minuten anbraten, und anschließend im Backofen bei 80 Grad warmhalten.
In eine Pfanne 1 EL Olivenöl geben, erhitzen und die Tomaten- und Zwiebelwürfel sowie den Knoblauch hineingeben, salzen und pfeffern. Unter ständigem Rühren ca. 10 Minuten dünsten. Mit 1 EL Balsamico und 2-3 EL Wasser ablöschen und weitere 5-8 Minuten leicht

köcheln lassen.
Das Gemüse auf einen flachen Teller verteilen und etwas abflachen, wie einen Pfannkuchen, das Hähnchenbrustfilet darauf legen und die Hälfte des Reis an die Seite geben.


**NACHMITTAG**

bei ●+● KREBS-Mixgetränk (Seite 112–113)

bei ☺+● BANANENREIS

Zutaten:
*Die restliche, abgekühlte Hälfte des Reis, vom Mittag*
*1 Banane (gewürfelt)*
*1 EL Ahornsirup*
*1 EL Zitronensaft*
*1 EL Mandelblättchen*

Zubereitung:
Den kalten Reis und die Bananenwürfel gut vermengen. Den Ahornsirup unterziehen und mit dem Zitronensaft beträufeln. Mit Mandelblättchen bestreuen. Ca. 10 Minuten ziehen lassen.


**ABEND**                    **SENF-EI**

Zutaten:
*1 Ei*
*2 EL Olivenöl*
*1 TL Senf (nach Geschmack)*
*50 g Creme fraiche*
*Jodsalz, Pfeffer*

Zubereitung:
Das Ei in kochendes Wasser geben und ca. 6 Minuten kochen lassen. Inzwischen in einem kleinen Topf das Olivenöl erhitzen, den Senf und die Creme fraiche dazu-

geben, mit Salz und Pfeffer würzen. Das gekochte Ei abschrecken und pellen, auf einem Teller mit der Senfsauce übergießen.

**Dazu:**
*2 Scheiben Vollkornknäcke*
*1 TL Butter*
*1 EL Basilikum (in feine Streifen geschnitten)*

*Krebs*

## KREBS-TAGES-MENUE 3

### NACH DEM AUFSTEHEN

bei ☺+☽ 20 ml Brennesselpreßsaft mit 150 ml Gemüsesaft vermengen und vor dem Frühstück trinken.

bei ●+☾ KREBS-Mixgetränk (Seite 112–113)

### ERSTES FRÜHSTÜCK          AVOCADO PIKANTE

Zutaten:
*1 mittelgroße Avocado (weich)*
*Saft aus 1/2 Zitrone*
*Pfeffer (frisch gemahlen)*

Zubereitung:
Die Avocado halbieren, entkernen und das Fruchtfleisch der beiden Hälften mit Zitronensaft beträufeln.
Nach Geschmack mit frischem Pfeffer aus der Mühle würzen.
Das Fruchtfleisch mit einem Teelöffel aus der Schale essen.

bei ☺+☽ Dazu 1 Tasse Brennesseltee trinken.

### ZWEITES FRÜHSTÜCK

bei ●+☾ KREBS-Mixgetränk (Seite 112–113)

bei ☺+☽ MEHRKORNBROT

Zutaten:
*1 Scheibe Mehrkornbrot*
*1 TL Butter*
*1 EL Frischkäse*

1 EL Schnittlauch (in feine Röllchen geschnitten)

Zubereitung:
Die Brotscheibe mit Butter bestreichen, den Frischkäse daraufgeben und mit den Schnittlauchröllchen bestreuen.


VOR DEM MITTAGESSEN

bei ☺+🌑 10 ml Brennesselpreßsaft mit 150 ml Pfefferminztee vermengen und trinken.

bei 🌑+🌙 1 Glas Mineralwasser


MITTAG                          ROTBARSCHFILET
                                MIT SOJASAUCE

Zutaten:
1 Rotbarschfilet (ca. 150 g)
1/2 Zwiebel (gewürfelt)
1 Knoblauchzehe (durchgepreßt)
2 Scheiben frischer Ingwer
1 Karotte (in Stifte geschnitten)
1 Handvoll Sojasprossen
2 EL Olivenöl
2 EL Sojasauce
Jodsalz, Pfeffer
70 g Bandnudeln

Zubereitung:
Die Bandnudeln in kochendem, leicht gesalzenem Wasser ca. 10 Minuten garen.
Das Rotbarschfilet in mundgerechte Würfel schneiden und mit 1 EL erhitztem Olivenöl in einer Pfanne anbraten. Inzwischen die Zwiebelwürfel in einer anderen Pfanne mit 1 EL Olivenöl glasig dünsten. Knoblauch, Karottenstifte, den frischen Ingwer und die Sojasprossen dazugeben, alles unter ständigem Rühren bei großer Hitze

anbraten.
Die Fischwürfel mit 1 EL Sojasauce ablöschen und zu dem Bratgemüse geben, noch 1 EL Sojasauce dazugeben, mit Salz und Pfeffer abschmecken.

NACHMITTAG

bei ●+● KREBS-Mixgetränk (Seite 112–113)

bei ☺+● 1 Becher FRUCHTJOGHURT nach Wahl

ABEND                          AUSTERNPILZE
                               AL PESTO

Zutaten:
*1/2 Zwiebel (fein gewürfelt)*
*1 Knoblauchzehe (durchgepreßt)*
*150 g Austernpilze (in Streifen geschnitten)*
*3 EL Olivenöl*
*50 g Creme fraiche*
*1 Bund Basilikum (Topf)*
*Jodsalz, Pfeffer, Paprikapulver (edelsüß)*

Zubereitung:
Die Zwiebelwürfel und den durchgepreßten Knoblauch in einer Pfanne mit 1 EL Olivenöl glasig anbraten, dann die Austernpilzstreifen dazugeben und umrühren.
Auf kleiner Hitze weiterschmoren lassen, mit Salz, Pfeffer und Paprikapulver würzen.
Pesto herstellen, indem Sie die abgezupften Basilikumblätter mit etwas Salz, Pfeffer und 2 EL Olivenöl in einem Mixer (oder mit dem Pürierstab) fein pürieren.
Das Pesto und die Creme fraiche über die Austernpilze geben und gut vermischen.

Dazu:
*1 Scheibe Mehrkornbrot*
*1 TL Butter*

1 Tomate (in Scheiben geschnitten)
Jodsalz, Pfeffer

Zubereitung:
Die Butter auf das Mehrkornbrot streichen, mit den Tomatenscheiben belegen und mit Salz und Pfeffer würzen.

## KREBS-TAGES-MENUE 4


### NACH DEM AUFSTEHEN

bei ☺+☽ 20 ml Brennesselpreßsaft mit 150 ml Gemüsesaft vermengen und vor dem Frühstück trinken.

bei ●+☽ KREBS-Mixgetränk (Seite 112–113)


### ERSTES FRÜHSTÜCK        MEHRKORNBROT

Zutaten:
*2 Scheiben Mehrkornbrot*
*2 Scheiben magerer Schinken*
*2 TL Butter*
*2 Spalten Honigmelone*

Zubereitung:
Das Brot mit der Butter bestreichen und mit dem Schinken belegen. 2 Spalten aus einer Honigmelone schneiden.

bei ☺+☽ Dazu 1 Tasse Brennesseltee trinken.


### ZWEITES FRÜHSTÜCK

bei ●+☽ KREBS-Mixgetränk (Seite 112–113)

bei ☺+☽ GEFÜLLTE AVOCADO

Zutaten:
*1/2 Staude Chiccoree*
*1/2 Orange*
*1 EL gehackte Haselnüsse*
*1/2 Avocado*
*50 g Naturjoghurt*

1 Scheibe Vollkornknäcke
Jodsalz, weißer Pfeffer (frisch gemahlen)
1 EL gehackte Petersilie

Zubereitung:
Chiccoree waschen, längs halbieren, den bitteren Strunk herausschneiden (die zweite Hälfte aufbewahren für das Mittagsmenue), dann in feine Streifen schneiden. Die Orange in kleine mundgerechte (1-2 cm) Stücke schneiden.
Aus der halben Avocado das Fruchtfleisch vorsichtig mit einem Teelöffel herauslösen, so daß die Schale nicht verletzt wird.
Das Avocadofleisch mit den Chiccoreestreifen, den Orangenstücken, gehackten Nüssen und dem Joghurt sowie etwas Salz vermengen. Die hergestellte Masse wieder in die Avocadoschale füllen und mit Pfeffer bestreuen. Mit gehackter Petersilie garnieren.
Dazu eine Scheibe Vollkornknäcke essen.


VOR DEM MITTAGESSEN

bei ☺+🌑 10 ml Brennesselpreßsaft mit 150 ml Fencheltee vermengen und trinken.

bei 🌑+🌑 1 Glas Mineralwasser


MITTAG                          HÄHNCHENBRUST
                                MIT CHICCOREE

Zutaten:
1 Hähnchenbrust ohne Haut (120-150 g)
1/2 Staude Chiccoree
1 mittelgroße Karotte
1 Knoblauchzehe
1 TL Salbei (frisch gehackt oder trocken)
3 EL Olivenöl
1/2 TL Paprikapulver (edelsüß)

*Jodsalz, weißer Pfeffer (frisch gemahlen)*
*1/2 Orange (filetiert)*
*2 mittelgroße Pellkartoffeln*

Zubereitung:
Die Hähnchenbrust leicht salzen, pfeffern und in einer heißen Pfanne mit 1 EL Olivenöl von beiden Seiten anbraten, beiseite stellen und mit Alufolie abgedeckt warmhalten. Inzwischen die halbe Chiccoree-Staude in feine Streifen schneiden, die Karotte in feine Stifte hobeln, den Knoblauch fein hacken oder pressen und alles in einer anderen Pfanne mit 2 EL Olivenöl andünsten.
Das Gemüse mit Salbei, Paprikapulver, Salz und Pfeffer würzen, die Orangenfilets dazugeben.
Die Hähnchenbrust nun auf das Gemüse legen und ca. 5-7 Minuten abgedeckt mitdünsten lassen.
Mit Pellkartoffeln servieren.


NACHMITTAG

bei ●+● KREBS-Mixgetränk (Seite 112–113)

bei ●+● **1/2 AVOCADO** mit schwarzem Pfeffer aus der Mühle bestreuen und mit etwas Zitronensaft beträufeln. Mit einem Teelöffel direkt aus der Schale essen.


ABEND                                KAROTTENSALAT

Zutaten:
*2 mittelgroße Karotten*
*1 Lauchzwiebelstange*
*1 mittelgroßer Apfel (süßlich)*
*1 rote Paprikaschote*
*3 EL Olivenöl*
*1 EL Zitronensaft*
*Jodsalz, schwarzer Pfeffer (frisch gemahlen)*

**Zubereitung:**
Die Karotten fein hobeln, Lauchzwiebel (auch das Grün) in feine Ringe schneiden, Paprikaschote und Apfel entkernen und grob hobeln oder in Streifen schneiden.
Alles in einer Schale mit Olivenöl und Zitronensaft mischen. Mit Salz und Pfeffer nach Geschmack würzen.

## KREBS-TAGES-MENUE 5

### NACH DEM AUFSTEHEN

bei ☺+☻ 20 ml Brennesselpreßsaft mit 150 ml Apfelsaft vermengen und vor dem Frühstück trinken.

bei ●+◐ KREBS-Mixgetränk (Seite 112–113)


### ERSTES FRÜHSTÜCK          MÜSLI

Zutaten:
*150 ml Sojamilch*
*100 g Vollkornhaferflocken*
*50 g gehackte Walnüsse*
*1 Apfel*
*1 EL Honig (nach Wahl)*

Zubereitung:
Sojamilch und Honig glattrühren. Haferflocken dazugeben, den Apfel in die Mischung reiben und mit den gehackten Walnüssen bestreuen.

bei ☺+☻ Dazu 1 Tasse Brennesseltee trinken.


### ZWEITES FRÜHSTÜCK

bei ●+◐ KREBS-Mixgetränk (Seite 112–113)

bei ☺+☻ **KRÄUTERQUARK**

Zutaten:
*100 g Magerquark*
*50 g Naturjoghurt*
*1/2 Bund Dill*
*1 Lauchzwiebel (ohne das Grün)*

1 EL Schnittlauchröllchen
Jodsalz, weißer Pfeffer (frisch gemahlen)
2 Scheiben Vollkornknäcke

Zubereitung:
Quark und Joghurt mit Salz und Pfeffer würzen und in einer Schale glattrühren.
Gehackten Dill, in feine Ringe geschnittene Lauchzwiebel und die Schnittlauchröllchen unterheben.
Die Quarkmasse auf die Vollkornknäcke verteilen.


VOR DEM MITTAGESSEN

bei ☺+● 10 ml Brennesselpreßsaft mit 150 ml Melissentee vermengen und trinken.

bei ●+● 1 Glas Mineralwasser


MITTAG                          AUSTERNPILZE
                                MIT ZUCKERSCHOTEN

Zutaten:
150 g Austernpilze
100 g Zuckerschoten
1/2 Knoblauchzehe
1 EL Olivenöl
3 EL Gemüsebrühe (Instant)
Jodsalz, weißer Pfeffer (frisch gemahlen)
60 g Bandnudeln oder Spagetti

Zubereitung:
Die Pilze in Streifen schneiden. Zuckerschoten waschen und putzen. Die Knoblauchzehe fein hacken oder pressen.
Die Nudeln in reichlich Salzwasser bißfest kochen.
In der Zwischenzeit Olivenöl in einer Pfanne erhitzen. Die Pilzstreifen und die Zuckerschoten dann bei großer Hitze unter ständigem Wenden ca. 2-3 Minuten anbraten.

Knoblauch und Brühe zugeben. Pilze und Zuckerschoten abgedeckt in etwa 4 Minuten bißfest garen. Mit Salz und Pfeffer würzen.
Die gegarten Nudeln, direkt nach dem abgießen, in die Pfanne geben und mit dem Gemüse vermengen.

## NACHMITTAG

bei ●+● KREBS-Mixgetränk (Seite 112–113)

bei ☺+● MIXGETRÄNK

Zutaten:
1/2 Banane
1/2 Orange
1 EL Zitronensaft
150 ml Magermilch
1 EL Honig (nach Wahl)

Zubereitung:
Alle Zutaten in einem Mixer oder in einem hohen Gefäß mit dem Pürierstab zerkleinern.
Schluckweise trinken.

## ABEND                                    MEHRKORNBROT

Zutaten:
2 Scheiben Mehrkornbrot
2 Scheiben magerer Schinken
2 TL Butter
1 mittelgroße Tomate
1 EL gehackte Petersilie
oder Basilikum (feingeschnitten)

Zubereitung:
Die Brotscheiben mit Butter bestreichen und mit dem Schinken belegen. Die Tomate in Scheiben schneiden und auf dem Schinken verteilen.

Mit gehackter Petersilie oder fein geschnittenem Basilikum bestreuen.

## KREBS-TAGES-MENUE 6

### NACH DEM AUFSTEHEN

bei ☺+● 20 ml Brennesselpreßsaft mit 150 ml Gemüsesaft vermengen und vor dem Frühstück trinken.

bei ●+◐ KREBS-Mixgetränk (Seite 112–113)

### ERSTES FRÜHSTÜCK    MÜSLI

Zutaten:
*150 ml Kokosmilch*
*100 g Vollkornhaferflocken*
*50 g gehackte Haselnüsse*
*2 EL Rosinen*
*1 EL Honig (nach Wahl)*

Zubereitung:
Kokosmilch und Honig glattrühren, Haferflocken und Rosinen unterheben und mit den gehackten Haselnüssen bestreuen.

bei ☺+● Dazu 1 Tasse Brennesseltee trinken.

### ZWEITES FRÜHSTÜCK

bei ●+◐ KREBS-Mixgetränk (Seite 112–113)

bei ☺+● VOLLKORNKNÄCKE

Zutaten:
*2 Scheiben Vollkornknäcke*
*4 Scheiben Geflügelwurst, nach Wahl*
*2 TL Butter*
*1 EL gehackter Dill*

Zubereitung:
Die Vollkornknäcke mit Butter bestreichen und mit der Geflügelwurst belegen. Mit dem gehackten Dill bestreuen.


VOR DEM MITTAGESSEN

bei ☺+☻ 10 ml Brennesselpreßsaft mit 150 ml Pfefferminztee vermengen und trinken.

bei ☻+☽ 1 Glas Mineralwasser


MITTAG                    ROTBARSCHFILET
                          MIT FENCHELGEMÜSE

Zutaten:
1 Rotbarschfilet (ca. 150 g)
1/2 Knolle Fenchel
1 EL Limettensaft
1 TL abgeriebene Limettenschale
Jodsalz, schwarzer Pfeffer (frisch gemahlen)
2 EL Olivenöl
2 mittelgroße Pellkartoffeln

Zubereitung:
Fenchel in feine Würfel schneiden, das Fenchelkraut zupfen. Fenchelwürfel und -kraut, Limettensaft, Salz und Pfeffer vermengen und auf dem Fischfilet verteilen, etwas andrücken. Das Olivenöl darüber gießen. Mindestens 30 Minuten marinieren lassen (Länger ist wie immer besser, max. aber 1 Stunde).
Das Marinadeöl in einer Pfanne bei mittlerer Temperatur erhitzen. Das Fenchelgemüse vom Fisch entfernen, das Fischfilet in der Pfanne kurz von beiden Seiten anbraten (pro Seite ca. 1 Minute).
Die Pfanne mit dem Fisch und dem Fenchelgemüse im vorgeheizten Backofen, bei ca. 160 Grad C fertig backen (ca. 5-7 Minuten).

Das Rotbarschfilet aus der Pfanne nehmen und in Alufolie eingewickelt beiseite stellen.
Den Fenchel noch ca. 2-3 Minuten in der Pfanne weiter dünsten lassen.
Fenchelgemüse auf einem Teller verteilen und den Fisch darauf anrichten. Mit etwas Olivenöl beträufeln, die Pellkartoffeln dazugeben.

## NACHMITTAG

bei ☻+☽ KREBS-Mixgetränk (Seite 112–113)

bei ☺+☽ 3 HONIGMELONEN-SPALTEN

ABEND                              VOLLKORNBROT

Zutaten:
*2 Scheiben Vollkornbrot*
*2 TL Butter*
*2 Scheiben magerer Schinken*
*50 g Kräuterfrischkäse (Magerstufe)*

Zubereitung:
Die Brotscheiben mit Butter bestreichen. Eine Brotscheibe mit dem Schinken belegen, die andere Scheibe mit dem Kräuterfrischkäse bestreichen.

## LÖWE

Heute sollten Sie mindestens ein Bekleidungsstück in oranger Farbe tragen.

Die empfohlenen Speisen und Getränke helfen heute Herz-Kreislauf, Zwerchfell, Rücken, und Schlagadern.

KRANKHEITSDISPOSITIONEN

*nervöses Herz, Herzkranzgefäßverengungen und Konzentrationsstörungen.*

Löwe

## GETRÄNKE BEI ●+☾ IM STERNZEICHEN LÖWE

### FIT...

Zutaten: 6 Karotten
1/2 Rote Bete mit Blattgrün
1/2 Bund Petersilie

Zubereitung: Das Gemüse waschen, nicht schälen, in Stücke schneiden. In der Reihenfolge Karotten, Petersilie, Rote Bete in den Entsafter geben.

### 4

Zutaten: 6 Karotten
2 Stangen Staudensellerie
2 Knoblauchzehen
1/2 Bund Petersilie

Zubereitung: Das Gemüse waschen, nicht schälen, in Stücke schneiden. In der Reihenfolge Karotten, Petersilie, Knoblauch, Staudensellerie in den Entsafter geben.

### ...FUN

Zutaten: 6 Karotten
1/2 Bund Petersilie

Zubereitung: Das Gemüse waschen, nicht schälen, in Stücke schneiden. In der Reihenfolge Karotten, Petersilie, Karotten in den Entsafter geben.

### TURN AROUND

Zutaten: 3 Karotten
1 Stange Staudensellerie
1 Apfel
1/2 Rote Bete
1/2 Bund Petersilie

Zubereitung: Das Gemüse waschen, nicht schälen, in Stücke schneiden. In der Reihenfolge Karotten, Petersilie, Staudensellerie, Rote Bete, Apfel in den Entsafter geben.

### KREISEL

Zutaten: 2 dicke Ananasscheiben (ca. 3 cm)
6 Radieschen
eine Handvoll Löwenzahnblätter

Zubereitung: Gemüse und Obst waschen, nicht schälen, in Stücke schneiden. In der Reihenfolge Ananas, Radieschen, Löwenzahnblätter, Ananas in den Entsafter geben.

### FRUCHTPUMPE

Zutaten: 3 süße Äpfel
8 entstielte Erdbeeren
1 Banane

Zubereitung: Das Obst waschen, nicht schälen, in Stücke schneiden. In der Reihenfolge Apfel, Erdbeeren, Apfel in den Entsafter geben. Die Banane schälen und das Fruchtfleisch mit einer Gabel zerdrücken, anschließend mit dem Saft vermengen.

## CIRCUIT

Zutaten: *6 Karotten*
*1 Apfel*
*1/2 Bund Petersilie*

Zubereitung: Gemüse und Obst waschen, nicht schälen, in Stücke schneiden. In der Reihenfolge Karotten, Petersilie, Apfel in den Entsafter geben.

## BLUTREGENERATOR

Zutaten: *5 Karotten*
*6 Spinatblätter*
*4 Salatblätter*
*1/4 Rote Bete mit Blattgrün*
*1/2 Bund Petersilie*

Zubereitung: Gemüse waschen, nicht schälen, In der Reihenfolge Karotten, Petersilie, Spinat- und Salatblätter, Rote Bete in den Entsafter geben.

## Empfohlene Lebensmittel
im Sternzeichen **Löwe**

FLEISCH        Hirsch

GEFLÜGEL       Ente, Fasan, Truthahn

FISCH          Forelle, Krabbe, Lachs, Languste,
               Shrimps, Thunfisch

GEMÜSE         Artischocke, Buschbohne, Erbse,
               Feldsalat, Fenchel, Frühlingslauch,
               Karotte, Kartoffel, Kidneybohne,
               Knoblauch, Olive, Salatgurke,
               Schalotte, Sellerie, Spinat, Tomate,
               Zucchini, Zwiebel

OBST           Ananas, Aprikose, Grapefruit,
               Himbeere, Kirsche, Orange, Quitte,
               Weintraube, Zitrone

MILCHPRODUKTE Butter, Creme fraiche, Edamer,
               Frischkäse, Gouda, Hüttenkäse,
               Magermilch Magerquark,
               Naturjoghurt, Parmesan, Sahne

*Löwe*

| | |
|---|---|
| KRÄUTER | Basilikum, Kerbel, Koriander, Lorbeer, Majoran, Minze, Petersilie, Schnittlauch, Thymian, Zitronenmelisse |
| GEWÜRZE | Cayennepfeffer, Ingwer, Jodsalz, Kümmel, Muskat, Paprikapulver, Pfeffer, Pfefferschote, Senf, Sojasauce, Zimt |
| GETRÄNKE | Ananassaft, Aprikosensaft, Fencheltee, Grapefruitsaft, Karottensaft, Kirschsaft, Kokosmilch, Orangensaft, Pfefferminztee, Sojamilch, Sherry, Tomatensaft, Traubensaft, Wein |
| SONSTIGES | Balsamico, Ei, Honig, Kaviar, Mehrkornbrot, Naturreis, Olivenöl, Sanddornsirup, Vollkornbrot, Vollkornhaferflocken, Vollkornknäcke, Vollkornnudel, Walnuß |

# LÖWE-TAGES-MENUE 1

## NACH DEM AUFSTEHEN

bei ☺+● 20 ml Brennesselpreßsaft mit 150 ml Traubensaft (weiß) vermengen und vor dem Frühstück trinken.

bei ●+◐ LÖWE-Mixgetränk (Seite 139–141)

## ERSTES FRÜHSTÜCK    VOLLKORNKNÄCKE

Zutaten:
*2 Scheiben Vollkornknäcke*
*2 EL Frischkäse*
*1 EL Schnittlauch (in Röllchen geschnitten)*

Zubereitung:
Den Frischkäse auf den Vollkornknäcke verteilen und mit Schnittlauchröllchen bestreuen.

bei ☺+● Dazu 1 Tasse Brennesseltee trinken.

## ZWEITES FRÜHSTÜCK

bei ●+◐ LÖWE-Mixgetränk (Seite 139–141)

bei ☺+● HEISSE HIMBEEREN

Zutaten:
*100 g Himbeeren (frisch oder TK)*
*150 g Naturjoghurt*

Zubereitung:
Die Himbeeren in einem Topf langsam erwärmen, dann in einen tiefen Teller geben und den Joghurt darübergießen.

*Löwe*

## VOR DEM MITTAGESSEN

bei ☺+☾ 10 ml Brennesselpreßsaft mit 150 ml Pfefferminztee vermengen und trinken.

bei ●+☽ 1 Glas Mineralwasser

MITTAG  GEFÜLLTE KARTOFFELN

Zutaten:
*3 mittelgroße Kartoffeln*
*2 TL weiche Butter*
*3 EL Creme fraiche*
*Jodsalz, Majoran (getrocknet)*
*60 g Sellerieknolle (fein geraspelt)*
*1 Karotte (fein geraspelt)*

Zubereitung:
Die Kartoffeln sauber waschen (evtl. abbürsten) und in kochendem Wasser garen (nicht zu weich kochen).
Pellkartoffeln schälen, in der Längsachse einen Deckel abschneiden und die Kartoffeln vorsichtig mit einem Löffel aushöhlen. Die ausgeschabte Kartoffelmasse mit einer Gabel zerdrücken, weiche Butter, Creme fraiche und die Gewürze dazugeben. Sellerie- und Karottenraspel unter die Kartoffelmasse mischen. Die Farce in die ausgehöhlten Kartoffeln füllen.
Eine kleine Auflauf- oder Gratinform mit etwas Olivenöl auspinseln und die gefüllten Kartoffeln darin im vorgeheizten Backofen (180 Grad) ca. 10-15 Minuten garen.

## NACHMITTAG

bei ●+☽ LÖWE-Mixgetränk (Seite 139–141)

bei ☺+☾ ORANGENCREME

Zutaten:
80 g Magerquark
2 EL Magermilch
1 TL Sanddornsirup (oder Sanddornsaft)
geriebene Schale von 1/2 Zitrone
1/2 Orange (filetiert)
1 EL Walnußkerne (grob gehackt)
2 EL Himbeeren (frisch oder TK)

Zubereitung:
Quark, Milch, Sanddornsirup (oder Sanddornsaft) und Zitronenschale miteinander glattrühren. Orangenfilets und Himbeeren vorsichtig unterheben. Mit gehackten Walnüssen bestreuen.


ABEND                    KÄSESALAT

Zutaten:
1 Scheibe Edamer
1 Scheibe Gouda
1/2 Apfel (kleingewürfelt, ungeschält)
2 EL Schmand (saure Sahne)
1 TL Tomatenketchup
2 TL Zitronensaft
Pfeffer, Ingwerpulver
1 EL Petersilie (fein gehackt)
1 Strauchtomate (geachtelt)

Zubereitung:
Die Käsescheiben in feine Würfel schneiden, mit den Apfelwürfeln vermischen.
Die Käse-Apfel-Mischung auf einen flachen Teller geben. Schmand (saure Sahne), Ketchup, Zitronensaft, Ingwerpulver und Pfeffer vermischen und über die Käse-Apfel-Mischung geben.
Mit den Tomatenstücken garnieren und mit Petersilie bestreuen

# LÖWE-TAGES-MENUE 2

## NACH DEM AUFSTEHEN

bei ☺+☽ 20 ml Brennesselpreßsaft mit 150 ml Orangensaft vermengen und vor dem Frühstück trinken.

bei ☻+☽ LÖWE-Mixgetränk (Seite 139–141)


## ERSTES FRÜHSTÜCK        FRUCHT-JOGHURT

Zutaten:
*1/2 Orange (filetiert)*
*50 g Ananas (gewürfelt)*
*2 EL Zitronensaft*
*150 g Naturjoghurt*

Zubereitung:
Das Obst in eine Schüssel geben. Den Joghurt und den Zitronensaft dazugeben und alles gut vermengen.

bei ☺+☽ Dazu 1 Tasse Brennesseltee trinken.


## ZWEITES FRÜHSTÜCK

bei ☻+☽ LÖWE-Mixgetränk (Seite 139–141)

bei ☺+☽ FENCHELSALAT

Zutaten:
*1 kleine Fenchelknolle*
*2 EL Olivenöl*
*Jodsalz, Pfeffer*
*Saft von 1/2 Zitrone*

Zubereitung:
Die Fenchelknolle putzen und in dünne Scheiben schneiden. Für ca. 3 Minuten in kochendes Wasser geben und blanchieren. Danach in ein Sieb abgießen und mit kaltem Wasser abschrecken. Die Fenchelscheiben nun in eine Schüssel geben.
Aus Olivenöl, Salz, Pfeffer und Zitronensaft eine Marinade herstellen und über den Fenchel geben. Gut vermischen und ca. 10 Minuten ziehen lassen.


VOR DEM MITTAGESSEN

bei ☻+☽ 10 ml Brennesselpreßsaft mit 150 ml Fencheltee vermengen und trinken.

bei ●+☽ 1 Glas Mineralwasser


MITTAG   PILZPFANNE
   MIT BANDNUDELN

Zutaten:
*1/2 Zwiebel (in Scheiben geschnitten)*
*1 Knoblauchzehe (durchgepreßt)*
*200 g frische Mischpilze*
*Jodsalz, Cayennepfeffer*
*100 g Bandnudeln*
*50 g Schmand (saure Sahne)*
*1 mittelgroße saure Gurke (gewürfelt)*
*1 TL Sojasauce*
*1 EL Olivenöl*

Zubereitung:
Die Bandnudeln in kochendes, leicht gesalzenes Wasser geben und bißfest kochen (ca. 10 Minuten).
Die Mischpilze sorgfältig waschen und in dünne Scheiben schneiden.
Zwiebelscheiben und Knoblauch in einer Pfanne mit erhitztem Olivenöl glasig dünsten. Die Pilzscheiben dazu-

geben, mit Salz und Cayennepfeffer würzen.
4 Minuten köcheln lassen, dann die Gurkenwürfel dazugeben und unter häufigem Rühren etwa 10 Minuten weiterköcheln lassen.
Sojasauce dazugeben, kurz aufkochen lassen. Die Pilzmischung von der Kochstelle nehmen und den Schmand einrühren.


NACHMITTAG

bei ●+● LÖWE-Mixgetränk (Seite 139–141)

bei ☺+● TSATZIKI

Zutaten:
*100 g Salatgurke (geraspelt)*
*150 g Naturjoghurt*
*1 EL OLivenöl*
*1 Knoblauchzehe (durchgepreßt)*
*1 EL Petersilie (fein gehackt)*
*Jodsalz, Pfeffer*
*1 EL grüne Oliven (halbiert)*

Zubereitung:
Salatgurke halbieren, entkernen und grob raspeln, evtl. ausdrücken um überschüssiges Gurkenwasser zu entfernen. Die Gurkenraspel mit Joghurt, Olivenöl und Knoblauch vermengen. Petersilie, Salz und Pfeffer dazugeben, nochmals gut vermischen.
Mit den halbierten Oliven garnieren.


ABEND                     SPIEGELEI
                          AUF VOLLKORNBROT

Zutaten:
*1 Ei*
*1 TL Olivenöl*
*Jodsalz, Pfeffer*

1 EL Petersilie (fein gehackt)
1 Scheibe Vollkornbrot

**Zubereitung:**
Olivenöl in einer Pfanne erhitzen und das Ei hineinschlagen. Mit Salz und Pfeffer würzen.
Das Spiegelei auf dem Vollkornbrot anrichten, mit Petersilie bestreuen.

## LÖWE-TAGES-MENUE 3

### NACH DEM AUFSTEHEN

bei ☺+● 20 ml Brennnesselpreßsaft mit 150 ml Gemüsesaft vermengen und vor dem Frühstück trinken.

bei ●+☾ LÖWE-Mixgetränk (Seite 139–141)

### ERSTES FRÜHSTÜCK            FRUCHT-JOGHURT

Zutaten:
*1/2 Grapefruit (filetiert)*
*1/2 Orange (filetiert)*
*150 g Naturjoghurt*

Zubereitung:
Das Obst in eine Schüssel geben. Den Joghurt dazugeben und alles gut vermengen.

bei ☺+● Dazu 1 Tasse Brennnesseltee trinken.

### ZWEITES FRÜHSTÜCK

bei ●+☾ LÖWE-Mixgetränk (Seite 139–141)

bei ☺+● RÜHREI

Zutaten:
*2 Eier*
*2 EL Magermilch*
*Jodsalz, Pfeffer*
*1 EL Schnittlauch (in Röllchen geschnitten)*
*1 EL Olivenöl*

## Zubereitung:
Die Eier in eine Schüssel schlagen und die Magermilch dazugeben. Mit Salz und Pfeffer würzen und die Eimasse gut verquirlen.
In einer Pfanne das Olivenöl erhitzen, die geschlagene Eimasse hineingeben und mit einem Holzlöffel vom Rand zur Mitte der Pfanne schieben, bis die Eimasse stockt. Rührei auf einen Teller geben und mit den Schnittlauchröllchen bestreuen.


## VOR DEM MITTAGESSEN

bei ☺+☽ 10 ml Brennesselpreßsaft mit 150 ml Fencheltee vermengen und trinken.

bei ☻+☽ 1 Glas Mineralwasser


## MITTAG                    LACHS AL PESTO

### Zutaten:
*1 Lachsfilet (ca. 150 g)*
*1 Knoblauchzehe*
*4 EL Olivenöl*
*1 Bund Basilikum (Topf)*
*2 Strauchtomaten (geviertelt)*
*1/2 TL Butter*
*1/2 Zwiebel (fein gewürfelt)*
*1 TL Thymian (getrocknet)*
*Jodsalz, Pfeffer, Cayennepfeffer*

### Zubereitung:
Für das Pesto, die gezupften Basilikumblätter, die geschälte Knoblauchzehe, 2 EL Olivenöl, Salz und Pfeffer in einem Mixer (oder mit dem Pürierstab) zu einer dicken Paste pürieren und beiseite stellen.
Für die Sauce die Zwiebelwürfel in 1 EL Olivenöl andünsten, die Tomatenviertel dazugeben und mit 3 EL Wasser aufgießen. Solange kochen lassen bis sich die Tomaten-

viertel auflösen. Die gesamte Masse durch ein feines Sieb streichen.
Das Lachsfilet in eine kleine Auflauf- oder Gratinform legen, 1 EL Olivenöl darübergießen, mit Salz, Pfeffer und Cayennepfeffer würzen, 1/2 TL Butter auf das Lachsfilet legen.
Den Lachs im vorgeheizten Backofen (200 Grad) ca. 7 Minuten garen, dann herausnehmen.
Die, durch ein Sieb gestrichene Tomatensauce mit Salz, Pfeffer, Cayennepfeffer und Thymian würzen. Nochmals in einem kleinen Topf erhitzen (gegebenenfalls mit etwas Wasser verdünnen).
Das Lachsfilet auf der Tomatensauce anrichten und das Pesto auf den Fisch streichen.


**NACHMITTAG**

bei ●+● LÖWE-Mixgetränk (Seite 139–141)

bei ☺+● 100 g ANANAS (frisch) und
1/2 ORANGE (filetiert)


ABEND                TOMATEN-
                     BASILIKUM-SALAT

Zutaten:
*2 Strauchtomaten (geachtelt)*
*1/2 Bund Basilikum (oder kleiner Topf,*
*in feine Streifen geschnitten)*
*2 EL Olivenöl*
*1 EL Zitronensaft*
*Jodsalz, Pfeffer*
*1 Knoblauchzehe (durchgepreßt)*

Zubereitung:
Die Tomatenachtel mit den Basilikumstreifen vermengen. Aus Olivenöl, Zitronensaft, Salz, Pfeffer und Knoblauch eine Marinade herstellen und über die Tomaten-

Basilikum-Mischung geben. Gut vermengen und ca. 15 Minuten ziehen lassen.

**Dazu:**
*1 Scheibe Vollkornbrot*
*1 TL Butter*
*1 Scheibe Edamer*

*Löwe*

## LÖWE-TAGES-MENUE 4

### NACH DEM AUFSTEHEN

bei ☺+☻ 20 ml Brennesselpreßsaft mit 150 ml Traubensaft (weiß) vermengen und vor dem Frühstück trinken.

bei ●+☻ LÖWE-Mixgetränk (Seite 139–141)

### ERSTES FRÜHSTÜCK        ANANAS-QUARK

Zutaten:
*150 g Magerquark*
*100 g gewürfelte Ananas (frisch oder Konserve)*
*2 EL Magermilch*
*1 EL Honig (nach Wahl)*

Zubereitung:
Magerquark, Milch und Honig glattrühren. Ananaswürfel unterheben.

bei ☺+☻ Dazu 1 Tasse Brennesseltee trinken.

### ZWEITES FRÜHSTÜCK

bei ●+☻ LÖWE-Mixgetränk (Seite 139–141)

bei ☺+☻ THUNFISCHSALAT

Zutaten:
*1 Dose Thunfisch (im eigenen Saft)*
*1 Tomate*
*1 Stange Frühlingslauch*
*1 TL Tafelsenf*
*1 EL heller Balsamico*
*Jodsalz, schwarzer Pfeffer (frisch gemahlen)*

1 Prise Zucker
2 EL Olivenöl
1 Scheibe Vollkornknäcke

Zubereitung:
Den Tunfisch in einem Sieb abtropfen lassen. Die Tomate achteln und die Kerne entfernen, anschließend in kleine Würfel schneiden. Den Frühlingslauch in feine Röllchen schneiden.
Thunfisch, Tomatenwürfel und Lauchröllchen in eine Schüssel geben.
Aus dem Balsamico, Senf, salz, Pfeffer und etwas Zucker, unter Beigabe von Olivenöl, ein Dressing herstellen und über den Fisch geben. Gut durchmengen.
Dazu eine Scheibe Vollkornknäcke essen.


VOR DEM MITTAGESSEN

bei ☺+🌑 10 ml Brennesselpreßsaft mit 150 ml Pfefferminztee vermengen und trinken.

bei ●+🌓 1 Glas Mineralwasser


MITTAG                          TRUTHAHN-
                                MEDAILLONS
                                MIT ZUCCHINI

Zutaten:
*150 g Truthahnmedaillon*
*1 kleine Zucchini*
*100 ml Geflügelbrühe (Instant)*
*50 ml Schlagsahne*
*60 g Naturreis*
*2 EL Mehl*
*1 EL Olivenöl*
*Saft und abgerieben Schale von 1/2 Zitrone*
*1 Prise Zucker*
*1 EL frischer Kerbel*

*1 EL frische Zitronenmelisse (fein geschnitten)*

**Zubereitung:**
Den Naturreis in reichlich Wasser nach Packungsangabe garen.
Inzwischen das Truthahnfleisch waschen, trockentupfen, salzen und pfeffern. Mehl und Zitronenabrieb vermischen und das Truthahnfleisch darin wenden. In einer Pfanne mit heißem Olivenöl das Fleisch pro Seite 2-3 Minuten anbraten.
Die Zucchini waschen, putzen und ungeschält in Scheiben schneiden.
Das Truthahnfleisch aus der Pfanne nehmen und warmstellen, die Zucchinischeiben im gleichen Bratfett 3-5 Minuten braten (gelegentlich wenden). Pfeffern, salzen und dann aus der Pfanne nehmen.
Den Bratensatz mit der Geflügelbrühe ablöschen und kurz aufkochen lassen. Sahne und Zitronensaft zufügen. Wenn die Sauce zu dünnflüssig erscheint, mit etwas Soßenbinder eindicken. Mit einer Prise Zucker abschmecken.
Die Sauce von der Kochstelle nehmen und die fein geschnittene Zitronenmelisse zugeben.
Den Naturreis abgießen auf einen Teller geben, das Fleisch dazu legen und mit der Sauce begießen.
Mit Kerbel garnieren.


**NACHMITTAG**

bei ●+● LÖWE-Mixgetränk (Seite 139–141)

bei ☺+● SOJADRINK

**Zutaten:**
*150 ml Sojamilch*
*100 g Ananas (frisch oder Konserve)*
*1 EL Honig (nach Wahl)*

Zubereitung:
Alle Zutaten in einem Mixer, oder mit einem Pürierstab zerkleinern und in ein Glas füllen. Schluckweise trinken.

ABEND　　　　　　　KRABBEN MIT ERBSEN

Zutaten:
*100 g junge Erbsen (frisch oder TK)*
*10 g Butter*
*1 EL Mehl*
*3 EL Magermilch*
*1 Eigelb*
*1 EL gehackter Dill*
*125 g Krabbenfleisch*
*1 Scheibe Vollkornknäcke*

Zubereitung:
Die Erbsen waschen bzw. auftauen, abtropfen lassen und in Butter weichdämpfen. Das Mehl auf die Erbsen stäuben und verrühren, mit der Milch auffüllen und ca. weitere 10 Minuten kochen. Den Topf von der Kochstelle nehmen und die Soße mit Eigelb legieren (gut verrühren). Mit dem Krabbenfleisch und gehacktem Dill vermischen.

*Löwe* 159

## LÖWE-TAGES-MENUE 5

### NACH DEM AUFSTEHEN

bei ☺+☽ 20 ml Brennesselpreßsaft mit 150 ml Gemüsesaft vermengen und vor dem Frühstück trinken.

bei ●+☾ LÖWE-Mixgetränk (Seite 139–141)

### ERSTES FRÜHSTÜCK          FRUCHTJOGHURT

Zutaten:
*150 g Naturjoghurt*
*100 g Vollkornhaferflocken*
*2 EL Rosinen*
*1/2 Apfel*
*1 EL Honig (nach Wahl)*

Zubereitung:
Naturjoghurt und Honig glattrühren. Haferflocken, Rosinen und geriebenen Apfel unterheben.

bei ☺+☽ Dazu 1 Tasse Brennesseltee trinken.

### ZWEITES FRÜHSTÜCK

bei ●+☾ LÖWE-Mixgetränk (Seite 139–141)

bei ☺+☽ VOLLKORNBROT

Zutaten:
*2 Scheiben Vollkornbrot*
*100 g Hüttenkäse*
*2 TL Butter*
*1 EL Schnittlauchröllchen*

Zubereitung:
Die Brotscheiben mit Butter bestreichen und den Hüttenkäse darauf verteilen. Mit Schnittlauchröllchen garnieren.

## VOR DEM MITTAGESSEN

bei ☺+● 10 ml Brennesselpreßsaft mit 150 ml Fencheltee vermengen und trinken.

bei ●+☽ 1 Glas Mineralwasser

MITTAG  POCHIERTER LACHS
MIT BLATTSPINAT

Zutaten:
*3 kleine Kartoffeln*
*1 TL Kümmel*
*3 Schalotten*
*1 Knoblauchzehe*
*2 EL Butter*
*200 g geputzter Blattspinat (auch TK möglich)*
*1 Lachsfilet ohne Haut (ca. 150 g)*
*Saft von 1 Zitrone*
*1/4 L Fischfond*
*Jodsalz, weißer Pfeffer (frisch gemahlen)*
*1 Prise Muskatnuß*
*etwas Butter zum Einfetten einer Auflaufform*

Zubereitung:
Die Kartoffeln waschen, nicht schälen, und in Salzwasser mit 1 TL Kümmel kochen. Abgießen, etwas abkühlen lassen und die Kartoffeln abpellen.
2 Schalotten schälen und fein würfeln. Mit dem gehackten Knoblauch in heißer Butter (1 EL) leicht anbraten. Spinat zugeben und abgedeckt zusammenfallen lassen. Kräftig mit Salz, Pfeffer und Muskat würzen.
Das Lachsfilet mit Salz, Pfeffer und Zitronensaft würzen.

Die dritte Schalotte in Streifen schneiden und mit dem Lachs in eine gebutterte Auflaufform legen. Heißen Fischfond angießen und mit Alufolie abgedeckt im vorgeheizten Backofen bei 160 Grad C etwa 10 Minuten pochieren.
Die kleinen Pellkartoffeln in einer Pfanne mit 1 EL Butter erhitzen und mit Salz würzen.
Pochierten Lachs mit den Butterkartoffeln und Blattspinat auf einem flachen Teller anrichten.

NACHMITTAG

bei ●+● LÖWE-Mixgetränk (Seite 139–141)

bei ☺+● 1/2 APFEL UND 1 ORANGE

ABEND                              VOLLKORNKNÄCKE

Zutaten:
*2 Scheiben Vollkornknäcke*
*2 TL Butter*
*2 Scheiben Geflügelwurst*
*1 Scheibe magerer Schinken*
*1 EL Schnittlauchröllchen*

Zubereitung:
Die Vollkornknäcke mit Butter bestreichen. Eine Scheibe mit der Geflügelwurst, die zweite Scheibe mit dem mageren Schinken belegen.
Mit Schnittlauchröllchen garnieren.

## LÖWE-TAGES-MENUE 6

### NACH DEM AUFSTEHEN

bei ☺+☽ 20 ml Brennesselpreßsaft mit 150 ml Traubensaft vermengen und vor dem Frühstück trinken.

bei ☻+☾ LÖWE-Mixgetränk (Seite 139–141)

### ERSTES FRÜHSTÜCK         MÜSLI

Zutaten:
*100 ml Kokosmilch*
*50 ml Magermilch*
*100 g Vollkornhaferflocken*
*10 helle Weintrauben*
*1/2 Orange*
*1 EL Honig (nach Wahl)*

Zubereitung:
Kokosmilch und Magermilch mit dem Honig glattrühren. Haferflocken, halbierte Weintrauben und Orangenfilets unterheben.

bei ☺+☽ Dazu 1 Tasse Brennesseltee trinken.

### ZWEITES FRÜHSTÜCK

bei ☻+☾ LÖWE-Mixgetränk (Seite 139–141)

bei ☺+☽ TOMATENSALAT

Zutaten:
*2 Tomaten*
*100 g Feldsalat*
*2 EL Olivenöl*

1 EL Zitronensaft
2 EL Oliven (Schwarz od.. Grün)
Jodsalz, schwarzer Pfeffer (frisch gemahlen)

Zubereitung:
Tomaten achteln, Feldsalat waschen, trockenschleudern und die Oliven halbieren. Das Gemüse in eine Schüssel geben.
Aus Olivenöl, Zitronensaft, Salz und Pfeffer ein Dressing herstellen und über den Salat geben. Gut durchmischen und ca. 15 Minuten ziehen lassen.


VOR DEM MITTAGESSEN

bei ☺+● 10 ml Brennesselpreßsaft mit 150 ml Fencheltee vermengen und trinken.

bei ●+☾ 1 Glas Mineralwasser


MITTAG                          KARTOFFELSALAT
                                MIT FENCHEL

Zutaten:
100 g frischer Fenchel
1 kleine Zwiebel
1 EL Zitronensaft
3 EL Olivenöl
3 kleine Pellkartoffeln
Jodsalz, weißer Pfeffer (frisch gemahlen)
2 EL Schnittlauchröllchen

Zubereitung:
Fenchel in feine Streifen schneiden und ca. 2-3 Minuten in heißem (nicht kochendem) Wasser blanchieren, anschließend abseihen und abkühlen lassen.
Die Zwiebel in feine Würfel, die abgekühlten Pellkartoffeln in ca. 5 mm dicke Scheiben schneiden.
Fenchelstreifen, Zwiebelwürfel und Kartoffelscheiben in

eine Schüssel geben.
Aus Olivenöl, Zitronensaft, Salz und Pfeffer ein Dressing herstellen und über das Gemüse geben. Gut durchmischen, mit Schnittlauchröllchen bestreuen und ca. 20 Minuten ziehen lassen.

**NACHMITTAG**

bei ●+◐ LÖWE-Mixgetränk (Seite 139–141)

bei ☺+◐ 1/2 ORANGE UND 150 g ANANAS

ABEND                    MEHRKORNBROT

Zutaten:
*2 Scheiben Mehrkornbrot*
*1 Scheibe Gouda (Magerstufe)*
*50 g Magerquark*
*Jodsalz, schwarzer Pfeffer (frisch gemahlen)*
*1 Tomate*
*1 EL gehackte Petersilie*
*2 TL Butter*

Zubereitung:
Das Mehrkornbrot mit Butter bestreichen. Eine Scheibe mit dem Gouda belegen, die zweite Scheibe mit dem Magerquark bestreichen.
Die Tomate in Scheiben schneiden und auf den Käse verteilen. Die gehackte Petersilie auf den Quark streuen. Salzen und pfeffern nach Geschmack

# JUNGFRAU

Heute sollten Sie mindestens ein Bekleidungsstück in violetter Farbe tragen.

Die empfohlenen Speisen und Getränke helfen heute Milz, Kreislauf, Nerven, Dünndarm, Dickdarm und Verdauungsorganen.

KRANKHEITSDISPOSITIONEN

*Verdauungsprobleme, Blähungen, Völlegefühl und Schlafstörungen.*

## GETRÄNKE BEI ●+● IM STERNZEICHEN JUNGFRAU

### NOW...

Zutaten: 7 Karotten
eine Handvoll Blattspinat

Zubereitung: Das Gemüse waschen, die Karotten nicht schälen, In der Reihenfolge Karotten, Blattspinat, Karotten in den Entsafter geben.

### ...OR NEVER

Zutaten: 1 Orange
1/4 Grapefruit
1/4 Zitrone mit Schale

Zubereitung: Orange und Grapefruit schälen. Die weiße Haut an dem Fruchtfleisch lassen. In der Reihenfolge Orange, Zitrone, Grapefruit in den Entsafter geben.

### SCHON GEGESSEN?

Zutaten: 1 Fleischtomate
100 g Grünkohl
2 Stangen Staudensellerie

Zubereitung: Das Gemüse waschen. In der Reihenfolge Staudensellerie, Tomate, Grünkohl Staudensellerie in den Entsafter geben.

## VOLL-SATT

Zutaten: *3 Äpfel*
*150 g Fenchelknolle*

Zubereitung: Gemüse und Obst waschen. In der Reihenfolge Apfel, Fenchelknolle, Apfel in den Entsafter geben.

## GALLILÄO

Zutaten: *150 g Fenchelknolle*
*1/4 Rote Bete mit Blattgrün*
*2 Äpfel*

Zubereitung: Obst und Gemüse waschen. In der Reihenfolge Apfel, Rote Bete, Fenchelknolle, Apfel in den Entsafter geben.

## (G)ALLTÄGLICH

Zutaten: *5 Karotten*
*1/2 Apfel*
*1 cm Ingwerwurzel*
*1/2 Bund Petersilie*

Zubereitung: Obst und Gemüse waschen. In der Reihenfolge Karotten, Petersilie, Ingwerwurzel, Apfel in den Entsafter geben.

## TRANSFORMATOR

Zutaten: 3 Karotten
1/2 Salatgurke
1/2 Rote Bete mit Blattgrün

Zubereitung: Das Gemüse waschen, nicht schälen. In der Reihenfolge Karotten, Rote Bete, Salatgurke in den Entsafter geben.

## PUSTEBLUME

Zutaten: 2 Karotten
80 g Rotkohl
4 Stangen Staudensellerie

Zubereitung: Das Gemüse waschen. In der Reihenfolge Staudensellerie, Rosenkohl, Karotten in den Entsafter geben.

## AUFRÄUMER

Zutaten: 4 Karotten
1 Apfel
5 Salatblätter
5 Stück Rosenkohl
80 g grüne Bohnen

Zubereitung: Obst und Gemüse waschen. In der Reihenfolge Karotten, Salatblätter, grüne Bohnen, Rosenkohl, Apfel in den Entsafter geben.

## JETZT ODER NIE

Zutaten: *2 Äpfel*
*1/2 rosa Grapefruit*

Zubereitung: Das Obst waschen, die Grapefruit schälen aber die weiße Haut an dem Fruchtfleisch lassen. In der Reihenfolge Apfel, Grapefruit, Apfel in den Entsafter geben.

## EMPFOHLENE LEBENSMITTEL
## im Sternzeichen JUNGFRAU

FLEISCH  Magerer Schinken

FISCH  Dorsch, Kabeljau, Lachs, Rotbarsch

GEMÜSE  Champignon, Endiviensalat, Fenchel, Karotte, Kartoffel, Knoblauch, Lauchzwiebel, Paprikaschote, Rote-Bete, Salatgurke, Schalotte, Tomate, Zwiebel

OBST  Ananas, Apfel, Banane, Birne, Erdbeere, Honigmelone, Mango, Orange, Trockenobst, Weintraube, Zitrone

MILCHPRODUKTE  Butter, Creme fraiche, Dickmilch, Edamer, Frischkäse, Hüttenkäse, Magermilch, Magerquark, Naturjoghurt, Schmand

KRÄUTER  Basilikum, Dill, Estragon, Petersilie, Salbei, Schnittlauch, Zitronenmelisse

| | |
|---|---|
| GEWÜRZE | Ingwer, Jodsalz, Kardamom, Kümmel, Paprikapulver, Pfeffer, Zimt |
| GETRÄNKE | Apfelsaft, Fencheltee, Kokosmilch, Orangensaft, Pfefferminztee, Sojamilch, Tomatensaft, Traubensaft |
| SONSTIGES | Balsamico, Haselnuß, Honig, Langkornreis, Mandel, Mehrkornbrot, Olivenöl, Rosine, Sanddornsirup, Vollkornbrot, Vollkornhaferflocken, Vollkornknäcke, Vollkornnudel, Vollkorntoast, Walnuß, Weinessig |

## JUNGFRAU-TAGES-MENUE 1

NACH DEM AUFSTEHEN

bei ☺+☻ 20 ml Brennesselpreßsaft mit 150 ml Orangensaft vermengen und vor dem Frühstück trinken.

bei ☻+☻ JUNGFRAU-Mixgetränk (Seite 166–169)


ERSTES FRÜHSTÜCK         NUSSQUARK-MÜSLI

Zutaten:
*2 EL Vollkornhaferflocken*
*3 EL Dickmilch*
*1 TL Zitronensaft*
*1 TL Sanddornsirup*
*2 EL Magerquark*
*1/2 Apfel (ungeschält, grob geraspelt)*
*1 EL Haselnüsse (grob gehackt)*

Zubereitung:
Die Haferflocken mit der Dickmilch verrühren und ca. 5 Minuten quellen lassen.
Die Apfelraspel in das Müsli geben. Magerquark, Zitronensaft und Sanddornsirup glattrühren, unter das Müsli mischen. Mit den gehackten Haselnüssen bestreuen.

bei ☺+☻ Dazu eine Tasse Brennesseltee trinken.


ZWEITES FRÜHSTÜCK

bei ☻+☻ JUNGFRAU-Mixgetränk (Seite 166–169)

bei ☺+☻ HÜTTENKÄSE-SNACK

*Jungfrau* 173

Zutaten:
1 Scheibe Vollkornbrot
1 Scheibe Vollkornknäcke
2 EL Hüttenkäse
1 TL Butter
Jodsalz, Pfeffer
1 EL Schnittlauch (in Röllchen geschnitten)

Zubereitung:
Die Brotscheiben mit Butter bestreichen, den Hüttenkäse darauf verteilen, leicht salzen und pfeffern. Mit Schnittlauchröllchen bestreuen.

VOR DEM MITTAGESSEN

bei ☺+☽ 10 ml Brennesselpreßsaft mit 150 ml Fencheltee vermengen und trinken.

bei ●+☾ 1 Glas Mineralwasser

MITTAG  DORSCHFILET
AUF GURKENGEMÜSE

Zutaten:
1 Dorschfilet (ca. 150 g)
Saft von 1/2 Zitrone
1/2 Salatgurke
2 EL Olivenöl
Jodsalz, Pfeffer
1 EL Dill (fein geschnitten)
2 EL Mehl

Zubereitung:
Das Dorschfilet waschen, trockentupfen und mit Zitronensaft beträufeln.
Die Salatgurke der Länge nach halbieren, entkernen und in 1 cm dicke Stücke schneiden.
Das Dorschfilet in dem Mehl wenden und in einer Pfanne

mit erhitztem Olivenöl (1 EL) von beiden Seiten goldbraun braten.
In der Zwischenzeit 1 EL Olivenöl in einem Topf erhitzen und die Gurkenstücke darin zugedeckt ca 5 Minuten bei schwacher Hitze dünsten. Anschließend salzen und pfeffern.
Das Gurkengemüse auf einem flachen Teller verteilen, mit Dill bestreuen und das Dorschfilet darauf legen.


NACHMITTAG

bei ●+● JUNGFRAU-Mixgetränk (Seite 166–169)

bei ●+● GURKENQUARK

Zutaten:
*100 g Magerquark*
*2 EL Magermilch*
*1/2 Zwiebel (gewürfelt)*
*1/2 Salatgurke (ungeschält, grob geraspelt)*
*1/2 TL Paprikapulver (edelsüß)*
*1 EL Dill (fein gehackt)*
*Jodsalz*

Zubereitung:
Den Magerquark mit der Milch glattrühren. Die Zwiebelwürfel und die Gurkenraspel unter den Quark heben. Mit Paprikapulver und Salz abschmecken. Mit dem gehackten Dill bestreuen.


ABEND                    MEHRKORNBROT

Zutaten:
*2 Scheiben Mehrkornbrot*
*1 TL Butter*
*1 Scheibe Edamer*
*1 EL Frischkäse*
*1 EL Petersilie (fein gehackt)*

*Jungfrau*

**Zubereitung:**
Die Brotscheiben mit Butter bestreichen. 1 Scheibe mit Edamer belegen, die zweite Scheibe mit dem Frischkäse bestreichen. Beide Brotscheiben mit gehackter Petersilie bestreuen.

## JUNGFRAU-TAGES-MENUE 2

### NACH DEM AUFSTEHEN

bei ☺+☻ 20 ml Brennesselpreßsaft mit 150 ml Gemüsesaft vermengen und vor dem Frühstück trinken.

bei ●+☾ JUNGFRAU-Mixgetränk (Seite 166–169)

### ERSTES FRÜHSTÜCK  KAROTTENSALAT

Zutaten:
*3 mittelgroße Karotten (geraspelt)*
*2 EL Olivenöl*
*Saft von 1/2 Zitrone*
*Jodsalz, Pfeffer*

Zubereitung:
Die Karottenraspel auf einen Teller geben. Aus Olivenöl, Zitronensaft, Salz und Pfeffer eine Marinade herstellen und über die Karottenraspel geben. Gut vermischen. 10 Minuten ziehen lassen.

bei ☺+☻ Dazu eine Tasse Brennesseltee trinken.

### ZWEITES FRÜHSTÜCK

bei ●+☾ JUNGFRAU-Mixgetränk (Seite 166–169)

bei ☺+☻ LACHS-SNACK

Zutaten:
*2 Scheiben Lachs (in Öl)*
*2 Scheiben Vollkornknäcke*
*1/4 Zwiebel (fein gewürfelt)*

*Jungfrau* 177

Zubereitung:
Die Lachsscheiben mit einem Küchenkrepp abtupfen, auf die Vollkornknäcke legen und mit Zwiebelwürfel garnieren.


VOR DEM MITTAGESSEN

bei ☺+🌑 10 ml Brennesselpreßsaft mit 150 ml Pfefferminztee vermengen und trinken.

bei 🌑+☽ 1 Glas Mineralwasser


MITTAG

VOLLKORNNUDELN
MIT TOMATEN-
PILZSAUCE

Zutaten:
*80 g Vollkornnudeln*
*1/2 Zwiebel (gewürfelt)*
*1 Knoblauchzehe (fein gehackt)*
*60 g Champignons (in dünne Scheiben geschnitten)*
*2 Strauchtomaten (entkernt und grob gewürfelt)*
*2 EL Olivenöl*
*Jodsalz, Pfeffer, Oregano (getrocknet)*
*1 EL Petersilie (fein gehackt)*
*1 EL Basilikum (in feine Streifen geschnitten)*

Zubereitung:
Die Nudeln in ca. 1 Liter kochendem, leicht gesalzenem Wasser bißfest kochen.
Das Öl in einer Pfanne erhitzen, Zwiebel- und Knoblauchwürfel sowie die Pilzscheiben darin kurz anbraten. Die Tomatenwürfel dazugeben, alles mit Salz, Pfeffer und Oregano abschmecken, kurz aufkochen lassen.
Die Nudeln abgießen, abtropfen lassen und in einen tiefen Teller füllen, mit der Tomaten-Pilz-Sauce übergießen und mit Petersilie und Basilikum bestreuen.

## NACHMITTAG

bei ●+● JUNGFRAU-Mixgetränk (Seite 166–169)

bei ☺+● SANDDORN-APFEL

Zutaten:
1 Apfel
3 EL Dickmilch
1 TL Sanddornsirup (oder Saft)
1/2 TL Zimtpulver
1 TL Mandelblättchen

Zubereitung:
Den Apfel waschen, abtrocknen und das Kerngehäuse mit einem Ausstecher entfernen. Dann den Apfel in feine Scheiben schneiden.
Die Dickmilch mit dem Sanddornsirup (oder Saft) und dem Zimtpulver mischen und über die Apfelscheiben geben.
Mit Mandelblättchen bestreuen.


## ABEND  TOMATENSALAT

Zutaten:
2 Strauchtomaten (in Scheiben geschnitten)
1/2 Birne (in kleine Würfel geschnitten)
1 TL Sonnenblumenkerne (geröstet)
1 EL Creme fraiche
1 TL Weinessig
Jodsalz, Pfeffer

Zubereitung:
Die Sonnenblumenkerne in einer trockenen Pfanne (ohne Fett) vorsichtig anrösten.
Creme fraiche, Salz und Essig zu einer Marinade verrühren.
Die Tomatenscheiben und die Birnenwürfel auf einem flachen Teller anrichten und die Marinade darübergeben.

Mit den Sonnenblumenkernen bestreuen.

**Dazu:**
*1 Scheibe Vollkornbrot*
*1 TL Butter*
*1 EL Schnittlauch (in Röllchen geschnitten)*

## JUNGFRAU-TAGES-MENUE 3

### NACH DEM AUFSTEHEN

bei ☺+● 20 ml Brennesselpreßsaft mit 150 ml Gemüsesaft vermengen und vor dem Frühstück trinken.

bei ●+☾ JUNGFRAU-Mixgetränk (Seite 166–169)

### ERSTES FRÜHSTÜCK          TOAST

Zutaten:
2 Scheiben Vollkorntoastbrot
1 Scheibe Edamer
1 EL Frischkäse
1 EL Petersilie (fein gehackt)
1 TL Butter

Zubereitung:
Das Vollkornbrot toasten, mit Butter bestreichen. Eine Scheibe mit Edamer belegen, die zweite Scheibe mit dem Frischkäse bestreichen. Zum Schluß mit Petersilie bestreuen.

bei ☺+● Dazu 1 Tasse Brennesseltee trinken.

### ZWEITES FRÜHSTÜCK

bei ●+☾ JUNGFRAU-Mixgetränk (Seite 166–169)

bei ☺+● PAPRIKASALAT

Zutaten:
1/2 rote Paprikaschote (in dünne Streifen geschnitten)
1/2 gelbe Paprikaschote (in dünne Streifen geschnitten)
1/2 Zwiebel (gewürfelt)

*Jungfrau*

*1 Knoblauchzehe (durchgepreßt)*
*3 EL Olivenöl*
*1 EL Balsamico*
*Jodsalz, Pfeffer*

Zubereitung:
Die Zwiebelwürfel und den durchgepreßten Knoblauch in erhitztem Olivenöl (1 EL) anbraten. Wenn die Zwiebelwürfel glasig sind, die Paprikastreifen dazugeben und bei mittlerer Hitze ca. 10 Minuten dünsten. Aus 2 EL Olivenöl, 1 EL Balsamico, Salz und Pfeffer eine Marinade herstellen. Das Paprikagemüse auf einen Teller geben und mit der Marinade übergießen.


VOR DEM MITTAGESSEN

bei ☺+● 10 ml Brennesselpreßsaft mit 150 ml Fencheltee vermengen und trinken.

bei ●+☻ 1 Glas Mineralwasser


MITTAG                    ROTBARSCHFILET
                          MIT PAPRIKA

Zutaten:
*1 Rotbarschfilet (ca. 150 g)*
*1/2 rote Paprikaschote (in dünne Streifen geschnitten)*
*1/2 gelbe Paprikaschote (in dünne Streifen geschnitten)*
*1 EL schwarze Oliven (in Scheiben geschnitten)*
*1 Strauchtomate (in Scheiben geschnitten)*
*1 EL Zitronensaft*
*Jodsalz, Pfeffer*
*1 TL Butter*
*2 EL Olivenöl*
*2 EL Basilikum (in feine Streifen geschnitten)*

Zubereitung:
Eine kleine Auflauf- oder Gratinform mit 1 TL Butter aus-

buttern. Das Rotbarschfilet mit Zitronensaft beträufeln, salzen und pfeffern, in die Auflauf- oder Gratinform hineinlegen.
Die Olivenscheiben, Paprikastreifen und das Basilikum (in dieser Reihenfolge) auf dem Fisch schichten.
Zum Schluß mit den Tomatenscheiben abdecken und das Ganze mit Olivenöl (2 EL) begießen.
Im vorgeheizten Backofen (mittlerer Schiene) bei 180 Grad C ca. 20 Minuten garen.

NACHMITTAG

bei ●+● JUNGFRAU-Mixgetränk (Seite 166–169)

bei ☺+● ANANAS-DICKMILCH

Zutaten:
1 Scheibe frische Ananas (ca. 2 cm dick)
1 TL Sanddornsirup
3 EL Dickmilch

Zubereitung:
Die Ananasscheibe auf einen Teller legen. Den Sanddornsirup mit der Dickmilch glattrühren und über die Ananasscheibe gießen.

ABEND                FENCHELGEMÜSE
                     IN TOMATENSAUCE

Zutaten:
1/2 Zwiebel (fein gewürfelt)
1 EL Olivenöl
1 kleine Fenchelknolle
3 EL Gemüsebrühe
Jodsalz, Pfeffer
1 TL Zitronensaft
1 TL Tomatenmark

**Zubereitung:**
Die Zwiebelwürfel im Olivenöl glasig dünsten. Die Fenchelknolle waschen, halbieren, das Grün fein hacken und beiseite stellen.
Den Fenchel zu den Zwiebeln geben, die Gemüsebrühe dazugießen und das Gemüse ca. 20 Minuten bei schwacher Hitze dünsten. Mit Salz und Pfeffer würzen und auf einem Teller anrichten.
Den Gemüsefond, in der Pfanne, mit Zitronensaft und Tomatenmark verrühren und etwas einkochen lassen, über die Fenchelhälften geben und mit dem feingehackten Fenchelgrün bestreuen.

## JUNGFRAU-TAGES-MENUE 4

### NACH DEM AUFSTEHEN

bei ☺+● 20 ml Brennesselpreßsaft mit 150 ml Orangensaft vermengen und vor dem Frühstück trinken.

bei ●+● JUNGFRAU-Mixgetränk (Seite 166–169)

### ERSTES FRÜHSTÜCK       MANGO-QUARK

Zutaten:
1/2 Mango
150 g Magerquark
1 EL Honig (nach Wahl)
50 ml Magermilch
1 EL Zitronensaft
1 TL abgeriebene Zitronenschale

Zubereitung:
Magerquark, Milch, Zitronensaft und Honig glattrühren. Mango schälen und halbieren (eine Hälfte für Nachmittags aufheben), die andere Hälfte in Scheiben und anschließend in Streifen, danach in kleine Würfel schneiden. Unter die Quarkmischung heben.
Mit Zitronenabrieb bestreuen

bei ☺+● Dazu eine Tasse Brennesseltee trinken.

### ZWEITES FRÜHSTÜCK

bei ●+● JUNGFRAU-Mixgetränk (Seite 166–169)

bei ☺+● KARTOFFEL- FENCHEL-SALAT

*Jungfrau*

Zutaten:
2 mittelgroße Pellkartoffeln (am Vorabend kochen)
100 g Fenchel
1 kleine Zwiebel
1 EL Zitronensaft
2 EL Olivenöl
Jodsalz, schwarzer Pfeffer (frisch gemahlen)

Zubereitung:
Die Pellkartoffeln schälen und in dünne Scheiben schneiden.
Den Fenchel in ganz feine Streifen schneidenn die Zwiebel fein würfeln. Das Gemüse in eine Schüssel geben.
Aus Olivenöl, Zitronensaft, Salz und Pfeffer ein Dressing herstellen und über das Gemüse geben. Gut durchmengen, ca. 15 Minuten ziehen lassen.


VOR DEM MITTAGESSEN

bei ☉+☽ 10 ml Brennesselpreßsaft mit 150 ml Fencheltee vermengen und trinken.

bei ●+☽ 1 Glas Mineralwasser


MITTAG                    ROTBARSCH
                          MIT PAPRIKAGEMÜSE

Zutaten:
1 Rotbarschfilet (ca. 150 g)
je 1/2 Paprikaschote (rote, gelbe, grüne)
1 mittelgroße Zwiebel
2 EL Olivenöl
1 EL Zitronensaft
75 g frische Champignons
70 g Langkornreis (Trockengewicht)
Jodsalz, weißer Pfeffer (frisch gemahlen)
1 EL gehackte Petersilie

2 EL Mehl

Zubereitung:
Das Rotbarschfilet mit Salz und Pfeffer würzen, anschließend mit Zitronensaft beträufeln und beiseite stellen. Den Reis nach Packungsangabe gar kochen, in ein Sieb abgießen und mit kaltem Wasser gut abspülen.
Das Rotbarschfilet in Mehl wenden und in einer mit 1 EL Olivenöl erhitzten Pfanne von beiden Seiten braten. Wenn der Fisch gar ist, aus der Pfanne nehmen und auf einem Teller, mit Alufolie abgedeckt, im Backofen warmstellen.
Inzwischen die gesäuberten halben Paprikaschoten und die Zwiebel in feine Streifen schneiden, mit 1 EL Olivenöl in einer Pfanne andünsten. Nachdem die Zwiebelstreifen glasig geworden sind, die geviertelten Champignons dazugeben und mitgaren.
Den inzwischen trockenen Reis zum Gemüse geben und nochmals kurz erwärmen.
Auf einem flachen Teller servieren und mit gehackter Petersilie bestreuen.

NACHMITTAG

bei ●+● JUNGFRAU-Mixgetränk (Seite 166–169)

bei ☺+● 1/2 MANGO in Scheiben, mit schwarzem Pfeffer bestreut

ABEND

BUNTER PAPRIKASALAT

Zutaten:
*je 1/2 Paprikaschote (rote, gelbe, grüne)*
*75 g Champignons*
*1 Schalotte*
*2 EL Olivenöl*
*1 EL Balsamico (Hell)*

*Jodsalz, schwarzer Pfeffer (frisch gemahlen)*
*1 Prise Zucker*

**Zubereitung:**
Die Paprikaschoten säubern, entkernen und in feine Streifen schneiden. Die Schalotte in feine Würfel und die Champignons in dünne Scheiben schneiden. Das Gemüse in eine Schüssel geben.
Aus Olivenöl, Balsamico, Salz und Pfeffer ein Dressing herstellen. Nach Geschmack mit einer Prise Zucker verfeinern.
Das Dressing über das Gemüse geben und gut durchmengen. Ca. 15 Minuten ziehen lassen.

## JUNGFRAU-TAGES-MENUE 5

### NACH DEM AUFSTEHEN

bei ☺+☾ 20 ml Brennesselpreßsaft mit 150 ml Gemüsesaft vermengen und vor dem Frühstück trinken.

bei ●+☽ JUNGFRAU-Mixgetränk (Seite 166–169)

### ERSTES FRÜHSTÜCK          KOKOS-MÜSLI

Zutaten:
*200 ml Kokosmilch*
*100 g Vollkornhaferflocken*
*1 Banane*
*10 Erdbeeren*
*1 EL gehackte Walnüsse*
*1 EL Honig (nach Wahl)*

Zubereitung:
Banane schälen und in ca. 1 cm dicke Scheiben schneiden. Die Erdbeeren waschen, entstielen und halbieren. Banane, Erdbeeren und Haferflocken in eine Müsli-Schale geben.
Die Kokosmilch mit dem Honig glattrühren und über die Früchte geben. Mit gehackten Walnüssen bestreuen.

bei ☺+☽ Dazu eine Tasse Brennesseltee trinken.

### ZWEITES FRÜHSTÜCK

bei ●+☽ JUNGFRAU-Mixgetränk (Seite 166–169)

bei ☺+☽ KRÄUTERQUARK-KNÄCKE

*Jungfrau*

Zutaten:
2 Scheiben Vollkornknäcke
150 g Magerquark
50 ml Magermilch
1 TL Butter
1 EL gehackte Petersilie
1 EL Schnittlauchröllchen
1 EL feine Zwiebelwürfel
Jodsalz, schwarzer Pfeffer (frisch gemahlen)

Zubereitung:
Quark und Milch glattrühren. Zwiebel, Petersilie und Schnittlauch unterheben. Mit Salz und Pfeffer würzen. Die Knäckescheiben mit Butter und anschließend mit der Quarkmischung bestreichen.


VOR DEM MITTAGESSEN

bei ☺+● 10 ml Brennesselpreßsaft mit 150 ml Pfefferminztee vermengen und trinken.

bei ●+● 1 Glas Mineralwasser


MITTAG                    KABELJAUFILET AUF
                          BASILIKUM-TOMATEN

Zutaten:
1 Kabeljaufilet (ca. 150 g)
80 g Langkornreis (Trockengewicht)
1 Schalotte
1/2 Knoblauchzehe
3 EL Olivenöl
100 ml Gemüsebrühe (Instant)
2 Tomaten
1/2 Bund Basilikum
1 EL kalte Butter
Jodsalz, schwarzer Pfeffer (frisch gemahlen)
2 EL Mehl

Zubereitung:
Den Reis in reichlich Salzwasser gar kochen.
Inzwischen Schalotte und Knoblauch fein würfeln, in 2 EL Olivenöl anschwitzen.
Tomaten in grobe Stücke schneiden und zu den Zwiebeln geben. Das Gemüse unter öfterem Rühren ca. 4 Minuten bei geringer Temperatur köcheln lassen.
Basilikum in feine Streifen schneiden und zusammen mit 1/2 EL Butter einrühren. Mit Salz und Pfeffer abschmecken und abgedeckt warmhalten.
Das Kabeljaufilet unter kaltem Wasser abspülen und trockentupfen. Salzen, in Mehl wenden, überschüssiges Mehl leicht abschütteln und das Filet in 1 EL Olivenöl von beiden Seiten ca. 2 1/2 Minuten goldbraun braten.
Den Reis mit Salz abschmecken und die restliche Butter unterrühren.
Auf einem flachen Teller anrichten.


**NACHMITTAG**

bei ●+● JUNGFRAU-Mixgetränk (Seite 166–169)

bei ☺+● ERDBEER-SOJAMILCH

Zutaten:
*6 Erdbeeren*
*200 ml Sojamilch*
*1 EL Honig (nach Wahl)*

Zubereitung:
Die Zutaten in einem Mixer oder in einem hohen Gefäß mit dem Pürierstab zerkleinern. Schluckweise trinken.


**ABEND**                    **FENCHELSALAT**

Zutaten:
*1 mittelgroße Fenchelknolle*
*1 kleine Schalotte*

1/2 Knoblauchzehe
1/2 EL Estragon (frisch oder getrocknet)
1 EL Zitronensaft
2 EL Olivenöl
Jodsalz, weißer Pfeffer (frisch gemahlen)
1 Prise Zucker

Zubereitung:
Fenchel waschen und putzen, in feine Streifen schneiden und anschließend ca. 3-4 Minuten in heißem (nicht kochendem) Wasser blanchieren. Die Fenchelstreifen in ein Sieb abgießen und abkühlen lassen (kann schon 1/2 Stunde früher vorbereitet werden), anschließend in eine Schüssel geben.
Die Schalotte in feine Würfel schneiden, Knoblauchzehe durchpressen.
Aus Zitronensaft, Olivenöl, durchgepreßtem Knoblauch, Salz, Pfeffer und 1 Prise Zucker ein Dressing herstellen, über die Fenchelstreifen gießen und das Gemüse mit Estragon bestreuen.

## JUNGFRAU-TAGES-MENUE 6

### NACH DEM AUFSTEHEN

bei ☺+● 20 ml Brennesselpreßsaft mit 150 ml Orangensaft vermengen und vor dem Frühstück trinken.

bei ●+◐ JUNGFRAU-Mixgetränk (Seite 166–169)

### ERSTES FRÜHSTÜCK          MÜSLI

Zutaten:
*150 g Naturjoghurt*
*100 g Vollkornhaferflocken*
*1 EL Rosinen*
*1/2 Apfel*
*1 EL gehackte Walnüsse*
*1 EL Honig (nach Wahl)*

Zubereitung:
Naturjoghurt mit dem Honig glattrühren. Haferflocken, Rosinen und den geriebenen Apfel unterheben. Mit den gehackten Walnüssen bestreuen.

bei ☺+● Dazu eine Tasse Brennesseltee trinken.

### ZWEITES FRÜHSTÜCK

bei ●+◐ JUNGFRAU-Mixgetränk (Seite 166–169)

bei ☺+● ERDBEERMILCH

Zutaten:
*200 ml Magermilch*
*6 Erdbeeren*
*1 EL Honig (nach Wahl)*

*Jungfrau*

Zubereitung:
Alle Zutaten in einem Mixer oder in einem hohen Gefäß mit dem Pürierstab zerkleinern.
Schluckweise trinken.

VOR DEM MITTAGESSEN

bei ☺+● 10 ml Brennesselpreßsaft mit 150 ml Fencheltee vermengen und trinken.

bei ●+● 1 Glas Mineralwasser

MITTAG                          LACHS MIT
                                ROTE-BETE-SALAT

Zutaten:
*1 Lachsfilet ohne Haut (ca.150 g)*
*1 gekochte Rote Bete (mittelgroß)*
*1/2 Knoblauchzehe*
*2 EL Zitronensaft*
*2 EL Olivenöl*
*1 TL Butter*
*70 g Endiviensalat*
*1 Schalotte*
*Jodsalz, weißer Pfeffer (frisch gemahlen)*
*1 Prise Zucker*
*1 Laugenstange oder -brezel*

Zubereitung:
das Lachsfilet mit Salz und Pfeffer würzen, in einer Pfanne mit erhitzter Butter langsam braten.
Inzwischen den Endiviensalat waschen, trockenschleudern und in feine Streifen schneiden. Die Rote Bete in kleine Würfel schneiden und die Schalotte fein würfeln.
Aus Olivenöl, Zitronensaft, Salz, Pfeffer, durchgepreßter Knoblauchzehe und 1 Prise Zucker ein Dressing herstellen.
Endiviensalat auf einem flachen Teller verteilen, mit den

Rote Bete-Würfel bestreuen und das Dressing darüber geben.
Das gebratene Lachsfilet auf dem Salat anrichten und mit etwas Zitronensaft beträufeln.
Dazu eine Laugenstange oder -brezel essen.

**NACHMITTAG**

bei ●+● JUNGFRAU-Mixgetränk (Seite 166–169)

bei ☺+● 1/2 MANGO mit frischem schwarzen Pfeffer

**ABEND**                 **VOLLKORNKNÄCKE**

Zutaten:
*2 Scheiben Vollkornknäcke*
*2 Scheiben magerer Schinken*
*1 Tomate*
*1 EL Schnittlauchröllchen*
*2 TL Butter*

Zubereitung:
Die Knäcke mit Butter bestreichen und mit Schinken belegen.
Die Tomate in Scheiben schneiden und auf dem Schinken verteilen.
Mit Schnittlauchröllchen bestreuen.

# WAAGE

Heute sollten Sie mindestens ein Bekleidungsstück in rosa Farbe tragen.

Die empfohlenen Speisen und Getränke helfen heute Nieren, Hormondrüsen, Blase, Hüften und der Blutreinigung.

KRANKHEITSDISPOSITIONEN

*Knieprobleme, Kreuzschmerzen, Menstruationsbeschwerden, Nierenbeschwerden, Nierensteine und Schlafstörungen.*

GETRÄNKE BEI ●+◐ IM STERNZEICHEN  WAAGE

### KIDNEY BLAZER

Zutaten: *3 Äpfel*
*1 Tasse Preiselbeeren*

Zubereitung: Das Obst waschen. In der Reihenfolge Apfel, Preiselbeeren, Apfel in den Entsafter geben.

### NIERANA

Zutaten: *1 dicke Ananasscheibe (ca. 3 cm)*
*1/2 rosa Grapefruit*

Zubereitung: Grapefruit schälen. Die weiße Haut an dem Fruchtfleisch lassen. In der Reihenfolge Grapefruit, Ananas in den Entsafter geben.

### HONEY-SUCKER

Zutaten: *350 g Honigmelone*
*mit Schale und Kernen*

Zubereitung: Honigmelone in Stücke schneiden und in den Entsafter geben.

### OUT OF NIERSTEIN

Zutaten: *350 g Wassermelone*

|  |  |
|---|---|
|  | mit Kernen und Schale<br>1/4 Zitrone mit Schale |
| Zubereitung: | Das Obst waschen. In der Reihenfolge Wassermelone, Zitrone, Wassermelone in den Entsafter geben. |

### WASSER MARSCH

|  |  |
|---|---|
| Zutaten: | 6 Karotten<br>1/2 Bund Petersilie |
| Zubereitung: | Die Karotten waschen, nicht schälen. In der Reihenfolge Karotten, Petersilie, Karotten in den Entsafter geben. |

### NITRO

|  |  |
|---|---|
| Zutaten: | 5 Karotten<br>1 Apfel<br>1/2 Bund Petersilie |
| Zubereitung: | Obst und Gemüse waschen. In der Reihenfolge Apfel, Petersilie, Karotten in den Entsafter geben. |

## EMPFOHLENE LEBENSMITTEL
## im Sternzeichen WAAGE

| | |
|---|---|
| FLEISCH | Lamm, Rind, Schwein |
| GEFLÜGEL | Ente, Gans, Wachtel |
| GEMÜSE | Artischocke, Avocado, Blumenkohl, Champignon, Feldsalat, Karotte, Kartoffel, Knoblauch, Kohlrabi, Olive, Paprikaschote, Radieschen, Rosenkohl, Rote-Bete, Rucola, Salatgurke, Sellerie, Tomate, Zucchini, Zwiebel |
| OBST | Apfel, Banane, Cranberry, Kaktusfeige, Karambole, Kiwano, Kumquat, Litchi, Mango, Orange, Papaya, Zitrone |
| MILCHPRODUKTE | Butter, Buttermilch, Creme fraiche, Dickmilch, Edamer, Magermilch, Magerquark, Mozzarella, Naturjoghurt, Parmesan, Sahne |
| KRÄUTER | Basilikum, Dill, Estragon, Petersilie, Rosmarin, Salbei, Schnittlauch |

GEWÜRZE          Jodsalz, Kümmel, Lorbeer, Muskat,
                 Nelke, Pfeffer, Wacholderbeere


GETRÄNKE         Apfelsaft, Kamillentee, Karottensaft,
                 Kokosmilch, Orangensaft,
                 Pfefferminztee, Rote-Bete-Saft,
                 Rotwein, Selleriesaft, Tomatensaft


SONSTIGES        Balsamico, Ei, Haselnuß,
                 Holunderbeere, Honig, Kastanie,
                 Marzipan, Mehrkornbrot, Mohn,
                 Olivenöl, Pistazienkerne, Rosine,
                 Vollkornbrot, Vollkornhaferflocken,
                 Vollkornknäcke

## WAAGE-TAGES-MENUE 1

### NACH DEM AUFSTEHEN

bei ☺+☽ 20 ml Brennesselpreßsaft mit 150 ml Orangensaft vermengen und vor dem Frühstück trinken.

bei ●+☾ WAAGE-Mixgetränk (Seite 196–197)

### ERSTES FRÜHSTÜCK    HAFER-KAROTTEN-MÜSLI

Zutaten:
*1 EL Sonnenblumenkerne (geröstet)*
*50 g Vollkornhaferflocken*
*150 ml Magermilch*
*1 TL Honig (nach Wahl)*
*1/2 Apfel (ungeschält, fein geraspelt)*
*1 kleine Karotte (fein geraspelt)*
*50 g Naturjoghurt*

Zubereitung:
Die Haferflocken in eine Schüssel geben. Die Milch leicht erwärmen, den Honig darin auflösen und alles über die Haferflocken gießen.
Karotte und Apfel gut abwaschen, ungeschält fein raspeln und zu den Haferflocken geben, alles vermengen. Den Joghurt und die Sonnenblumenkerne auf dem Müsli verteilen.

bei ☺+☽ Dazu eine Tasse Brennesseltee trinken.

### ZWEITES FRÜHSTÜCK

bei ●+☾ WAAGE-Mixgetränk (Seite 196–197)

bei ☺+🌑 VOLLKORNKNÄCKE

Zutaten:
2 Scheiben Vollkornknäcke
1 TL Butter
1 EL Schnittlauch (in feine Röllchen geschnitten)

Zubereitung:
Die Vollkornknäcke mit der Butter bestreichen und die Schnittlauchröllchen darauf verteilen.


VOR DEM MITTAGESSEN

bei ☺+🌑 10 ml Brennesselpreßsaft mit 150 ml Kamillentee vermengen und trinken.

bei ●+🌑 1 Glas Mineralwasser


MITTAG                     PIKANTER
                           ROSTBRATEN

Zutaten:
2 Kartoffeln (mittlere Größe)
1/2 TL Kümmel
1/2 Sellerieknolle (in 1/2 cm breite Streifen geschnitten)
3 EL Olivenöl
Jodsalz, Pfeffer
1 Rumpsteak (ca.120 g)
1 EL Mehl
50 ml Bratenfond (Instantpulver)

Zubereitung:
Die Kartoffeln gründlich waschen, in einen Topf mit Wasser geben, den Kümmel hinzufügen und alles aufkochen lassen. Ca. 20 Minuten gar kochen, abschütten und pellen. Danach beiseite stellen und abkühlen lassen. Die Kartoffeln nach dem Abkühlen in etwa 2 cm große Würfel schneiden und in einer Pfanne mit 2 EL Olivenöl

etwa 10 Minuten goldbraun braten.
Das Rumpsteak etwas flachklopfen und in einer anderen Pfanne mit 1 EL Olivenöl von beiden Seiten kräftig anbraten. Danach salzen und pfeffern. Je nach Geschmack mehr oder weniger durchgaren, auf einem Teller im Backofen (ca. 80 Grad) warmhalten.
Die Selleriestreifen im Mehl wenden, in dem Bratensatz des Rumpsteaks goldbraun anbraten, 5 Minuten garen lassen. Den Bratenfond (50 ml) in einem Topf kurz erhitzen. Auf einem flachen Teller anrichten, die Kartoffeln evtl. noch etwas salzen.


**NACHMITTAG**

bei ●+● WAAGE-Mixgetränk (Seite 196–197)

bei ☺+● 1/2 AVOCADO (weich) mit frischem Pfeffer


**ABEND**                   **ZUCCHINI-**
                            **TOMATEN-CARPACCIO**

Zutaten:
2 Strauchtomaten *(in Scheiben geschnitten)*
1 kleine Zucchini *(in dünne Scheiben geschnitten)*
1 EL Basilikum *(in feine Streifen geschnitten)*
2 EL Olivenöl
1 TL Balsamico
*Jodsalz, Pfeffer*
1 EL Wasser

Zubereitung:
Die Tomaten- und Zucchinischeiben abwechselnd, überlappend und kreisförmig auf einem flachen Teller anrichten.
Aus Olivenöl, Wasser, Balsamico, Salz und Pfeffer eine Marinade herstellen und über das Gemüse gießen.
Das Ganze mit Basilikumstreifen bestreuen.
Eine Scheibe Mehrkornbrot dazu essen

## Waage-Tages-Menue 2

NACH DEM AUFSTEHEN

bei ☹+🌑 20 ml Brennesselpreßsaft mit 150 ml Karottensaft vermengen und vor dem Frühstück trinken.

bei ●+☾ WAAGE-Mixgetränk (Seite 196–197)

ERSTES FRÜHSTÜCK  ROTE-BETE-SALAT

Zutaten:
4 EL Dickmilch
1 EL Zitronensaft
1 kleine Rote Bete (ca. 100 g, roh)
1 kleiner Apfel
1/2 Orange (filetiert)
1 EL Haselnüsse (grob gehackt)

Zubereitung:
Die Dickmilch mit dem Zitronensaft glattrühren. Die Rote Bete schälen und zusammen mit dem vom Kerngehäuse befreiten Apfel in die Dickmilch raspeln, locker unterheben.
Die Orangenfilets und die grab gehackten Haselnüsse. über den Salat streuen.

bei ☹+🌑 Dazu eine Tasse Brennesseltee trinken.

ZWEITES FRÜHSTÜCK

bei ●+☾ WAAGE-Mixgetränk (Seite 196–197)

bei ☹+🌑 KOHLRABI-ORANGEN-SALAT

Zutaten:
1/2 Kohlrabi
1/2 Orange (filetiert)
1 EL Walnüsse (grob gehackt)
3 EL Naturjoghurt
Jodsalz, Pfeffer (weiß), Cayennepfeffer
2 EL Orangensaft

Zubereitung:
Den Kohlrabi in ca. 2 mm dicke Scheiben hobeln und anschließend die Scheiben in 1/2 cm breite Streifen schneiden.
Den Joghurt und den Orangensaft miteinander verrühren, mit Salz, Pfeffer und Cayennepfeffer würzen (nach Geschmack).
Die Orangenfilets und Kohlrabistreifen in eine Schüssel geben und das Joghurt-Dressing darübergeben, vorsichtig mischen.
Zum Schluß mit den gehackten Walnüssen bestreuen.


VOR DEM MITTAGESSEN

bei ☺+☾ 10 ml Brennesselpreßsaft mit 150 ml Pfefferminztee vermengen und trinken.

bei ●+☾ 1 Glas Mineralwasser


MITTAG                    GEFÜLLTE TOMATE
                          MIT RUCOLA-SALAT

Zutaten:
1 Fleischtomate
1 Bund Rucola (Rauke)
1/2 Karotte (fein gewürfelt)
3 grüne Oliven (in Scheiben geschnitten)
1 EL Pistazienkerne (grob gehackt)
100 g Rinderhackfleisch
40 g Parmesan (gerieben)

1 TL Oregano (getrocknet)
Jodsalz, Pfeffer
2 EL Olivenöl
1 EL Zitronensaft
1 EL Wasser

Zubereitung:
Den Rucola verlesen, waschen, abtropfen lassen und in eine Schüssel geben.
Aus Olivenöl (1 EL), Zitronensaft und Wasser sowie Salz und Pfeffer eine Marinade herstellen, über den Rucola geben. Gut durchmischen.
Die Fleischtomate waschen, den Stielansatz entfernen und einen Deckel abschneiden. Das Innere der Tomate mit einem kleinen Löffel herauskratzen und in eine Schüssel geben.
1 EL Olivenöl in einer Pfanne erhitzen und das Hackfleisch darin anbraten. Tomateninneres, Karottenwürfel, Olivenscheiben und die gehackten Pistazienkerne dazugeben, mit Salz und Pfeffer würzen.
Den Oregano in die Hackfleisch-Mischung geben, das Ganze in die Tomate füllen. Den Salat auf einem Teller anrichten, mit Parmesan bestreuen und die gefüllte Tomate daneben setzen

NACHMITTAG

bei ●+● WAAGE-Mixgetränk (Seite 196–197)

bei ☺+● 1 BANANE

ABEND                    TOMATEN-
                         MOZZARELLA-SALAT

Zutaten:
2 Strauchtomaten (in dünne Scheiben geschnitten)
1 Mozzarella (in dünne Scheiben geschnitten)
1 EL Olivenöl

*2 TL Balsamico*
*Jodsalz, Pfeffer (weiß)*
*1 EL Basilikum (in feine Streifen geschnitten)*

**Zubereitung:**
Die Tomaten- und Mozzarellascheiben abwechselnd, leicht überlappend und kreisförmig auf einem flachen Teller anrichten. Salzen und pfeffern. Mit Balsamico und Olivenöl beträufeln.
Mit Basilikumstreifen bestreuen.

**Dazu:**
*2 Scheiben Vollkornknäcke*

*Waage*

## WAAGE-TAGES-MENUE 3

### NACH DEM AUFSTEHEN

bei ☺+☽ 20 ml Brennesselpreßsaft mit 150 ml Karottensaft vermengen und vor dem Frühstück trinken.

bei ●+☾ WAAGE-Mixgetränk (Seite 196–197)

### ERSTES FRÜHSTÜCK    BANANEN-MÜSLI

Zutaten:
*2 EL Vollkornhaferflocken*
*1/2 Banane (zerdrückt)*
*1 Apfel (ungeschält, grob geraspelt)*
*5 EL Dickmilch*
*1 TL Zitronensaft*

Zubereitung:
Die Haferflocken mit der Dickmilch vermengen und ca. 5 Minuten quellen lassen.
Inzwischen die halbe Banane mit einer Gabel zerdrücken und den Apfel waschen, abtrocknen, mit einem Ausstecher das Kerngehäuse entfernen und grob raspeln.
Das Obst unter den Haferbrei mischen, mit Zitronensaft abschmecken.

bei ☺+☽ Dazu eine Tasse Brennesseltee trinken.

### ZWEITES FRÜHSTÜCK

bei ●+☾ WAAGE-Mixgetränk (Seite 196–197)

bei ☺+☽ HASELNUSS-QUARK

Zutaten:
125 g Magerquark
2 EL Magermilch
2 EL Haselnüsse (grob gehackt)
1 TL Zitronensaft

Zubereitung:
Den Magerquark mit Milch und Zitronensaft glattrühren, mit den gehackten Haselnüssen bestreuen.

VOR DEM MITTAGESSEN

bei ☺+● 10 ml Brennesselpreßsaft mit 150 ml Kamillentee vermengen und trinken.

bei ●+● 1 Glas Mineralwasser

MITTAG                    LAMMKOTELETTS
                          IN ZITRONENBUTTER

Zutaten:
2 Lammkoteletts (zusammen ca. 150 g)
1 EL Zitronensaft
Jodsalz, Pfeffer (schwarz)
2 TL Olivenöl
1/2 Zwiebel (fein gewürfelt)
1 TL Butter
1 EL Petersilie (fein gehackt)
2 Kartoffeln (mittelgroß)

Zubereitung:
Die Kartoffeln in ausreichend Wasser garen, anschließend pellen und warmstellen.

Die Lammkoteletts mit 1/2 EL Zitronensaft einreiben, salzen und pfeffern, mit Olivenöl (1 TL) bestreichen und ca. 10 Minuten ziehen lassen.

Die Zwiebelwürfel in der Butter bei schwacher Hitze dünsten, nicht braun werden lassen. Den restlichen Zitronensaft und die gehackte Petersilie zu den gedünsteten Zwiebeln geben.

Die Lammkoteletts und die Kartoffeln auf einem flachen Teller anrichten, das Fleisch mit den Zwiebeln und der Zitronenbutter garnieren.

NACHMITTAG

bei ●+● WAAGE-Mixgetränk (Seite 196–197)

bei ☺+● MÖHREN-QUARK

Zutaten:
100 g Magerquark
2 EL Magermilch
1 große Möhre
1 EL Petersilie (fein gehackt)
1 TL Basilikum ( in feine Streifen geschnitten)

Zubereitung:
Den Magerquark mit der Milch glattrühren. Die Möhre waschen, evtl. gründlich abbürsten, anschließend fein raspeln und mit den Kräutern in den Quark geben. Alles gut verrühren.

ABEND               VOLLKORNKNÄCKE

Zutaten:
2 Scheiben Vollkornknäcke
1 Scheibe Edamer
2 Scheiben Geflügelwurst
1 mittelgroße saure Gurke
1 TL Butter

**Zubereitung:**
Die Vollkornknäcke mit Butter bestreichen, auf eine Scheibe den Käse, auf die andere Scheibe die Geflügelwurst legen.
Die saure Gurke der Länge nach in dünne Scheiben schneiden und die Vollkornknäcke damit garnieren.

## WAAGE-TAGES-MENUE 4

NACH DEM AUFSTEHEN

bei ☺+☀ 20 ml Brennesselpreßsaft mit 150 ml Orangensaft vermengen und vor dem Frühstück trinken.

bei ●+☾ WAAGE-Mixgetränk (Seite 196–197)


ERSTES FRÜHSTÜCK          KOKOS-MÜSLI

Zutaten:
*200 ml Kokosmilch*
*100 g Vollkornhaferflocken*
*1 Banane*
*1 EL Rosinen*
*1 EL gehackte Walnüsse*
*1 EL Honig (nach Wahl)*

Zubereitung:
Kokosmilch und Honig glattrühren. Restliche Zutaten unterheben. Mit gehackten Walnüssen bestreuen.

bei ☺+☀ Dazu eine Tasse Brennesseltee trinken.


ZWEITES FRÜHSTÜCK

bei ●+☾ WAAGE-Mixgetränk (Seite 196–197)

bei ☺+☀ BUNTER SALAT

Zutaten:
*50 g Feldsalat*
*1/4 Salatgurke*
*1/2 gelbe Paprikaschote*
*1 Schalotte*

*Jodsalz, weißer Pfeffer (frisch gemahlen)*
*1 EL Balsamico (Hell)*
*2 EL Olivenöl*

Zubereitung:
Den Feldsalat waschen und trocken schleudern. Die Salatgurke in Scheiben hobeln, Paprika in feine Streifen schneiden und die Schalotte fein würfeln.
Das Gemüse in eine Schüssel geben.
Aus balsamico, Olivenöl, Salz und Pfeffer ein Dressing herstellen und über den Salat geben. Gut durchmengen und ca. 15 Minuten ziehen lassen.

VOR DEM MITTAGESSEN

bei ☺+● 10 ml Brennesselpreßsaft mit 150 ml Pfefferminztee vermengen und trinken.

bei ●+◐ 1 Glas Mineralwasser

MITTAG                    BUNTES STEAK

Zutaten:
*1 Rindersteak (ca. 150 g)*
*1 kleine Zwiebel*
*1/2 gelbe Paprikaschote*
*70 g frische Champignons*
*6 Cherry-Tomaten*
*2 EL Olivenöl*
*Jodsalz, schwarzer Pfeffer (frisch gemahlen)*

Zubereitung:
Zwiebel und Paprika in feine Streifen schneiden, die Champignons je nach Größe halbieren oder vierteln.
Die Cherry-Tomaten halbieren.
Das Steak mit Salz und Pfeffer würzen, in heißem Olivenöl je Seite 3 Minuten anbraten.
Zwiebel- und Paprikastreifen dazugeben, kurz mitdün-

sten. Salzen nach Bedarf, etwas Wasser zufügen. Das Steak ab und zu wenden. Nach ca. 8 Minuten aus der Pfanne nehmen und warm stellen.
Nun die halbierten Cherry-Tomaten und die Champignons zu dem Zwiebel-Paprika-Gemüse geben und ca. 5 Minuten mitschmoren lassen. Das fertige Gemüse mit Salz und Pfeffer abschmecken und auf einem Teller verteilen. Das Steak auf dem Gemüse plazieren.

NACHMITTAG

bei ●+● WAAGE-Mixgetränk (Seite 196–197)

bei ☻+● 1 ORANGE und 1/2 BANANE

ABEND                                  MEHRKORNBROT

Zutaten:
*2 Scheiben Mehrkornbrot*
*2 TL Butter*
*4 Scheiben Geflügelwurst (nach Wahl)*
*einige Scheiben von Salatgurke*
*1 EL gehackter Dill*

Zubereitung:
Das Brot mit Butter bestreichen und mit der Geflügelwurst belegen. Mit Gurkenscheiben garnieren und mit gehacktem Dill bestreuen.

## WAAGE-TAGES-MENUE 5

### NACH DEM AUFSTEHEN

bei ☺+☽ 20 ml Brennesselpreßsaft mit 150 ml Gemüsesaft vermengen und vor dem Frühstück trinken.

bei ☻+☾ WAAGE-Mixgetränk (Seite 196–197)

### ERSTES FRÜHSTÜCK  ORANGEN-QUARK

Zutaten:
*125 Magerquark*
*3 EL Magermilch*
*1 Orange*
*2 EL gehackte Haselnüsse*
*1 EL Honig (nach Wahl)*

Zubereitung:
Quark, Milch und Honig glattrühren. Die Orange filetieren, den Saft auffangen und mit den Filets in die Quarkmischung geben. Gut unterheben und mit gehackten Haselnüssen bestreuen.

bei ☺+☽ Dazu eine Tasse Brennesseltee trinken.

### ZWEITES FRÜHSTÜCK

bei ☻+☾ WAAGE-Mixgetränk (Seite 196–197)

bei ☺+☽ ZUCCHINI MIT DILL-VINAIGRETTE

Zutaten:
*1 kleine Zucchini (ca. 150 g)*
*1/2 Bund Dill*
*1 Tomate*

*1 EL Balsamico (Hell)*
*2 EL Zitronensaft*
*2 EL Olivenöl*
*1 EL kleine eingelegte Kapern*
*Jodsalz, schwarzer Pfeffer (frisch gemahlen)*

Zubereitung:
Die Zucchini waschen, nicht schälen, und vom Stiel befreien. Längs in sehr dünne Scheiben schneiden und auf einem flachen Teller anrichten. Dill waschen und ohne die Stiele fein hacken. Die Tomate achteln, entkernen und sehr fein würfeln.
Balsamico, Zitronensaft, Salz und Pfeffer verrühren. Das Olivenöl nach und nach unterschlagen. Dill, Tomatenwürfel und die Kapern in das Dressing geben. Die Dill-Vinaigrette über die Zucchinischeiben geben und ca. 15 Minuten ziehen lassen.


VOR DEM MITTAGESSEN

bei ☺+☾ 10 ml Brennesselpreßsaft mit 150 ml Kamillentee vermengen und trinken.

bei ☻+☽ 1 Glas Mineralwasser


MITTAG                    ROASTBEEF-LUNCH

Zutaten:
*150 g gebratenes Roastbeef in dünnen Scheiben*
*100 ml Naturjoghurt*
*1 hartgekochtes Ei*
*1 kleine Zwiebel*
*1 TL Zitronensaft*
*2 mittelgroße Pellkartoffeln*
*Jodsalz, schwarzer Pfeffer (frisch gemahlen)*

Zubereitung:
Die Pellkartoffeln nach dem Kochen warmstellen.

Das Roastbeef auf einem flachen Teller anrichten. Joghurt, gehacktes Ei, klein gewürfelte Zwiebel, Pfeffer, Salz und Zitronensaft gut vermischen und gut gekühlt (etwa 1 Stunde vorher herstellen und im Kühlschrank lagern) über das Roastbeef geben. Die noch warmen Pellkartoffeln dazu servieren.


**NACHMITTAG**

bei ●+● WAAGE-Mixgetränk (Seite 196–197)

bei ☺+● OBST-JOGHURT

Zutaten:
150 g Naturjoghurt
1/2 Banane
1/2 Orange
2 Scheiben Zwieback
1 EL Rosinen
1 EL Honig (nach Wahl)

Zubereitung:
Joghurt und Honig glattrühren, Bananenscheiben und Orangenfilets sowie die Rosinen unter den Joghurt heben. Dazu 2 Scheiben Zwieback


**ABEND**                 **MEHRKORNBROT**

Zutaten:
2 Scheiben Mehrkornbrot
2 TL Butter
2 Scheiben magerer Schinken
1 Bund Radieschen

Zubereitung:
Brot mit Butter bestreichen und mit Schinken belegen. Radieschen waschen, vom Grün befreien, halbieren und die Brotscheiben damit belegen.

*Waage*

## WAAGE-TAGES-MENUE 6

### NACH DEM AUFSTEHEN

bei ☺+☽ 20 ml Brennesselpreßsaft mit 150 ml Karottensaft vermengen und vor dem Frühstück trinken.

bei ●+☾ WAAGE-Mixgetränk (Seite 196–197)

### ERSTES FRÜHSTÜCK        BANANEN-JOGHURT

Zutaten:
*150 g Magerquark*
*1 Banane*
*1 EL Rosinen*
*1 EL gehackte Walnüsse*
*1 EL Honig (nach Wahl)*

Zubereitung:
Joghurt und Honig glattrühren. Die Banane schälen, in Scheiben schneiden und unter den Joghurt heben. Mit Rosinen und gehackten Walnüssen bestreuen.

bei ☺+☽ Dazu eine Tasse Brennesseltee trinken.

### ZWEITES FRÜHSTÜCK

bei ●+☾ WAAGE-Mixgetränk (Seite 196–197)

bei ☺+☽ MIXGETRÄNK

Zutaten:
*200 ml Magermilch*
*50 ml Kokosmilch*
*1/2 Banane*
*1/2 Apfel*

1 EL Zitrone
1 EL gehackte Walnüsse
1 EL Honig (nach Wahl)

Zubereitung:
Alle Zutaten in einem Mixer oder in einem hohen Gefäß mit dem Pürierstab zerkleinern.
Schluckweise trinken.

VOR DEM MITTAGESSEN

bei ☺+🌑 10 ml Brennesselpreßsaft mit 150 ml Pfefferminztee vermengen und trinken.

bei 🌑+🌑 1 Glas Mineralwasser

MITTAG                    RATATOUILLE
                          MIT KARTOFFELN

Zutaten:
je 1/2 rote, gelbe, grüne Paprikaschote
1 mittelgroße Zwiebel
2 Strauchtomaten
3 mittelgroße Pellkartoffeln
50 g frische Champignons
2 EL Butter
Jodsalz, schwarzer Pfeffer (frisch gemahlen)
je 1 EL gehackte Petersilie und Schnittlauch

Zubereitung:
Paprikaschoten in mundgerechte Stücke schneiden. Zwiebel und Tomaten grob würfeln. Die Champignons und die Pellkartoffeln in Scheiben schneiden.
Eine Auflaufform ausbuttern und das Gemüse abwechselnd hineinschichten.
Mit Salz, Pfeffer und den gehackten Kräutern bestreuen, Butterflocken darauf setzen und im vorgeheizten Backofen bei 200 Grad C 20-30 Minuten garen.

NACHMITTAG

bei ●+☾ WAAGE-Mixgetränk (Seite 196–197)

bei ☺+☽ 1/2 BANANE UND 1/2 APFEL


ABEND                                    PAPRIKA-SALAT

Zutaten:
*je 1/2 rote, gelbe, grüne Paprikaschote*
*1 Schalotte*
*je 1 EL gehackte Petersilie und Schnittlauch*
*2 EL Olivenöl*
*1 EL Balsamico (Hell)*
*1/2 Knoblauchzehe*
*Jodsalz, weißer Pfeffer (frisch gemahlen)*

Zubereitung:
Die Paprikaschoten entkernen und in feine Streifen schneiden. In heißem aber nicht mehr kochendem Wasser ca. 2-3 Minuten blanchieren, abseihen und abkühlen lassen.
Blanchierte Paprikastreifen in eine Schüssel geben, fein gewürfelte Schalotte und durchgepreßte Knoblauchzehe dazugeben.
Olivenöl, Balsamico, Salz und Pfeffer vermengen und über das Gemüse gießen.
Mit den gehackten Kräutern bestreuen und ca. 15 Minuten ziehen lassen.

# SKORPION

Heute sollten Sie mindestens ein Bekleidungsstück in roter Farbe tragen.

Die empfohlenen Speisen und Getränke helfen heute Geschlechtsorganen, Harnleiter Uterus und der allgemeinen Sexualität.

K RANKHEITSDISPOSITIONEN

*Blasenentzündung, Durchfall, Eßstörungen, Impotenz, Magersucht, Menstruationsbeschwerden, Verstopfung, Vaginalentzündung.*

## GETRÄNKE BEI ●+☽ IM STERNZEICHEN SKORPION

### NA HOPPLA

Zutaten: 1 Tomate
100 g Grünkohl
2 Stangen Staudensellerie

Zubereitung: Das Gemüse waschen. In der Reihenfolge Tomate, Grünkohl, Staudensellerie in den Entsafter geben.

### HEY BABE

Zutaten: 6 Karotten
7 Grünkohlblätter
1/2 Bund Petersilie
1 Apfel

Zubereitung: Das Gemüse waschen, die Karotten und den Apfel nicht schälen. In der Reihenfolge Apfel, Grünkohl, Petersilie, Karotten in den Entsafter geben.

### DER MIT DER WURZEL

Zutaten: 6 Karotten
5 Broccoliröschen mit Stielen
2 cm Ingwerwurzel

Zubereitung: Das Gemüse waschen, die Karotten und den Ingwer nicht schälen.

In der Reihenfolge Broccoli, Ingwer, Karotten in den Entsafter geben.

## VOLL DIE KRISE

Zutaten: *2 süße Äpfel*
*1/2 Granatapfel*

Zubereitung: Das Obst waschen, Kerne aus dem Granatapfel herauskratzen. In der Reihenfolge Apfel, Granatapfelkerne, Apfel in den Entsafter geben.

## NA PROSTATA

Zutaten: *1 dicke Ananasscheibe (ca. 3 cm)*
*150 g helle Weintrauben*
*1 Tasse Preiselbeeren*

Zubereitung: Das Obst waschen. In der Reihenfolge Weintrauben, Preiselbeeren, Ananas in den Entsafter geben.

## WASSERMANN

Zutaten: *350 g Wassermelone*

Zubereitung: Die Wassermelone mit Schale und Kernen in den Entsafter geben.

## ENERGY-DRINK

Zutaten:
*3 Karotten*
*1 Stange Staudensellerie*
*1 Apfel*
*1/2 Rote Bete mit Blattgrün*
*1/2 Bund Petersilie*
*2 cm Ingwerwurzel*

Zubereitung: Gemüse und Obst waschen, die Karotten, die Rote Bete und den Apfel nicht schälen. In der Reihenfolge Karotten, Rote Bete, Petersilie, Ingwerwurzel, Apfel, Staudensellerie in den Entsafter geben.


## LIGHTNING

Zutaten:
*2 dicke Ananasscheiben (3 cm)*
*6 Radieschen mit Blattgrün*
*eine Handvoll Löwenzahnblätter*

Zubereitung: Gemüse waschen. In der Reihenfolge Radieschen, Löwenzahnblätter, Ananas in den Entsafter geben.

## EMPFOHLENE LEBENSMITTEL
im Sternzeichen **SKORPION**

FLEISCH — Schwein

GEFLÜGEL — Gans

FISCH — Aal, Heilbutt, Zander

GEMÜSE — Austernpilz, Champignon, Chiccoree, Endiviensalat, Feldsalat, Frühlingszwiebel, Karotte, Kartoffel, Knoblauch, Löwenzahn, Radicchio, Salatgurke, Steinpilz, Tomate, Wirsing, Zucchini, Zwiebel

OBST — Ananas, Apfel, Banane, Erdbeere, Grapefruit, Kiwi, Orange, Rhabarber, Zitrone

MILCHPRODUKTE — Butter, Buttermilch, Creme fraiche, Edamer, Gorgonzola, Gouda, Magermilch, Magerquark, Naturjoghurt, Parmesan, Sahne, Schafskäse, Schmand

| | |
|---|---|
| KRÄUTER | Basilikum, Dill, Kresse, Minze, Petersilie, Rosmarin, Schnittlauch, Thymian |
| GEWÜRZE | Cayennepfeffer, Ingwer, Jodsalz, Kräutersalz, Muskat, Peperoncini, Pfeffer, Zimt |
| GETRÄNKE | Apfelsaft, Fencheltee, Kokosmilch, Melissentee, Orangensaft, Rotwein, Sojamilch, Traubensaft |
| SONSTIGES | Balsamico, Ei, Haselnuß, Honig, Mehrkornbrot, Naturreis, Olivenöl, Rosine, Vollkornbrot, Vollkornhaferflocken, Vollkornknäcke, Vollkornnudel, Walnuß |

## SKORPION-TAGES-MENUE 1

### NACH DEM AUFSTEHEN

bei ☺+☾ 20 ml Brennesselpreßsaft mit 150 ml Karottensaft vermengen und vor dem Frühstück trinken.

bei ●+☽ SKORPION-Mixgetränk (Seite 221–223)


### ERSTES FRÜHSTÜCK        VOLLKORNBRÖTCHEN

Zutaten:
1 Vollkornbrötchen
2 EL Magerquark
1 TL Honig (nach Wahl)
1 TL Schnittlauch (in Röllchen geschnitten)
1/2 Grapefruit

Zubereitung:
Vollkornbrötchen halbieren. Beide Hälften mit Quark bestreichen. Auf eine Hälfte Honig, auf die andere Hälfte Schnittlauch geben.

bei ☺+☾ Dazu 1 Tasse Brennesseltee trinken.


### ZWEITES FRÜHSTÜCK

bei ●+☽ SKORPION-Mixgetränk (Seite 221–223)

bei ☺+☾ 500 ml BUTTERMILCH


### VOR DEM MITTAGESSEN

bei ☺+☾ 10 ml Brennesselpreßsaft mit 150 ml Pfefferminztee vermengen und trinken.

bei ☻+☽ 1 Glas Mineralwasser

MITTAG	EIER MIT GRÜNER SAUCE UND PELLKARTOFFELN

Zutaten:
2 Eier (hartgekocht und gepellt)
200 g Kartoffeln
1 TL Petersilie (fein gehackt)
1 TL Schnittlauch (in feine Röllchen geschnitten)
1 TL Dill (fein gehackt)
1 TL Kresse (geschnitten)
2 EL Brennesselblätter (gehackt)
1/2 Zwiebel (gewürfelt)
50 g Creme fraiche
2 EL Magerquark
Jodsalz, Pfeffer (schwarz, frisch gemahlen)
1 Prise Zucker

Zubereitung:
Die Kartoffeln in Salzwasser garen und anschließend pellen. Die zerkleinerten Kräuter und die Zwiebelwürfel mit Creme fraiche und dem Magerquark in einem Mixer oder mit dem Pürierstab pürieren. Die Masse mit Jodsalz, Pfeffer und einer Prise Zucker abschmecken.
Die hartgekochten Eier mit Sauce und Pellkartoffeln auf einem Teller anrichten.

NACHMITTAG

bei ☻+☽ SKORPION-Mixgetränk (Seite 221–223)

bei ☻+☽ 300 g HONIGMELONE

ABEND	CHICCOREE-SALAT

## Zutaten:
100 g Apfel (in dünne Spalten geschnitten)
1 EL Zitronensaft
2 Stauden Chiccoree (Strunk entfernen,
in feine Streifen schneiden)
50 g Champignons (in feine Scheiben schneiden)
3 Frühlingszwiebeln (in Ringe schneiden)
2 EL Weinessig
3 EL Apfelsaft (ungesüßte Handelsware)
Jodsalz, Pfeffer
1 EL Olivenöl

## Zubereitung:
Apfelspalten mit Zitronensaft beträufeln, mit den restlichen Salatzutaten vermengen.
Aus Weinessig, Apfelsaft, Gewürzen und Öl eine Marinade herstellen und über den Salat geben.

## Dazu:
1 Scheibe Vollkornbrot

## SKORPION-TAGES-MENUE 2

### NACH DEM AUFSTEHEN

bei ☺+☾ 20 ml Brennesselpreßsaft mit 150 ml Apfelsaft vermengen und vor dem Frühstück trinken.

bei ●+☽ SKORPION-Mixgetränk (Seite 221–223)

### ERSTES FRÜHSTÜCK          VOLLKORNBRÖTCHEN

Zutaten:
*1 Vollkornbrötchen*
*1 TL Butter*
*1 Scheibe Edamer*
*50 g Salatgurke (gehobelt)*

Zubereitung:
Brötchen halbieren, Butter, Käse und Gurke auf die Hälften verteilen.

bei ☺+☾ Dazu 1 Tasse Brennesseltee trinken.

### ZWEITES FRÜHSTÜCK

bei ●+☽ SKORPION-Mixgetränk (Seite 221–223)

bei ☺+☾ 500 ml BUTTERMILCH

### VOR DEM MITTAGESSEN

bei ☺+☾ 10 ml Brennesselpreßsaft mit 150 ml Melissentee vermengen und trinken.

bei ●+☽ 1 Glas Mineralwasser

## MITTAG  FISCH-GEMÜSE-TOPF

Zutaten:
*1/2 Bund Suppengrün (kleingeschnitten)*
*3 El junge Brennesselblätter (gehackt)*
*200 ml Wasser*
*Jodsalz, Zitronensaft*
*Cayennepfeffer*
*1 Lorbeerblatt*
*1 TL Orangenschale (unbehandelt, abgerieben)*
*150 g Heilbutt (gewürfelt)*
*150 g Kartoffeln (gekocht und gewürfelt)*
*2 TL Parmesan (gerieben)*
*2 EL Dill (fein gehackt)*

Zubereitung:
Suppengrün und Brennesselblätter in Wasser mit Jodsalz, Zitronensaft, Cayennepfeffer, Lorbeerblatt und abgeriebener Orangenschale ca. 5 Minuten garen. Heilbuttwürfel und Kartoffeln dazugeben, Parmesan darüberstreuen, kurz aufkochen lassen, von der Kochstelle nehmen und zugedeckt ca. 5 Minuten ziehen lassen.
Mit Dill bestreuen und in einem flachen Teller servieren.


## NACHMITTAG

bei ●+● SKORPION-Mixgetränk (Seite 221–223)

bei ☺+● OBSTSALAT

Zutaten:
*100 g blaue Trauben*
*100 g Ananas (gewürfelt)*
*3 EL Himbeeren (tiefgekühlt)*
*2 EL Orangensaft*
*1 EL Zitronensaft*
*1 EL Mandelblättchen*

*Skorpion*

Zubereitung:
Trauben halbieren und entkernen, mit Ananaswürfeln und Himbeeren vermengen. Aus Orangen- und Zitronensaft eine Marinade herstellen, über das Obst gießen. Mandelblättchen in einer Pfanne ohne Fett goldbraun rösten, über den Salat streuen.


ABEND  FRUCHTIGER FENCHELSALAT

Zutaten:
*1/2 Orange (filetiert, Saft auffangen)*
*1 TL Butter*
*200 g Fenchel (in feine Scheiben geschnitten)*
*1/2 Apfel (säuerlich, in Spalten geschnitten)*
*2 EL Zitronensaft*
*50 g Weintrauben (blau, halbiert, entkernt)*
*1/2 Zwiebel (rot, in feine Scheiben geschnitten)*
*3 EL saure Sahne*
*1/2 TL Honig (nach Wahl)*

Zubereitung:
Orangensaft und Butter zusammen erhitzen, den Fenchel hinzufügen, ca. 5 Minuten dünsten, anschließend abkühlen. Apfel mit Zitronensaft beträufeln, mit den Weintrauben und den Zwiebeln vermengen. Orangenfilets und die abgekühlte Fenchel-Orangensaft-Mischung unter den Salat heben. Aus saurer Sahne, Salz, Pfeffer und Honig eine Marinade herstellen und über den Salat geben.

Dazu:
*1 Vollkornbrötchen*

## SKORPION-TAGES-MENUE 3

### NACH DEM AUFSTEHEN

bei ☺+☽ 20 ml Brennesselpreßsaft mit 150 ml Karottensaft vermengen und vor dem Frühstück trinken.

bei ☻+☾ SKORPION-Mixgetränk (Seite 221–223)

### ERSTES FRÜHSTÜCK     HAFERMÜSLI

Zutaten:
*40 g Vollkornhaferflocken*
*etwas Wasser*
*1/2 Apfel (grob gerieben)*
*1/2 Banane (gewürfelt)*
*150 g Naturjoghurt*

Zubereitung:
Die Haferflocken mit Wasser vermengen, ca. 10 Minuten quellen lassen. Kleingeschnittenes Obst und Naturjoghurt untermengen.

bei ☺+☽ Dazu 1 Tasse Brennesseltee trinken.

### ZWEITES FRÜHSTÜCK

bei ☻+☾ SKORPION-Mixgetränk (Seite 221–223)

bei ☺+☽ DREIFRUCHTSALAT

Zutaten:
*1/2 Apfel*
*1/2 Grapefruit (filetiert)*
*1/2 Banane (gewürfelt)*
*1 EL Zitronensaft*

*Skorpion*

*2 EL Orangensaft (ungesüßt)*
*1 TL Sonnenblumenkerne (geröstet)*

Zubereitung:
Apfel in Scheiben schneiden und mit den Grapefruitfilets und Bananenwürfeln vermengen. Aus Zitronen- und Orangensaft eine Marinade rühren und über das vorbereitete Obst geben. Mit den Sonnenblumenkernen bestreuen.


VOR DEM MITTAGESSEN

bei ☺+☽ 10 ml Brennesselpreßsaft mit 150 ml Pfefferminztee vermengen und trinken.

bei ●+☽ 1 Glas Mineralwasser


MITTAG                      MÖHREN-
                            BRENNESSELPFANNE

Zutaten:
*1 TL Sonnenblumenkerne (geröstet)*
*1/2 Zwiebel (gewürfelt)*
*1 EL Olivenöl*
*250 g Möhren (in Scheiben geschnitten)*
*250 g junge Brennesselblätter (grob gehackt)*
*Jodsalz, Pfeffer (weiß), Muskatnuß*
*2 EL Creme fraiche*
*40 g Vollkornreis (Rohgewicht)*

Zubereitung:
Vollkornreis mit Wasser bedeckt und einer Prise Jodsalz zum Kochen bringen, bei schwacher Hitze ca. 35-40 Minuten ausquellen lassen.
In der Zwischenzeit die Zwiebelwürfel in dem Öl andünsten, Möhrenscheiben zusammen mit 2-3 EL Wasser dazugeben, ca. 15 Minuten dünsten. Gehackte Brennesselblätter zugeben und unter ständigem Wenden zerfal-

len lassen. Mit Jodsalz, Pfeffer und Muskatnuß abschmecken. Kurz vor dem Servieren die Creme fraiche unterziehen und mit gerösteten Sonnenblumenkernen bestreuen.

**NACHMITTAG**

bei ●+● SKORPION-Mixgetränk (Seite 221–223)

bei ☺+● 200 g frische ANANAS

**ABEND**                   **ZUCCHINISALAT**

Zutaten:
*200 g Zucchini (grob geraspelt)*
*1/2 Zwiebel (gewürfelt)*
*2 EL saure Sahne*
*1 EL Joghurt*
*1 Knoblauchzehe (durchgepreßt)*
*1 EL Weinessig*

Zubereitung:
Zucchiniraspel und Zwiebelwürfel in eine Schüssel geben. Aus saurer Sahne, Joghurt, Knoblauch und Essig eine Marinade rühren, über die Zucchini geben.

Dazu:
*1 Scheibe Mehrkornbrot*
*1 TL Butter*
*1 Scheibe Edamer*
*1 Tomate (in Scheiben geschnitten)*

*Skorpion*

## SKORPION-TAGES-MENUE 4

### NACH DEM AUFSTEHEN

bei ☺+☾ 20 ml Brennesselpreßsaft mit 150 ml Apfelsaft vermengen und vor dem Frühstück trinken.

bei ●+☾ SKORPION-Mixgetränk (Seite 221–223)

### ERSTES FRÜHSTÜCK          OBST-QUARK

Zutaten:
*125 g Magerquark*
*50 ml Magermilch*
*1/2 Orange*
*1/2 Apfel*
*1 EL Honig (nach Wahl)*

Zubereitung:
Quark, Milch und Honig glattrühren. Orange filetieren, den Saft in einer kleinen Schüssel auffangen und mitverwenden. Apfel in feine Würfel schneiden und die Zutaten unter den Quark mischen.

bei ☺+☾ Dazu 1 Tasse Brennesseltee trinken

### ZWEITES FRÜHSTÜCK

bei ●+☾ SKORPION-Mixgetränk (Seite 221–223)

bei ☺+☾ MIXGETRÄNK

Zutaten:
*200 ml Sojamilch*
*1/2 Orange*
*1/2 Apfel*

1 EL Honig (nach Wahl)
1 EL Haselnüsse

Zubereitung:
Alle Zutaten in einem Mixer oder in einem hohen Gefäß mit dem Pürierstab zerkleinern. Schluckweise trinken.


VOR DEM MITTAGESSEN

bei ☺+🌑 10 ml Brennesselpreßsaft mit 150 ml Pfefferminztee vermengen und trinken.

bei 🌑+🌒 1 Glas Mineralwasser


MITTAG                        SCHWEINEFILET
                              IN ORANGEN-RAHM

Zutaten:
2 Schweinefiletscheiben (je ca. 80 g)
100 g Spätzle
1/2 Bund Schnittlauch
100 ml Sahne
Jodsalz, schwarzer Pfeffer (frisch gemahlen)
1 Prise Muskatnuß
2 EL Olivenöl
20 g Butter
5 Cherry-Tomaten
Saft einer Orange (frisch gepreßt)

Zubereitung:
Den Backofen auf 220 Grad C vorheizen.
Die Schweinefilets mit dem Handballen flach drücken und auf beiden Seiten mit Salz und Pfeffer würzen.
Die Spätzle in reichlich Salzwasser bißfest kochen, in ein Sieb abgießen und abtropfen lassen.
Eine kleine Auflaufform mit etwas Olivenöl einpinseln und die Schweinefilets hineinlegen. Im vorgeheizten Backofen 10 Minuten garen lassen, dann wenden und weitere

10 Minuten braten.
In der Zwischenzeit in einer Pfanne die Butter erhitzen und die abgetropften Spätzle darin schwenken.
Mit Salz, Pfeffer und einer Prise Muskatnuß würzen.
Den Schnittlauch waschen, trocknen und in feine Röllchen schneiden.
Die Schweinefilets in der Auflaufform mit dem frisch gepreßten Orangensaft ablöschen und mit der Sahne begießen. Weitere 5 Minuten im Backofen schmoren lassen.
Die Spätzle mit den Schnittlauchröllchen locker vermengen und auf einem flachen Teller anrichten. Die Schweinefilets dazulegen und mit der Sauce überziehen.
Mit halbierten Cherry-Tomaten garnieren.


NACHMITTAG

bei ●+◐ SKORPION-Mixgetränk (Seite 221–223)

bei ☺+◐ 250 g BLAUE TRAUBEN


ABEND                    MEHRKORNBROT

Zutaten:
*2 Scheiben Mehrkornbrot*
*2 TL Butter*
*4 Scheiben Mortadella*
*1/2 Bund Schnittlauch*
*4 Cherry-Tomaten*
*Jodsalz, schwarzer Pfeffer (frisch gemahlen)*

Zubereitung:
Das Brot mit Butter bestreichen und mit der Mortadella belegen. Schnittlauch in feine Röllchen schneiden und die Cherry-Tomaten halbieren. Die halbierten Tomaten auf die Mortadella legen und mit Schnittlauchröllchen bestreuen. Nach Belieben mit Salz und frisch gemahlenem schwarzen Pfeffer würzen.

## SKORPION-TAGES-MENUE 5

### NACH DEM AUFSTEHEN

bei ☺+● 20 ml Brennesselpreßsaft mit 150 ml Karotten-saft vermengen und vor dem Frühstück trinken.

bei ●+● SKORPION-Mixgetränk (Seite 221–223)

### ERSTES FRÜHSTÜCK          MÜSLI

Zutaten:
*150 ml Sojamilch*
*100 g Vollkornhaferflocken*
*1 EL Rosinen*
*1 EL gehackte Walnüsse*
*10 Blaue Weintrauben*
*1 EL Honig (nach Wahl)*

Zubereitung:
Sojamilch und Honig glattrühren. Haferflocken, Rosinen und halbierte Weintrauben unterheben.
Mit gehackten Walnüssen bestreuen.

bei ☺+● Dazu 1 Tasse Brennesseltee trinken

### ZWEITES FRÜHSTÜCK

bei ●+● SKORPION-Mixgetränk (Seite 221–223)

bei ☺+● MIXGETRÄNK

Zutaten:
*1/2 Orange*
*1/2 Banane*
*200 ml Magermilch*

1 EL Zitronensaft
1 EL Honig (nach Wahl)

Zubereitung:
Alle Zutaten in einem Mixer oder in einem hohen Gefäß mit dem Pürierstab zerkleinern. Schluckweise trinken.

VOR DEM MITTAGESSEN

bei ☺+☽ 10 ml Brennesselpreßsaft mit 150 ml Fencheltee vermengen und trinken.

bei ☻+☾ 1 Glas Mineralwasser

MITTAG                          ZANDERFILET
                                MIT ZITRONENSAHNE

Zutaten:
1 Zanderfilet (ca. 150 g)
80 g Naturreis
1 Zitrone
einige Tropfen Worcestershire-Sauce
50 g fettarme Sahne
50 g Creme fraiche
1/2 Bund glatte Petersilie
Jodsalz, schwarzer Pfeffer (frisch gemahlen)
1 Prise Zucker
2 EL Butter
3 EL Mehl
5 cl trockener Weißwein

Zubereitung:
Naturreis in reichlich Salzwasser kochen. Das Zanderfilet mit Salz, Pfeffer und Worcestershire-Sauce würzen.
Die Zitrone schälen, so daß auch die weiße Haut vollständig entfernt wird. Mit einem scharfen Messer zwischen den Hautsegmenten der Zitrone bis zu 6 Filets herausschneiden. Das restliche Stück Zitrone auspres-

sen und den Saft über den Fisch träufeln.
Die Petersilie waschen, trocknen, von den Stielen zupfen und fein hacken.
In einer Pfanne die Butter erhitzen. Das Zanderfilet in Mehl wenden und auf beiden Seiten anbraten.
Den Naturreis abgießen, abtropfen lassen und warm stellen.
Das Fischfilet bei kleiner Hitze weitere 5 Minuten braten. Dann aus der Pfanne nehmen, auf einen vorgewärmten Teller legen und mit Alufolie abdecken.
Den Bratensatz mit Weißwein ablöschen, mit Sahne und Creme fraiche aufkochen.
Die Hitze reduzieren, die Zitronenfilets und die fein gehackte Petersilie einrühren, mit einer Prise Zucker, etwas Salz und Pfeffer würzen.
Den Naturreis zu dem Fisch auf den Teller geben. Den Fisch mit der Zitronensahne und den Zitronenfilets bedecken.


**NACHMITTAG**

bei ●+● SKORPION-Mixgetränk (Seite 221–223)

bei ☺+● 1/2 ORANGE UND 1/2 BANANE


ABEND                                   VOLLKORNKNÄCKE

Zutaten:
*2 Scheiben Vollkornknäcke*
*2 TL Butter*
*2 Scheiben magerer Schinken*
*1 mittelgroße Gewürzgurke*

Zubereitung:
Die Knäcke mit Butter bestreichen und mit dem Schinken belegen. Die Gewürzgurke der Länge nach in Scheiben schneiden und den Schinken damit belegen.

*Skorpion*

## SKORPION-TAGES-MENUE 6

### NACH DEM AUFSTEHEN

bei ☺+☻ 20 ml Brennesselpreßsaft mit 150 ml Orangensaft vermengen und vor dem Frühstück trinken.

bei ●+☻ SKORPION-Mixgetränk (Seite 221–223)

### ERSTES FRÜHSTÜCK     MÜSLI

Zutaten:
*150 ml Kokosmilch*
*80 g Vollkornhaferflocken*
*1/2 Banane*
*6 Erdbeeren*
*1 EL gehackte Walnüsse*
*1 EL Honig (nach Wahl)*

Zubereitung:
Kokosmilch und Honig glattrühren. Die Banane in Scheiben schneiden, die Erdbeeren, ja nach Größe, halbieren oder vierteln und zusammen mit den Haferflocken unter die Kokosmilch heben.
Mit gehackten Walnüssen bestreuen.

bei ☺+☻ Dazu 1 Tasse Brennesseltee trinken

### ZWEITES FRÜHSTÜCK

bei ●+☻ SKORPION-Mixgetränk (Seite 221–223)

bei ☺+☻ MIXGETRÄNK

Zutaten:
*200 ml Sojamilch*

1/2 Apfel
1/2 Orange
1 Kiwi
1 EL Honig (nach Wahl)

Zubereitung:
Alle Zutaten in einem Mixer oder in einem hohen Gefäß mit dem Pürierstab zerkleinern. Schluckweise trinken.


VOR DEM MITTAGESSEN

bei ☺+● 10 ml Brennesselpreßsaft mit 150 ml Kamillentee vermengen und trinken.

bei ●+● 1 Glas Mineralwasser


MITTAG

GEFÜLLTES SCHNITZEL

Zutaten:
1 doppelt geschnittenes Schweineschnitzel
(ca. 150 g, Schmetterlingssteak)
2 Scheiben magerer Schinken
1 dünne Scheibe Gouda
50 g Gorgonzola
1 Ei
15 ml Magermilch
3 EL Olivenöl
25 g Butter
Jodsalz, weißer Pfeffer (frisch gemahlen)
2 mittelgroße Pellkartoffeln
2 kleine Holzspieße (zum verschließen)
etwas Mehl zum mehlieren
etwas Semmelbrösel zum Wenden

Zubereitung:
Das Schweineschnitzel mit Salz und Pfeffer würzen, auseinandergefaltet auf die Arbeitsfläche legen und mit dem

Schinken und dem Gouda belegen.
Den Gorgonzola in kleine Stücke schneiden und auf eine Hälfte des mit Schinken und Gouda belegten Schnitzel plazieren.
Die gegenüberliegende Hälfte von Schinken, Gouda und Schnitzel über den Gorgonzola klappen und das Schnitzel mit den kleinen Holzspießen verschließen.
Das Ei mit der Milch verrühren. Das Schnitzel in Mehl wenden, durch die Eimischung ziehen, in den Semmelbrösel wenden.
Das Olivenöl in einer Pfanne erhitzen und das Fleisch auf jeder Seite braten, bis eine goldbraune Kruste entsteht. Die Butter in die Pfanne geben und das Schnitzel bei kleiner Hitze weitere 10 Minuten braten.
Die Pellkartoffeln in Scheiben schneiden und für die letzten 5 Minuten mit in die Pfanne geben. Öfter wenden.

NACHMITTAG

bei ●+● SKORPION-Mixgetränk (Seite 221–223)

bei ☺+● 1/2 ORANGE UND 1/2 APFEL

ABEND                    MISCH-SALAT

Zutaten:
*150 g Feldsalat*
*1 Tomate*
*10 grüne Oliven*
*1 Schalotte*
*Jodsalz, weißer Pfeffer (frisch gemahlen)*
*1 EL Balsamico (Hell)*
*2 EL Olivenöl*

Zubereitung:
Den Feldsalat waschen, trockenschleudern und auf einem Teller verteilen. Die Tomate achteln, das Kerngehäuse entfernen und das Fleisch in kleine Würfel

schneiden. Die Schalotte in feine Ringe schneiden und die Oliven halbieren. Alle Zutaten auf dem Feldsalat verteilen.
Aus Balsamico, Olivenöl, Salz und Pfeffer ein Dressing herstellen und den Salat damit beträufeln.

# SCHÜTZE

Heute sollten Sie mindestens ein Bekleidungsstück in dunkelblauer Farbe tragen.

Die empfohlenen Speisen und Getränke helfen heute Oberschenkel, Venen, Leber und der allgemeinen Beweglichkeit.

KRANKHEITSDISPOSITIONEN

*Gehstörungen, Hüftknochenabnutzung, Ischias, Rückenschmerzen, Krampfadern, Allergien, Asthma und Zuckerkrankheit.*

# GETRÄNKE BEI ●+◐ IM STERNZEICHEN SCHÜTZE

### STABILO

Zutaten: 6 Karotten
5 Grünkohlblätter
1/2 Bund Petersilie
1/2 Apfel

Zubereitung: Gemüse und Obst waschen, die Karotten und den Apfel nicht schälen. In der Reihenfolge Karotten, Grünkohl, Petersilie, Apfel in den Entsafter geben.

### ALCATRAZ

Zutaten: 4 Karotten
2 Stangen Staudensellerie
eine Handvoll Blattspinat
1/2 Bund Petersilie

Zubereitung: Das Gemüse waschen, die Karotten nicht schälen. In der Reihenfolge Karotten, Blattspinat, Petersilie, Staudensellerie in den Entsafter geben.

### STABILO II

Zutaten: 4 Karotten
5 Broccoliröschen mit Stielen
1/2 Apfel

Zubereitung: Gemüse und Obst waschen, die

Karotten und den Apfel nicht schälen. In der Reihenfolge Karotten, Broccoli, Apfel in den Entsafter geben.

## BASIC INSTINCT

Zutaten: *3 Mandarinen*
*1 dicke Ananasscheibe (ca. 3 cm)*
*150 g rote Weintrauben*

Zubereitung: Das Obst waschen, die Mandarinen nicht schälen. In der Reihenfolge Mandarinen, Weintrauben, Ananas in den Entsafter geben.

## STEEL EAGLE

Zutaten: *3 Karotten*
*1/2 Salatgurke*
*1/2 Rote Bete mit Blattgrün*

Zubereitung: Gemüse waschen, Karotten, Salatgurke und Rote Bete nicht schälen. In der Reihenfolge Karotten, Rote Bete, Salatgurke in den Entsafter geben.

## VENUS

Zutaten: *5 Karotten*
*1 Rote Bete mit Blattgrün*

Zubereitung: Gemüse waschen, die Karotten und die Rote Bete nicht schälen. in den Entsafter geben.

EMPFOHLENE LEBENSMITTEL
im Sternzeichen **SCHÜTZE**

FLEISCH          Reh

FISCH            Karpfen, Rotbarsch, Scholle,
                 Seelachs, Tintenfisch

GEMÜSE           Avocado, Champignon, Eisbergsalat,
                 Fenchel, Karotten, Knoblauch,
                 Mungobohnensprossen, Olive,
                 Paprikaschote, Radicchio, Rote-Bete,
                 Salatgurke, Schalotte, Tomate,
                 Zucchini, Zwiebel

OBST             Ananas, Apfel, Banane, Birne,
                 Brombeere, Dattel, Dörrpflaume,
                 Heidelbeere, Johannisbeere, Kiwi,
                 Limone, Mango, Nektarine, Orange,
                 Pfirsich, Pflaume, Weintraube, Zitrone

MILCHPRODUKTE    Butter, Buttermilch, Camembert,
                 Creme fraiche, Dickmilch, Edamer,
                 Gouda, Magermilch, Magerquark,
                 Naturjoghurt, Parmesan

KRÄUTER          Basilikum, Dill, Koriander, Majoran,

Oregano, Petersilie, Schnittlauch, Thymian

GEWÜRZE    Cayennepfeffer, Curry, Jodsalz, Lorbeer, Majoran, Muskat, Pfeffer, Sojasauce, Vanille, Zimt

GETRÄNKE   Apfelsaft, Fencheltee, Johannisbeersaft, Karottensaft, Kokosmilch, Orangensaft, Pflaumensaft, Rote-Bete-Saft, Tomatensaft, Traubensaft

SONSTIGES  Ahornsirup, Balsamico, Distelöl, Ei, Haselnuß, Honig, Mandel, Mehrkornbrot, Naturreis, Olivenöl, Sesamöl, Tofu, Vanillepudding, Vollkornbrot, Vollkornhaferflocken, Vollkornknäcke, Walnuß, Walnußöl

## Schütze-Tages-Menue 1

### NACH DEM AUFSTEHEN

bei ☺+● 20 ml Brennesselpreßsaft mit 150 ml Tomatensaft vermengen und vor dem Frühstück trinken.

bei ●+● SCHÜTZE-Mixgetränk (Seite 246–247)

### ERSTES FRÜHSTÜCK     PFLAUMEN-
###                                          REIS-MÜSLI

Zutaten:
*30 g Vollkornreis (Rohgewicht)*
*125 ml Wasser*
*6 Trockenpflaumen (eingeweicht und zerkleinert)*
*3 EL Magerquark*
*3-4 EL Magermilch*

Zubereitung:
Reis in Wasser aufkochen, ca. 40 Minuten ausquellen lassen, etwas abkühlen. Pflaumen, Quark sowie Milch unterrühren.

bei ☺+● Dazu 1 Tasse Brennesseltee trinken.

### ZWEITES FRÜHSTÜCK

bei ●+● SCHÜTZE-Mixgetränk (Seite 246–247)

bei ☺+● 1 BIRNE

### VOR DEM MITTAGESSEN

bei ☺+● 10 ml Brennesselpreßsaft mit 150 ml Fencheltee vermengen und trinken.

bei ●+☾ 1 Glas Mineralwasser


MITTAG                          BRENNESSEL-
                                FISCH-AUFLAUf

Zutaten:
1/2 Zwiebel (fein gewürfelt)
1 EL Olivenöl
150 g junge Brennesselblätter
Muskatnuß (gerieben)
Paprikapulver (edelsüß)
Jodsalz, Pfeffer (frisch gemahlen)
150 g Seelachsfilet
Saft aus 1/2 Zitrone
30 g Käse (gerieben)

Zubereitung:
Zwiebelwürfel in dem heißen Olivenöl goldgelb andünsten, Brennesselblätter zufügen, in etwa 5 Minuten zusammenfallen lassen. Mit Muskat, Paprika, Jodsalz und Pfeffer würzen, bei schwacher Hitze weiter dünsten. In der Zwischenzeit Fisch unter fließend kaltem Wasser abspülen, trockentupfen und in ca. 1 1/2 cm große Würfel schneiden, mit dem Zitronensaft säuern und anschließend erneut trockentupfen. Die Fischwürfel mit Pfeffer und Paprika würzen.
Brennessel, Fischwürfel und Käse vermengen. Die Masse in eine gefettete Auflaufform füllen und im vorgeheizten Backofen bei 200 Grad ca. 20 Minuten garen.


NACHMITTAG

bei ●+☾ SCHÜTZE-Mixgetränk (Seite 246–247)

bei ☉+● 500 ml BUTTERMILCH

ABEND  ZUCCHINI-SALAT
mit CORNED BEEF

Zutaten:
*2 EL Naturjoghurt*
*1 EL Weinessig*
*1 EL Wasser*
*Jodsalz, Pfeffer*
*1/2 Zwiebel (gewürfelt)*
*1/2 Knoblauchzehe (durchgepreßt)*
*200 g Zucchini (grob geraspelt)*

Zubereitung:
Aus Joghurt, Essig, Wasser, Salz und Pfeffer eine Marinade herstellen, Zwiebel und Knoblauch dazugeben. Die Marinade über die Zucchiniraspel geben und gut vermengen.

Dazu:
*1 Scheibe Mehrkornbrot*
*1 TL Butter*
*2 Scheiben Corned Beef (zusammen ca.40 g)*

*Schütze*

## SCHÜTZE-TAGES-MENUE 2

### NACH DEM AUFSTEHEN

bei ☺+☾ 20 ml Brennesselpreßsaft mit 150 ml schwarzen Johannisbeersaft vermengen und vor dem Frühstück trinken.

bei ●+☾ SCHÜTZE-Mixgetränk (Seite 246–247)

### ERSTES FRÜHSTÜCK   VOLLKORNBROT

Zutaten:
*1 Scheibe Vollkornbrot*
*1 TL Butter*
*1 Scheibe Edamer*
*2 Tomaten (in Scheiben geschnitten)*
*1 EL Brennesselblätter (fein gehackt)*

Zubereitung:
Vollkornbrot mit der Butter bestreichen und mit Edamer belegen. Tomatenscheiben fächerartig darauf anordnen, mit den fein gehackten Brennesselblätter bestreuen.

bei ☺+☾ Dazu 1 Tasse Brennesseltee trinken.

### ZWEITES FRÜHSTÜCK

bei ●+☾ SCHÜTZE-Mixgetränk (Seite 246–247)

bei ☺+☾ 1 BANANE

### VOR DEM MITTAGESSEN

bei ☺+☾ 10 ml Brennesselpreßsaft mit 150 ml Fencheltee vermengen und trinken.

bei ●+☾ 1 Glas Mineralwasser

MITTAG  BRENNESSEL-
  QUARKSUPPE
Zutaten:
*125 g frische junge Brennesselblätter*
*1/2 Zwiebel (fein gewürfelt)*
*1/2 Knoblauchzehe (durchgepreßt)*
*150 ml Gemüsebrühe*
*Jodsalz, Pfeffer (schwarz, frisch gemahlen)*
*Muskatnuß (gerieben)*
*50 g Frühlingsquark*
*1 TL Creme fraiche*
*1 Vollkornbrötchen*

Zubereitung:
Brennesselblätter verlesen, waschen und in einem Sieb gut abtropfen lassen. Zwiebelwürfel und Knoblauch in zerlassener Butter andünsten, Brennesselblätter dazugeben und in etwa 5 Minuten zusammenfallen lassen. Mit der Gemüsebrühe angießen und ca. 2-3 Minuten kochen lassen.
Suppe mit dem Pürierstab glattpürieren, mit Jodsalz, Pfeffer und Muskatnuß abschmecken. Von der Kochstelle nehmen, Frühlings-Quark einrühren. Falls die Suppe zu sämig ist, noch etwas Gemüsebrühe zugießen. Suppe im Teller anrichten und mit der Creme fraiche garnieren.
Dazu ein Vollkornbrötchen essen.

NACHMITTAG

bei ●+☾ SCHÜTZE-Mixgetränk (Seite 246–247)

bei ☺+☽ HEIDELBEER-DICKMILCH

Zutaten:
250 g Dickmilch
100 g Heidelbeeren (frische oder TK-Ware)

Zubereitung:
Dickmilch glattrühren, aufgetaute oder frische Heidelbeeren vorsichtig unterheben.

ABEND  ROTE-BETE-OBSTSALAT

Zutaten:
4 EL Dickmilch
2 EL Orangensaft (frisch gepreßt od.. ungesüßte Handelsware)
1 TL Meerrettich
Jodsalz, Pfeffer
200 g Rote Bete (geschält und grob geraspelt)
100 g Ananas (gewürfelt)
1 Orange (filetiert)
2 Salatblätter (groß, gewaschen)
2 TL Haselnüsse (grob gehackt)

Zubereitung:
Aus Dickmilch, Orangensaft, Meerrettich, Salz und Pfeffer eine Marinade rühren. Rote Bete, Ananas und Orangenfilets zugeben, vorsichtig untermischen. Die fertige Mischung auf den Salatblättern anrichten, mit den grob gehackten Haselnüssen bestreuen.

Dazu:
1 Scheibe Vollkornbrot
1 TL Butter

## SCHÜTZE-TAGES-MENUE 3

NACH DEM AUFSTEHEN

bei ☺+● 20 ml Brennesselpreßsaft mit 150 ml schwarzen Johannisbeersaft vermengen und vor dem Frühstück trinken.

bei ●+● SCHÜTZE-Mixgetränk (Seite 246–247)


ERSTES FRÜHSTÜCK          MEHRKORNBROT

Zutaten:
*1 Scheibe Mehrkornbrot*
*1 TL Butter*
*50 g Camembert (in Scheiben geschnitten)*
*150 g Weintrauben (blau)*

Zubereitung:
Das Mehrkornbrot mit Butter bestreichen und mit Camembertscheiben belegen. Mit den Trauben garnieren.

bei ☺+● Dazu 1 Tasse Brennesseltee trinken.


ZWEITES FRÜHSTÜCK

bei ●+● SCHÜTZE-Mixgetränk (Seite 246–247)

bei ☺+● BIRNEN-ZIMT-DICKMILCH

Zutaten:
*1 Birne (mittelgroß)*
*200 g Dickmilch*
*1 TL Zimt*

Zubereitung:
Birne vierteln, entkernen und dann würfeln (nicht schälen). Dickmilch mit Zimt gründlich verrühren. Die Birnenwürfel vorsichtig unterheben.

VOR DEM MITTAGESSEN

bei ☺+● 10 ml Brennesselpreßsaft mit 150 ml Melissentee vermengen und trinken.

bei ●+☾ 1 Glas Mineralwasser

MITTAG                BRENNESSEL-
                      KÄSE-PUFFER
                      MIT EISBERGSALAT

Zutaten:
*200 g junge Brennesselblätter (blanchiert)*
*Jodsalz, Pfeffer*
*1 Ei*
*1/2 Knoblauchzehe (durchgepreßt)*
*1 EL Petersilie (fein gehackt)*
*2 EL Weizenvollkornmehl*
*1/2 TL Backpulver*
*30 g Gouda (gerieben)*
*3 EL Olivenöl*
*2 EL Weinessig*
*2 EL Wasser*
*einige Blätter Eisbergsalat (zerpflückt)*

Zubereitung:
Blanchierte Brennesselblätter gut abtropfen lassen und grob hacken, mit Jodsalz, Pfeffer, Ei, durchgepreßtem Knoblauch und Petersilie gründlich vermengen.
Weizenvollkornmehl, Backpulver und Käse zugeben, zu einer gleichmäßigen Masse verrühren.
Beschichtete Pfanne mit Öl auspinseln, Brennessel-Käse-Puffer von beiden Seiten knusprig braun braten.

Aus Essig, Wasser, Olivenöl, Jodsalz und Pfeffer eine Salatmarinade herstellen und über den Eisbergsalat gießen.

NACHMITTAG

bei ●+● SCHÜTZE-Mixgetränk (Seite 246-247)

bei ☺+● 1 APFEL UND 1 KIWI

ABEND GEMISCHTER BLATTSALAT MIT PIKANTEM DRESSING

Zutaten:
*1 Gewürzgurke (klein, fein gewürfelt)*
*1/2 Bund Schnittlauch (in feine Röllchen geschnitten)*
*3 EL Weinessig*
*2 EL Wasser*
*1 TL Senf (scharf)*
*Jodsalz, Pfeffer*
*1 TL Olivenöl*
*50 g Radicchio*
*50 g Feldsalat*
*einige Blätter Eisbergsalat (zerpflückt)*
*1 Scheibe Edamer (in Streifen geschnitten)*
*1/2 Kästchen Kresse (geschnitten)*

Zubereitung:
Aus Gurke, Schnittlauch, Essig, Wasser, Senf, Gewürzen und Olivenöl eine Marinade herstellen. Die verschiedenen Salatsorten in einer Schüssel mit den Käsestreifen vermengen, mit Marinade begießen und die Kresse darüber verteilen.

Dazu:
*2 Scheiben Vollkorntoast*
*1 TL Butter*

Schütze

## SCHÜTZE-TAGES-MENUE 4

### NACH DEM AUFSTEHEN

bei ☺+☾ 20 ml Brennesselpreßsaft mit 150 ml Tomatensaft vermengen und vor dem Frühstück trinken.

bei ●+☾ SCHÜTZE-Mixgetränk (Seite 246-247)


### ERSTES FRÜHSTÜCK              MÜSLI

Zutaten:
*150 ml Sojamilch*
*100 g Vollkornhaferflocken*
*1 Kiwi*
*1/2 Banane*
*1 EL Honig (nach Wahl)*

Zubereitung:
Sojamilch und Honig glattrühren. Kiwi und Banane schälen, in mundgerechte Stücke schneiden und mit den Haferflocken unter die Sojamilch heben.

bei ☺+☾ Dazu 1 Tasse Brennesseltee trinken


### ZWEITES FRÜHSTÜCK

bei ●+☾ SCHÜTZE-Mixgetränk (Seite 246-247)

bei ☺+☾ MIXGETRÄNK

Zutaten:
*200 ml Sojamilch*
*1/2 Banane*
*1/2 Apfel*
*1 EL Zitronensaft*

*1 EL Honig (nach Wahl)*

Zubereitung:
Alle Zutaten in einem Mixer, oder in einem hohen Gefäß mit dem Pürierstab, zerkleinern.
Schluckweise trinken.


VOR DEM MITTAGESSEN

bei ☻+☻ 10 ml Brennesselpreßsaft mit 150 ml Fencheltee vermengen und trinken.

bei ☻+☻ 1 Glas Mineralwasser


MITTAG                    ROTBARSCH
                          MIT PAPRIKAGEMÜSE

Zutaten:
*150 g Rotbarschfilet*
*70 g Naturreis (Trockengewicht)*
*je 1/2 rote, grüne, gelbe Paprikaschote*
*1 mittelgroße Zwiebel*
*60 g Champignons*
*3 EL Olivenöl*
*1 EL Zitronensaft*
*Jodsalz, weißer Pfeffer (frisch gemahlen)*
*3 EL Mehl*
*2 EL gehackte Petersilie*

Zubereitung:
Den Naturreis nach Packungsangabe garen, in ein Sieb abgießen und mit kaltem Wasser gut abspülen.
Das Rotbarschfilet säubern und in Streifen schneiden.
Die gesäuberten Paprikaschoten und die Zwiebel in Steifen schneiden und mit 1 EL Olivenöl in einer Pfanne andünsten.
Die Champignons trocken säubern, je nach Größe halbieren oder vierteln und zu den glasig gedünsteten

*Schütze*

Zwiebeln in die Pfanne geben. Den Naturreis zu dem Gemüse geben und kurz erwärmen.
Die Rotbarschstreifen mit Zitronensaft beträufeln, salzen, pfeffern, in Mehl wenden und in einer Pfanne mit 2 EL erhitztem Olivenöl braten.
Wenn der Fisch gar ist, diesen vorsichtig unter die Reis-Gemüse-Mischung heben und auf einem Teller anrichten. Mit gehackter Petersilie bestreuen.


NACHMITTAG

bei ●+● SCHÜTZE-Mixgetränk (Seite 246-247)

bei ☺+● 1/2 MANGO

Zubereitung:
Mango halbieren, eine Hälfte schälen (die andere Hälfte für den Abend aufbewahren) und in dünne Scheiben schneiden. Die Scheiben auf einem Teller anrichten und mit schwarzem Pfeffer aus der Mühle bestreuen.


ABEND                    PAPRIKA-
                         MANGO-SALAT

Zutaten:
*je 1/2 rote, gelbe und grüne Paprikaschote*
*1/2 Mango*
*1 Schalotte*
*1 EL Balsamico (Hell)*
*2 EL Olivenöl*
*Jodsalz, schwarzer Pfeffer (frisch gemahlen)*
*2 EL gehackte Petersilie*

Zubereitung:
Die gesäuberten und entkernten Paprikaschoten sowie die halbe Mango in feine Streifen schneiden, die Schalotte fein würfeln.
Aus Balsamico, Olivenöl, Salz und Pfeffer ein Dressing

herstellen und über das Gemüse geben.
Mit gehackter Petersilie bestreuen.

*Schütze*

## SCHÜTZE-TAGES-MENUE 5

### NACH DEM AUFSTEHEN

bei ☻+☽ 20 ml Brennesselpreßsaft mit 150 ml Apfelsaft vermengen und vor dem Frühstück trinken.

bei ●+☾ SCHÜTZE-Mixgetränk (Seite 246–247)

### ERSTES FRÜHSTÜCK     OBST-QUARK

Zutaten:
*150 g Magerquark*
*50 ml Magermilch*
*1 Kiwi*
*1 Birne*
*1 EL Zitronensaft*
*1 EL Honig (nach Wahl)*

Zubereitung:
Quark, Milch, Zitronensaft und Honig glattrühren. Kiwi und Birne schälen, in mundgerechte Stücke schneiden und unter den Quark heben.

bei ☻+☽ Dazu 1 Tasse Brennesseltee trinken

### ZWEITES FRÜHSTÜCK

bei ●+☾ SCHÜTZE-Mixgetränk (Seite 246–247)

bei ☻+☽ MIXGETRÄNK

Zutaten:
*200 ml Kokosmilch*
*50 ml Magermilch*
*1 Kiwi*

1 EL Honig (nach Wahl)

Zubereitung:
Kiwi schälen und in grobe Stücke schneiden. Alle Zutaten in einem Mixer, oder in einem hohen Gefäß mit dem Pürierstab, zerkleinern. Schluckweise trinken.

VOR DEM MITTAGESSEN

bei ☺+● 10 ml Brennesselpreßsaft mit 150 ml Fencheltee vermengen und trinken.

bei ●+☻ 1 Glas Mineralwasser

MITTAG                          KAROTTEN-
                                CURRY-SUPPE

Zutaten:
*200 g Karotten*
*100 g Kartoffeln*
*1 kleine Zwiebel*
*1 EL Butter*
*1 EL Creme fraiche*
*400 ml Gemüsebrühe (Instant)*
*2 TL Currypulver*
*Jodsalz, schwarzer Pfeffer (frisch gemahlen)*
*1 Prise Zucker*

Zubereitung:
Die Zwiebel schälen und fein würfeln. Die Karotten waschen, schälen, längs halbieren und quer in dünne Stücke schneiden. Die Kartoffeln schälen und in der Größe passend zu den Karotten schneiden.
Die Butter in einem Topf schäumend erhitzen. Zwiebelwürfel darin glasig andünsten, dann die Karotten- und Kartoffelstücke hineingeben.
Mit Zucker und Curry würzen. Mit der Gemüsebrühe angießen und aufkochen lassen.

Die Hitze reduzieren und das Gemüse ca. 15 Minuten köcheln lassen. Mit Salz und Pfeffer abschmecken, in einen Suppenteller geben und Creme fraiche einrühren.

**NACHMITTAG**

bei ●+● SCHÜTZE-Mixgetränk (Seite 246–247)

bei ☺+● 1 PFIRSICH

**ABEND**                              **CREMEGURKE**

Zutaten:
*1/2 Salatgurke*
*1 Knoblauchzehe*
*150 g Naturjoghurt*
*50 g Magerquark*
*1/2 Bund Schnittlauch*
*2 EL grüne Oliven*
*Jodsalz, schwarzer Pfeffer (frisch gemahlen)*
*1 Scheibe Mehrkornbrot*

Zubereitung:
Die Gurke und den Knoblauch schälen. Beides mit der Küchenreibe in eine Schüssel raffeln.
Den Schnittlauch in feine Röllchen schneiden, mit dem Joghurt und dem Magerquark zu den Gurken geben und gut vermengen.
Mit Salz und Pfeffer würzen, mit den Oliven garnieren.
Dazu eine Scheibe Mehrkornbrot essen.

## SCHÜTZE-TAGES-MENUE 6

### NACH DEM AUFSTEHEN

bei ☺+☽ 20 ml Brennesselpreßsaft mit 150 ml Tomatensaft vermengen und vor dem Frühstück trinken.

bei ●+☽ SCHÜTZE-Mixgetränk (Seite 246–247)

### ERSTES FRÜHSTÜCK            MÜSLI

Zutaten:
*150 g Naturjoghurt*
*100 g Vollkornhaferflocken*
*1/2 Birne*
*1/2 Nektarine*
*1 EL gehackte Walnüsse*
*1 EL Honig (nach Wahl)*

Zubereitung:
Joghurt und Honig glattrühren. Birne und Nektarine schälen, in mundgerechte Stücke schneiden und mit den Haferflocken unter den Joghurt heben.
Mit gehackten Walnüssen bestreuen.

bei ☺+☽ Dazu 1 Tasse Brennesseltee trinken

### ZWEITES FRÜHSTÜCK

bei ●+☽ SCHÜTZE-Mixgetränk (Seite 246–247)

bei ☺+☽ MIXGETRÄNK

Zutaten:
*200 ml Sojamilch*
*1/2 Birne*

1/2 Nektarine
1 EL Honig (nach Wahl)

Zubereitung:
Birne schälen und zusammen mit der Nektarine in grobe Stücke schneiden. Alle Zutaten in einem Mixer, oder in einem hohen Gefäß mit dem Pürierstab, zerkleinern. Schluckweise trinken.

VOR DEM MITTAGESSEN

bei ☺+☻ 10 ml Brennesselpreßsaft mit 150 ml Fencheltee vermengen und trinken.

bei ☻+☺ 1 Glas Mineralwasser

MITTAG  SPAGETTI MIT TOMATENSAUCE

Zutaten:
100 g Spagetti
200 g Strauchtomaten
2 Knoblauchzehen
1 Schalotte
1 EL gehackte Basilikumblätter
1 EL Oregano (frisch oder trocken)
2 EL Olivenöl
Jodsalz, schwarzer Pfeffer (frisch gemahlen)

Zubereitung:
Die Spagetti in reichlich Salzwasser bißfest kochen.
In der Zwischenzeit die Tomaten waschen und in kleine Stücke schneiden. Knoblauchzehen und Schalotte fein hacken.
In einem Topf Olivenöl erhitzen, gehackte Schalotte und Knoblauch andünsten. Wenn die Schalotte glasig ist die Tomatenstücke dazugeben und ca. 5 Minuten unter ständigem Rühren köcheln lassen. Salzen und pfeffern.

Den Topf von der Kochstelle nehmen.
Spagetti in ein Sieb abgießen und direkt in die Tomatensauce geben.
Basilikum und Oregano beigeben und alles nochmals 2 Minuten bei kleiner Hitze erwärmen.


**NACHMITTAG**

bei ●+● SCHÜTZE-Mixgetränk (Seite 246–247)

bei ☺+● 1 APFEL


**ABEND**  **AVOCADO-CREME**

Zutaten:
*1 reife Avocado*
*1 TL Zitronensaft*
*50 g Naturjoghurt*
*Jodsalz, schwarzer Pfeffer (frisch gemahlen)*
*1 Prise Cayennepfeffer*
*1 Laugenstange oder -brezel*

Zubereitung:
Die Avocado schälen, längs halbieren, den Kern entfernen und das Fruchtfleisch in kleine Stücke schneiden.
Das Avocadofleisch mit dem Joghurt und dem Zitronensaft vermengen und mit einem Stabmixer pürieren.
Mit Salz, Pfeffer und Cayennepfeffer würzen.
Dazu eine Laugenstange oder -brezel essen.

# STEINBOCK

Heute sollten Sie mindestens ein Bekleidungsstück in schwarzer Farbe tragen.

Die empfohlenen Speisen und Getränke helfen heute Knochen, Gelenke, Haut und dem Skelett.

KRANKHEITSDISPOSITIONEN

*Gelenkschmerzen, Gicht, Knieprobleme, Nierenprobleme, Meniskusleiden, Nierensteine und Rheumatismus.*

## GETRÄNKE BEI ●+☾ IM STERNZEICHEN STEINBOCK

### KARODERMA

Zutaten: 6 Karotten
1/2 grüne Paprikaschote
1/4 Weißkohl
eine Handvoll Blattspinat

Zubereitung: Gemüse waschen, die Karotten nicht schälen. In der Reihenfolge Karotten, Weißkohl, Paprika, Blattspinat, Karotten in den Entsafter geben.

### ...AND FIND OUT

Zutaten: 4 Karotten
1/2 Salatgurke
1/2 Rote Bete mit Blattgrün

Zubereitung: Gemüse waschen. Karotten, Salatgurke und Rote Bete nicht schälen. In der Reihenfolge Karotten, Rote Bete, Salatgurke in den Entsafter geben.

### ALLES KLAR

Zutaten: 6 Karotten
1/2 grüne Paprikaschote

Zubereitung: Gemüse waschen, die Karotten nicht schälen. In der Reihenfolge Karotten, Paprika, Karotten in den Entsafter geben.

Steinbock

## HINGUCKER

Zutaten: 1/2 Kartoffel mit Schale
4 Karotten
1 Apfel
1/2 Bund Petersilie

Zubereitung: Gemüse waschen. Karotten, Apfel und Kartoffel nicht schälen. In der Reihenfolge Karotten, Petersilie, Kartoffel, Apfel in den Entsafter geben.

## STABILO

Zutaten: 6 Karotten
5 Grünkohlblätter
1/2 Bund Petersilie
1/2 Apfel

Zubereitung: Gemüse und Obst waschen, die Karotten und den Apfel nicht schälen. In der Reihenfolge Karotten, Grünkohl, Petersilie, Apfel in den Entsafter geben.

## EKZTREMO

Zutaten: 5 Karotten
10 Spinatblätter
4 EL Kresse

Zubereitung: Gemüse waschen, die Karotten nicht schälen. In der Reihenfolge Karotten, Blattspinat, Kresse, Karotten in den Entsafter geben.

## EMPFOHLENE LEBENSMITTEL
## im Sternzeichen STEINBOCK

FLEISCH          Kalb, Lamm, Rind, Schwein

GEFLÜGEL         Huhn, Pute

FISCH            Lachs

GEMÜSE           Champignon, Feldsalat, Karotte,
                 Kartoffel, Knoblauch, Lauch, Mais,
                 Meerettich, Oliven, Radieschen,
                 Rettich, Salatgurke, Sojasprossen,
                 Spargel, Staudensellerie, Steckrübe,
                 Tomate, Zucchini, Zwiebel

OBST             Ananas, Apfel, Banane, Grapefruit,
                 Himbeere, Kirsche, Limone, Mango,
                 Orange, Pfirsich, Pflaume,
                 Weintraube, Zitrone

MILCHPRODUKTE Butter, Creme fraiche, Dickmilch,
                 Emmentaler, Frischkäse, Gouda,
                 Magermilch, Magerquark,
                 Naturjoghurt, Sahne

| | |
|---|---|
| KRÄUTER | Basilikum, Dill, Estragon, Kerbel, Koriander, Lorbeer, Oregano, Rosmarin, Salbei |
| GEWÜRZE | Cayennepfeffer, Curry, Ingwer, Jodsalz, Kräutersalz, Kümmel, Muskat, Nelke, Pfeffer, Senf, Sojasauce, Sternanis, Wacholderbeere |
| GETRÄNKE | Ananassaft, Apfelsaft, Fencheltee, Grapefruitsaft, Karottensaft, Kirschsaft, Melissentee, Orangensaft, Pflaumensaft, Rotwein, Tomatensaft, Traubensaft, Weißwein |
| SONSTIGES | Balsamico, Ei, Erdnuß, Haselnuß, Honig, Mandel, Naturreis, Olivenöl, Rosine, Vollkornbrot, Vollkornhaferflocken, Vollkornknäcke, Vollkornnudel, Vollkorntoast, Walnuß |

## STEINBOCK-TAGES-MENUE 1

### NACH DEM AUFSTEHEN

bei ☺+● 20 ml Brennesselpreßsaft mit 150 ml Apfelsaft vermengen und vor dem Frühstück trinken.

bei ●+● STEINBOCK-Mixgetränk (Seite 270–271)

### ERSTES FRÜHSTÜCK           APFEL-MÜSLI

Zutaten:
2 EL Vollkornhaferflocken
1 Apfel (ungeschält, geraspelt)
3 EL Dickmilch
3 EL Magermilch
1 TL Zitronensaft
1 TL Haselnüsse (grob gehackt)
1 TL Honig (nach Wahl)
1 EL Himbeeren (frisch oder TK-Ware)

Zubereitung:
Die Haferflocken mit der Magermilch in eine Schüssel geben, gut vermengen. Den Apfel waschen, vom Kerngehäuse befreien und ungeschält in die Haferflocken raspeln.
Die Dickmilch, den Zitronensaft, die gehackten Haselnüsse und den Honig untermischen.
Das Müsli mit den Himbeeren garnieren.

bei ☺+● Dazu 1 Tasse Brennesseltee trinken.

### ZWEITES FRÜHSTÜCK

bei ●+● STEINBOCK-Mixgetränk (Seite 270–271)

Steinbock

bei ☺+🌑 KRÄUTERQUARK

Zutaten:
100 g Magerquark
2 EL Magermilch
1 TL Sonnenblumenöl
1/4 Zwiebel (klein gewürfelt)
1 EL Basilikum (in feine Streifen geschnitten)
1 EL Petersilie (fein gehackt)
Kräutersalz
1 TL Zitronensaft

Zubereitung:
Den Magerquark mit der Milch und dem Sonnenblumenöl glattrühren. Die Zwiebelwürfel mit den gehackten Kräutern zufügen, mit Kräutersalz und Zitronensaft pikant würzen.

Dazu:
1 Scheibe Vollkornknäcke


VOR DEM MITTAGESSEN

bei ☺+🌑 10 ml Brennesselpreßsaft mit 150 ml Melissentee vermengen und trinken.

bei ●+🌒 1 Glas Mineralwasser


MITTAG                          INDISCHE REISPFANNE

Zutaten:
1 Karotte (in dünne Scheiben geschnitten)
1/2 Stange Lauch (in dünne Scheiben geschnitten)
1 kleine Zucchini (in dünne Scheiben geschnitten)
1 EL Olivenöl
50 g Weißkohl (in feine Streifen geschnitten)
2 EL Sojasprossen (oder Mungobohnen)
3 EL Naturreis

1 TL Currypulver (mittelscharf)
1 Prise Kümmelpulver
Jodsalz, Pfeffer (weiß)
1 TL Sojasauce
einige Tropfen Weinessig

Zubereitung:
Den Naturreis in ausreichend Wasser (leicht gesalzen) kochen, abgießen, abtropfen lassen und beiseite stellen. Inzwischen das Olivenöl in einer hohen Pfanne erhitzen, das Gemüse zufügen, mit etwas Wasser aufgießen und ca. 10 Minuten bei schwacher Hitze gar dünsten.
Die Sojasprossen (oder Mungobohnen) unter fließendem Wasser gut abspülen, abtropfen lassen und mit dem Naturreis locker unter das Gemüse heben.
Curry dazugeben.
Die Reispfanne mit Salz, Pfeffer, 1 TL Sojasauce und einigen Tropfen Weinessig abschmecken, nochmals kurz erhitzen, dann sofort servieren.

NACHMITTAG

bei ●+● STEINBOCK-Mixgetränk (Seite 270–271)

bei ☺+● 1 BANANE

ABEND                           CHAMPIGNON-
                                TOMATEN-TOAST

Zutaten:
1 Scheibe Vollkornbrot
1 TL Butter
1 Strauchtomate (in Scheiben geschnitten)
1/2 TL Oregano (getrocknet)
1 Prise Kräutersalz
1 Scheibe Emmentaler
2 große Champignons (in dünne Scheiben geschnitten)

**Zubereitung:**
Die Brotscheibe leicht toasten, mit der Butter bestreichen.
Die Tomatenscheiben auf das Brot legen, mit Oregano und Kräutersalz würzen.
Den Käse darauflegen und auf den Käse die Champignonscheiben geben.
Den Toast im vorgeheizten Backofen (200 Grad) kurz überbacken, bis der Käse schmilzt.

## STEINBOCK-TAGES-MENUE 2

### NACH DEM AUFSTEHEN

bei ☺+☀ 20 ml Brennesselpreßsaft mit 150 ml Karottensaft vermengen und vor dem Frühstück trinken.

bei ☻+☀ STEINBOCK-Mixgetränk (Seite 270–271)

### ERSTES FRÜHSTÜCK    KRÄUTER-QUARK

Zutaten:
*100 g Magerquark*
*3 Radieschen (fein gewürfelt)*
*1/4 Salatgurke (entkernt und in Würfel geschnitten)*
*1 Strauchtomate (grob gewürfelt)*
*70 g Naturjoghurt*
*2 EL Schnittlauch (in Röllchen geschnitten)*
*1 EL Basilikum (in feine Streifen geschnitten)*
*Jodsalz, Pfeffer*
*1 EL Zitronensaft*
*1 TL Olivenöl*

Zubereitung:
Magerquark, Joghurt, Zitronensaft und Olivenöl in einer Schüssel glattrühren, mit Salz und Pfeffer abschmecken. Die Gemüsewürfel unterheben und mit Schnittlauch und Basilikum bestreuen.

bei ☺+☀ Dazu 1 Tasse Brennesseltee trinken.

### ZWEITES FRÜHSTÜCK

bei ☻+☀ STEINBOCK-Mixgetränk (Seite 270–271)

bei ☺+☀ 1 APFEL (ungeschält)

## VOR DEM MITTAGESSEN

bei ☺+🌑 10 ml Brennesselpreßsaft mit 150 ml Fencheltee vermengen und trinken.

bei 🌑+🌓 1 Glas Mineralwasser

MITTAG KALBS-
GESCHNETZELTES
MIT KARTOFFELTALER

Zutaten:
*150 g Kartoffeln*
*Jodsalz, Pfeffer*
*120 g Kalbsschnitzel*
*80 g Champignons (in dünne Scheiben geschnitten)*
*2 EL Olivenöl*
*1 TL Zitronensaft*
*30 ml Gemüsebrühe (aus Instantpulver)*
*50 g Creme fraiche*
*1/4 TL Salbei (getrocknet)*

Zubereitung:
Die Kartoffeln waschen, in leicht gesalzenem Wasser kochen. Danach pellen und abkühlen lassen (können auch schon am Vorabend gekocht werden).
Das Kalbfleisch in ca. 1/2 cm dicke Streifen schneiden.
Die abgekühlten Kartoffeln grob raspeln, mit Salz und Pfeffer kräftig würzen und etwa 1 cm dicke Taler daraus formen.
1 EL Olivenöl in der Pfanne erhitzen und die Kartoffeltaler darin von beiden Seiten hellbraun braten.
Inzwischen in einer anderen Pfanne 1 EL Olivenöl erhitzen, die Fleischstreifen darin kurz anbraten und danach herausnehmen. Die Champignons in die gleiche Pfanne geben und anschwitzen, mit Zitronensaft und Gemüsebrühe ablöschen.
Creme fraiche in die Champignons geben und unter Rühren aufkochen lassen. Mit Salz und Pfeffer ab-

schmecken, den getrockneten Salbei hineingeben, gut verrühren und das Fleisch, zum Erwärmen, dazugeben. Die fertigen Kartoffeltaler zusammen mit dem Kalbsgeschnetzelten auf einem flachen Teller anrichten.


NACHMITTAG

bei ●+● STEINBOCK-Mixgetränk (Seite 270–271)

bei ☺+● 1/4 SALATGURKE


ABEND                                KÄSE-ANANAS-SALAT

Zutaten:
*50 g Gouda*
*5 blaue Trauben*
*5 helle Trauben*
*2 Ananas-Ringe (frisch oder Konserve)*
*1 EL Olivenöl*
*1 EL Zitronensaft*
*Jodsalz, Pfeffer*
*1 Scheibe Pumpernickel*
*1 EL Mandelsplitter*
*1 EL Wasser*

Zubereitung:
Den Käse in ca. 1 cm große Würfel schneiden, die Weintrauben waschen, halbieren und entkernen.
Die Ananas-Ringe in 2 cm große Stücke schneiden.
Obst und Käse in eine Schüssel geben.
Aus Olivenöl, Zitronensaft, Wasser, Salz und Pfeffer eine Marinade herstellen und diese über das Obst-Käse-Gemisch geben, alles gut vermengen.
Den Pumpernickel in kleine Würfel schneiden und ohne Fett in einer Pfanne anrösten, kurz abkühlen lassen und mit den Mandelsplittern über den angerichteten Salat geben.
Dazu 1 Scheibe Vollkorntoast essen.

## STEINBOCK-TAGES-MENUE 3

### NACH DEM AUFSTEHEN

bei ☺+🌓 20 ml Brennesselpreßsaft mit 150 ml Apfelsaft vermengen und vor dem Frühstück trinken.

bei ●+◐ STEINBOCK-Mixgetränk (Seite 270–271)

### ERSTES FRÜHSTÜCK GRAPEFRUIT-QUARK

Zutaten:
*150 g Magerquark*
*1/2 Grapefruit (filetiert)*
*3 Trockenpflaumen (in kleine Würfel geschnitten)*
*1 EL Haselnüsse (gehackt)*
*1 EL Magermilch*

Zubereitung:
Den Magerquark mit der Milch glatt verrühren, die Grapefruitfilets und die Pflaumenwürfel zugeben, leicht unterheben.
Mit gehackten Haselnüssen bestreuen.

bei ☺+🌓 Dazu 1 Tasse Brennesseltee trinken.

### ZWEITES FRÜHSTÜCK

bei ●+◐ STEINBOCK-Mixgetränk (Seite 270–271)

bei ☺+🌓 VOLLKORNKNÄCKE

Zutaten:
*2 Scheiben Vollkornknäcke*
*2 EL Frischkäse*
*1 EL Schnittlauch (in Röllchen geschnitten)*

1 TL Butter

Zubereitung:
Die Vollkornknäcke mit der Butter bestreichen und den Frischkäse darauf verteilen. Mit Schnittlauchröllchen bestreuen.

VOR DEM MITTAGESSEN

bei ☺+☽ 10 ml Brennesselpreßsaft mit 150 ml Melissentee vermengen und trinken.

bei ☻+☽ 1 Glas Mineralwasser

MITTAG                LAMMRAGOUT
                      MIT PELLKARTOFFELN

Zutaten:
120 g Lammfleisch (aus der Keule)
2 Kartoffeln (mittlere Größe)
1 Karotte (fein gewürfelt)
1 Stange Lauch (nur das Weiße)
1 EL Olivenöl
1 TL Tomatenmark
1 EL Mehl
1/8 L Fleischbrühe (aus Instantpulver)
1 Zweig Rosmarin (frisch)
Jodsalz, Pfeffer (schwarz), Cayennepfeffer
50 g Schmand (saure Sahne)
1 EL Petersilie (fein gehackt)
1/2 kleine Sellerieknolle (fein gewürfelt)
1 Lorbeerblatt

Zubereitung:
In einem Topf mit ausreichend Wasser die Kartoffeln kochen, abgießen, pellen und evtl. im Backofen bei 80 Grad warmhalten.
Das Lammfleisch in ca 2 cm große Würfel schneiden und

in einem Topf mit erhitztem Olivenöl (1 EL) von allen Seiten anbraten.
Karotten- und Selleriewürfel sowie das Tomatenmark anschließend kurz mit anschwitzen. Das Mehl darüberstäuben, unter Rühren anrösten und danach die Fleischbrühe angießen.
Die Flüssigkeit einmal kurz aufkochen lassen, dann die Hitze verringern.
Den Rosmarinzweig waschen und zusammen mit dem Lorbeerblatt zu dem Fleisch geben. Alles zugedeckt ca. 60 Minuten köcheln lassen.
Das Lorbeerblatt und den Rosmarinzweig herausnehmen, mit Salz, Pfeffer und Cayennepfeffer abschmecken.
Den Schmand (saure Sahne) in die Sauce rühren, das Ragout auf einem Teller servieren und mit Petersilie bestreuen.

## NACHMITTAG

bei ●+● STEINBOCK-Mixgetränk (Seite 270–271)

bei ☺+● 1 APFEL (ungeschält)

## ABEND

## TOMATEN-SELLERIE-SALAT

Zutaten:
*2 Strauchtomaten (in grobe Würfel geschnitten)*
*1/2 kleine Sellerieknolle (grob geraspelt)*
*50 g Maiskörner (Konserve)*
*1 EL Olivenöl*
*1 EL Zitronensaft*
*Jodsalz, Pfeffer, Muskatnuß*
*1 EL Petersilie (fein gehackt)*
*1 EL Sonnenblumenkerne (geröstet)*

**Zubereitung:**
Den Mais in ein Sieb geben und gut abtropfen lassen. Olivenöl, Zitronensaft, Salz, Pfeffer und Muskatnuß zu einer Marinade verquirlen. Die Petersilie darunterrühren. Mais, Tomaten- und Selleriewürfel in eine Schüssel geben und mit der Marinade übergießen, gut mischen und ca 10-15 Minuten ziehen lassen.

Die Sonnenblumenkerne in der Zwischenzeit in einer trockenen Pfanne (ohne Fett) anrösten und dann über den Salat streuen.

*Steinbock* 285

## STEINBOCK-TAGES-MENUE 4

### NACH DEM AUFSTEHEN

bei ☺+● 20 ml Brennesselpreßsaft mit 150 ml Karottensaft vermengen und vor dem Frühstück trinken.

bei ●+● STEINBOCK-Mixgetränk (Seite 270–271)

### ERSTES FRÜHSTÜCK     KAROTTEN-MÜSLI

Zutaten:
*1 El geröstete Kürbiskerne*
*50 g Vollkornhaferflocken*
*80 ml Magermilch*
*1 TL Honig (nach Wahl)*
*1/2 Apfel*
*1 kleine Karotte*
*30 g Magerjoghurt*

Zubereitung:
Die Haferflocken in eine Schüssel geben. Die Milch leicht erwärmen, den Honig darin auflösen und alles über die Haferflocken geben.
Den halben Apfel und die Karotte in kleine Stifte hobeln. Das Müsli und die gehobelten Gemüse- Obststifte in einen tiefen Teller geben. Den Joghurt auf das Müsli geben und die Kürbiskerne darüberstreuen.

bei ☺+● Dazu 1 Tasse Brennesseltee trinken

### ZWEITES FRÜHSTÜCK

bei ●+● STEINBOCK-Mixgetränk (Seite 270–271)

bei ☺+● APFEL-QUARK

Zutaten:
1/2 Apfel
100 g Magerquark
1 TL Honig (nach Wahl)
2 EL Dickmilch
1 EL geröstete Kürbiskerne

Zubereitung:
Den halben Apfel entkernen (nicht schälen) und in kleine Würfel schneiden.
Magerquark, Honig und Dickmilch vermengen und glattrühren.
Die Apfelwürfel unterheben und das Ganze mit den Kürbiskernen bestreuen.


VOR DEM MITTAGESSEN

bei ☺+● 10 ml Brennesselpreßsaft mit 150 ml Fencheltee vermengen und trinken.

bei ●+☾ 1 Glas Mineralwasser


MITTAG                    LAMMKOTELETTS
                          IN ZITRONENBUTTER

Zutaten:
2 Lammkoteletts (gesamt ca 150 g)
1 EL Zitronensaft
Jodsalz, Pfeffer
1 TL Olivenöl
1/2 kleine Zwiebel (fein gewürfelt)
1 TL Butter
1 TL Petersilie (fein gehackt)
2 mittelgroße Kartoffeln

Zubereitung:
Die Koteletts mit 1/2 EL Zitronensaft einreiben, mit Jodsalz und Pfeffer, mit etwas Olivenöl bestreichen und

ca. 10 Minuten einziehen lassen.
In der Zwischenzeit die Kartoffeln waschen und in ausreichend Wasser kochen. Anschließend etwas abkühlen lassen und die Schale entfernen, warmstellen.
Die Butter in einer Pfanne erhitzen und die Zwiebelwürfel darin bei schwacher Hitze dünsten, ohne sie zu bräunen.
Dann den restlichen Zitronensaft und die gehackte Petersilie hinzufügen.
Die Lammkoteletts ca. 6 Minuten von jeder Seite grillen, auf einem Teller anrichten und die Butter-Zitronen-Zwiebel-Mischung darüber verteilen.
Dazu die gepellten Kartoffeln geben.


NACHMITTAG

bei ●+● STEINBOCK-Mixgetränk (Seite 270–271)

bei ☻+● GURKENSALAT

Zutaten:
*1/2 Salatgurke*
*3 EL saure Sahne*
*1 TL mittelscharfer Senf*
*1 TL Apfelessig*
*Jodsalz, weißer Pfeffer*
*1 TL gehackter Dill*
*1 TL gehackte Petersilie*

Zubereitung:
Aus der sauren Sahne, dem Senf, dem Essig, Jodsalz und Pfeffer eine Marinade bereiten.
Die Salatgurke waschen, abtrocknen und ungeschält hobeln. Mit der Marinade vermischen.
Mit Dill und Petersilie bestreuen.


ABEND                              VOLLKORNKNÄCKE

Zutaten:
2 Scheiben Vollkornknäcke
1 Scheibe Edamer
2 Scheiben Putenwurst
1 Tomate
1 TL gehackte Petersilie
1 TL Butter

Zubereitung:
Die Vollkornknäcke mit Butter bestreichen, eine Scheibe mit Putenwurst und eine Scheibe mit Edamer belegen.
Die Tomate in Scheiben schneiden und das belegte Knäckebrot damit garnieren.
Mit gehackter Petersilie bestreuen.

## STEINBOCK-TAGES-MENUE 5

### NACH DEM AUFSTEHEN

bei ☺+☻ 20 ml Brennesselpreßsaft mit 150 ml Gemüsesaft vermengen und vor dem Frühstück trinken.

bei ●+◐ STEINBOCK-Mixgetränk (Seite 270–271)

### ERSTES FRÜHSTÜCK                      APFELMÜSLI

Zutaten:
*2 El Vollkornhaferflocken*
*1 Apfel*
*4 EL Dickmilch*
*1 TL Zitronensaft*
*1 TL gehackte Haselnüsse*
*1 TL Honig (nach Wahl)*
*2 EL Himbeeren (TK-Ware)*

Zubereitung:
Die Dickmilch mit Honig und Zitronensaft mischen und mit einem Schneebesen glattrühren.
Die gehackten Nüsse und die Himbeeren untermischen. Den Apfel waschen (nicht schälen), halbieren und das Kerngehäuse entfernen. 1/2 Apfel raspeln. Die Apfelraspel und die Vollkornhaferflocken unter die Dickmilch heben. Das Ganze ca. 15 Minuten ziehen lassen.

bei ☺+☻ Dazu 1 Tasse Brennesseltee trinken

### ZWEITES FRÜHSTÜCK

bei ●+◐ STEINBOCK-Mixgetränk (Seite 270–271)

bei ☺+☻ APFEL-QUARK

Zutaten:
1/2 Apfel
100 g Magerquark
2 EL Dickmilch
1 EL gehackte Haselnüsse
1 TL Honig (nach Wahl)

Zubereitung:
Den halben Apfel nicht schälen, vom Kerngehäuse befreien und grob raspeln.
Magerquark, Dickmilch, Honig und die gehackten Haselnüsse vermischen und glattrühren.
Die Apfelraspel unterheben.

VOR DEM MITTAGESSEN

bei ☺+● 10 ml Brennesselpreßsaft mit 150 ml Melissentee vermengen und trinken.

bei ●+● 1 Glas Mineralwasser

MITTAG                    ÜBERBACKENER
                          STAUDENSELLERIE

Zutaten:
250 g Staudensellerie
125ml Gemüsebrühe (Instantpulver)
1/2 Zwiebel
1 Tomate
1 TL Olivenöl
60 g Vollkornreis (Trockengewicht)
1 Eigelb
2 EL saure Sahne
1 EL geriebener Emmentaler
Jodsalz, Pfeffer, Muskatnuß, getrocknetes Basilikum

Zubereitung:
Die Selleriestangen waschen, putzen, in ca. 10 cm lange

*Steinbock*

Stücke schneiden und in der Gemüsebrühe 15 Minuten bißfest garen.
Den Backofen auf 200 Grad vorheizen.
Inzwischen den Vollkornreis mit ausreichend Wasser aufsetzen.
Die Zwiebel in kleine Würfel schneiden.
Die Tomate waschen, vierteln, die Kerne und den Stielansatz entfernen. Das Fruchtfleisch ebenfalls in kleine Würfel schneiden.
Das Olivenöl in einer kleinen feuerfesten Auflaufform erhitzen, die Zwiebelwürfel darin andünsten.
Den Sellerie abtropfen lassen und darauflegen.
Das Eigelb mit der sauren Sahne, dem Käse, dem Jodsalz, dem Pfeffer und dem Muskat verrühren, über den Sellerie geben.
Die Tomatenstückchen darüber verteilen und mit dem getrockneten Basilikum bestreuen.
Das Ganze 10-14 Minuten im vorgeheizten Ofen überbacken.
Den fertig gekochten Vollkornreis abgießen und servieren.


NACHMITTAG

bei ●+◐ STEINBOCK-Mixgetränk (Seite 270–271)

bei ☺+◐ 1 APFEL (ungeschält) und **1/2 BANANE**


ABEND                SPARGELSALAT

Zutaten:
*1/2 Apfel*
*1/2 Orange*
*1/2 Banane*
*2 Trockenpflaumen*
*1 TL Butter*
*1/2 TL Currypulver*
*Saft von 1/2 Zitrone*

1/2 TL Ingwerpulver
1 TL Honig (nach Wahl)
1 EL saure Sahne
1 EL Magerjoghurt
125 g Spargel (Konserve)
1 TL Mandelsplitter

Zubereitung:
Den halben Apfel entkernen (nicht schälen) und in kleine Würfel schneiden.
Die Orange schälen und gründlich von der weißen Haut befreien, dann die Hälfte der Orangenfilets herausschneiden, den Saft in einer kleinen Schale auffangen.
Die halbe Banane und die Trockenpflaumen klein würfeln.
Butter in einer Pfanne erhitzen, die Apfel- und Bananenwürfel darin anschwitzen und mit Currypulver würzen.
Die Pflaumenwürfel dazugeben und den Orangen- und Zitronensaft angießen.
Das Ganze von der Kochstelle nehmen, mit Ingwerpulver und Honig würzen, sowie die saure Sahne und den Joghurt hinzufügen.
Den Spargel in etwa 3 cm lange Stücke schneiden, die Spargelspitzen beiseite legen.
Die Spargelstücke in eine Schüssel geben, die Sahne-Joghurt-Mischung darübergießen und alles gut vermischen.
Den Salat auf einem flachen Teller anrichten und mit den Spargelspitzen, Orangenfilets und Mandelsplittern garnieren.

## STEINBOCK-TAGES-MENUE 6

### NACH DEM AUFSTEHEN

bei ☺+☻ 20 ml Brennesselpreßsaft mit 150 ml Apfelsaft vermengen und vor dem Frühstück trinken.

bei ●+☾ STEINBOCK-Mixgetränk (Seite 270–271)

ERSTES FRÜHSTÜCK          ZUCCHINI-QUARK

Zutaten:
*2 EL Vollkornhaferflocken*
*50 ml Gemüsebrühe (aus Instantpulver)*
*1 kleine Karotte*
*1/2 Zucchini*
*1 EL Olivenöl*
*Jodsalz, Pfeffer*
*70 g Magerquark*
*2 Zweige frischer Dill*
*1 Zweig frischer Estragon*

Zubereitung:          (Am Vorabend)
Die Vollkornhaferflocken mit der Gemüsebrühe in einen Topf geben, alles aufkochen und danach abkühlen lassen.
Die Karotte und die Zucchini schälen und in feine Würfel schneiden.
Das Olivenöl in einem Topf erhitzen. Die Karotten- und die Zucchiniwürfel darin anschwitzen, mit Jodsalz und Pfeffer würzen. Den Topf anschließend von der Kochstelle nehmen und das Gemüse abkühlen lassen.
Dill und Estragon waschen, trockentupfen, anschließend fein hacken und danach mit dem Quark verrühren.
Die Karotten- und Zucchiniwürfel darunterheben. Zuletzt die ausgequollenen Vollkornhaferflocken dazugeben und alles nochmals gut durchrühren.

Bis zum Verzehr, am nächsten Morgen, kühl stellen.

bei ☺+● Dazu 1 Tasse Brennesseltee trinken

ZWEITES FRÜHSTÜCK

bei ●+● STEINBOCK-Mixgetränk (Seite 270–271)

bei ☺+● FRISCHKÄSE MIT RADIESCHEN

Zutaten:
*40 g Doppelrahm-Frischkäse*
*1 EL Dickmilch*
*1 TL Meerettich (Glaskonserve)*
*1 TL Zitronensaft*
*3 Radieschen*

Zubereitung:
Den Frischkäse mit der Dickmilch vermengen und glattrühren, mit dem Meerettich und dem Zitronensaft pikant abschmecken.
Die Radieschen waschen, abtrocknen, in dünne Scheiben schneiden und den Frischkäse damit belegen.

VOR DEM MITTAGESSEN

bei ☺+● 10 ml Brennesselpreßsaft mit 150 ml Fencheltee vermengen und trinken.

bei ●+● 1 Glas Mineralwasser

MITTAG  LACHS IN BASILIKUM

Zutaten:
*60 g Bandnudeln*
*120 g Lachsfilet*
*100 g kleine Champignons*

*30 g geriebenen Käse (schmelzfähig)*
*1 EL Mehl*
*1 EL Olivenöl*
*20 g Kapern (Glaskonserve)*
*60 ml Gemüsebrühe (aus Instantpulver)*
*1/2 Bund Basilikum*
*30 ml Sahne*
*Jodsalz, Pfeffer, Muskatnuß*

Zubereitung:
Die Bandnudeln in kochendem Wasser bißfest garen. Danach abgießen, kalt abspülen und abtropfen lassen.
Inzwischen das Lachsfilet waschen, trockentupfen und in ca. 3-4 cm lange Streifen schneiden.
Die Champignons waschen, putzen und vierteln. Den Käse fein würfeln.
Das Mehl auf einen Teller geben und die Lachsstücke darin wenden.
Das Olivenöl in einer Pfanne erhitzen und die Lachsstreifen darin kurz anbraten, danach beiseite stellen und zugedeckt warm halten.
Die Champignons und die Kapern in derselben Pfanne anschwitzen, die Gemüsebrühe angießen und die Bandnudeln darin erwärmen.
In der Zwischenzeit das Basilikum waschen, trockentupfen, die Blätter abzupfen und in feine Streifen schneiden. Die Sahne und den Käse in die Sauce geben und verrühren, bis sich der Käse aufgelöst hat.
Mit Jodsalz, Pfeffer und Muskatnuß abschmecken. Die Basilikumstreifen dazugeben. Nicht mehr kochen.
Die Nudeln auf einem flachen Teller anrichten und die Lachsstreifen darauf verteilen.


NACHMITTAG

bei ●+● STEINBOCK-Mixgetränk (Seite 270–271)

bei ☺+● 1 BANANE und 1/2 APFEL (ungeschält)

ABEND

## GEBRATENE APFELSCHEIBEN MIT NÜSSEN

Zutaten:
1 Orange
abgeriebene Schale von 1/2 Orange
1 Apfel
1 EL Butter
30 g Walnüsse (gehackt)
1 EL Mandelstifte
1 TL Honig (nach Wahl)
1 EL Rosinen

Zubereitung:
Die Schale der halben Orange abreiben. Anschließend die Orange schälen und von der weißen Haut befreien. Die Filets zwischen den Trennwänden herausschneiden. Den Saft der Orange auffangen.
Den Apfel waschen, Kerngehäuse herausstechen und den Apfel anschließend in ca. 1 cm dicke Scheiben schneiden. 3-4 Scheiben für die Zubereitung verwenden. Die Butter in einer Pfanne erhitzen, die Apfelscheiben (3-4 Stück) darin anbraten und 3-4 Minuten garen. Auf einen Teller geben.
Walnüsse, Mandelstifte, Honig, Rosinen sowie Orangensaft und -schale in der Pfanne kurz erhitzen. Die Orangenfilets anschließend hineingeben und in der Flüssigkeit erwärmen.
Danach das Ganze noch heiß auf die Apfelscheiben verteilen.

# WASSERMANN

Heute sollten Sie mindestens ein Bekleidungsstück in grüner Farbe tragen.

Die empfohlenen Speisen und Getränke helfen heute Venen und Gelenken.

KRANKHEITSDISPOSITIONEN

*Kreislaufprobleme, Unterschenkelschmerzen.*

## GETRÄNKE BEI ●+◐ IM STERNZEICHEN WASSERMANN

### STABILO

Zutaten: *6 Karotten*
*5 Grünkohlblätter*
*1/2 Bund Petersilie*
*1/2 Apfel*

Zubereitung: Gemüse und Obst waschen, die Karotten und den Apfel nicht schälen. In der Reihenfolge Karotten, Grünkohl, Petersilie, Apfel in den Entsafter geben.

### ALCATRAZ

Zutaten: *4 Karotten*
*2 Stangen Staudensellerie*
*eine Handvoll Blattspinat*
*1/2 Bund Petersilie*

Zubereitung: Das Gemüse waschen, die Karotten nicht schälen. In der Reihenfolge Karotten, Blattspinat, Petersilie, Staudensellerie in den Entsafter geben.

### STABILO II

Zutaten: *4 Karotten*
*5 Broccoliröschen mit Stielen*
*1/2 Apfel*

Zubereitung: Gemüse und Obst waschen, die

Karotten und den Apfel nicht schälen.
In der Reihenfolge Karotten, Broccoli,
Apfel in den Entsafter geben.

### BASIC INSTINCT

Zutaten: *3 Mandarinen*
*1 dicke Ananasscheibe (ca. 3 cm)*
*150 g rote Weintrauben*

Zubereitung: Das Obst waschen, die Mandarinen nicht schälen. In der Reihenfolge Mandarinen, Weintrauben, Ananas in den Entsafter geben.

### STEEL EAGLE

Zutaten: *3 Karotten*
*1/2 Salatgurke*
*1/2 Rote-Bete mit Blattgrün*

Zubereitung: Gemüse waschen, Karotten, Salatgurke und Rote-Bete nicht schälen. In der Reihenfolge Karotten, Rote-Bete, Gurke in den Entsafter geben.

### VENUS

Zutaten: *5 Karotten*
*1 Rote-Bete mit Blattgrün*

Zubereitung: Gemüse waschen, die Karotten und die Rote-Bete nicht schälen. In den Entsafter geben.

## EMPFOHLENE LEBENSMITTEL
im Sternzeichen **WASSERMANN**

| | |
|---|---|
| **FLEISCH** | Schwein |
| **GEFLÜGEL** | Huhn, Pute |
| **FISCH** | Aal, Kabeljau, Lachs, Thunfisch |
| **GEMÜSE** | Artischocke, Aubergine, Avocado, Broccoli, Champignon, Fenchel, Karotte, Kartoffel, Knoblauch, Kopfsalat, Mais, Meerettich, Olive, Petersilienwurzel, Schalotte, Sellerie, Spinat, Süßkartoffel, Tomate, Zucchini, Zwiebel |
| **OBST** | Ananas, Aprikose, Birne, Dattel, Erdbeere, Feige, Granatapfel, Grapefruit, Kaktusfeige, Karambole, Kiwi, Limette, Litchi, Mandarine, Mango, Maracuja, Nashi-Birne, Orange, Papaya, Passionsfrucht, Pflaume, Physalis, Pitahaya, Quitte, Tamarillo, Zitrone |
| **MILCHPRODUKTE** | Butter, Creme fraiche, Dickmilch, |

Edamer, Gorgonzola, Hüttenkäse, Magermilch, Magerquark, Mozzarella, Naturjoghurt, Sahne, Schmand

KRÄUTER        Basilikum, Dill, Estragon, Kerbel, Koriander, Lorbeer, Majoran, Minze, Petersilie, Salbei, Thymian, Zitronenmelisse

GEWÜRZE        Ingwer, Jodsalz, Pfeffer, Vanille, Zimt

GETRÄNKE       Ananassaft, Aprikosensaft, Fencheltee, Kokosmilch, Maracujasaft, Orangensaft, Pfefferminztee, Pflaumensaft, Tomatensaft, Weißwein

SONSTIGES      Balsamico, Distelöl, Ei, Erdnuß, Erdnußöl, Haselnuß, Honig, Kokosraspel, Langkornreis, Mandel, Mehrkornbrot, Naturreis, Olivenöl, Rapsöl, Senf, Sesamöl, Vollkornbrot, Vollkornhaferflocken, Vollkornnudel, Vollkorntoast, Walnuß, Walnußöl

## WASSERMANN-TAGES-MENUE 1

### NACH DEM AUFSTEHEN

bei ☺+☽ 20 ml Brennesselpreßsaft mit 150 ml Tomatensaft vermengen und vor dem Frühstück trinken.

bei ☻+☽ WASSERMANN-Mixgetränk (Seite 298–299)

### ERSTES FRÜHSTÜCK    AVOCADO-AUFSTRICH

Zutaten:
*50 g Magerquark*
*1 Strauchtomate*
*1/2 reife Avocado*
*Saft von 1/2 Zitrone*
*1 EL Basilikum (in feine Streifen geschnitten)*
*Jodsalz, Pfeffer*
*2 Scheiben Mehrkornbrot*

Zubereitung:
Die Tomaten am unteren Ende kreuzweise einritzen und ca. 30 Sekunden in kochendes Wasser legen, mit kaltem Wasser abschrecken und dann enthäuten, vierteln, vom Stielansatz befreien und entkernen. Das Tomatenfleisch dann in feine Würfel schneiden.
Die halbe Avocado schälen, in kleine Würfel schneiden und in eine Schüssel geben. Mit Zitronensaft beträufeln, die Basilikumstreifen dazugeben und mit einem Pürierstab glatt rühren. Danach den Magerquark und die Tomatenwürfel dazugeben, salzen und pfeffern. Auf zwei Scheiben Mehrkornbrot verteilen.

bei ☺+☽ Dazu 1 Tasse Brennesseltee trinken.

## ZWEITES FRÜHSTÜCK

bei ●+☽ WASSERMANN-Mixgetränk (Seite 298–299)

bei ☉+☽ 1/2 AVOCADO und 1 KIWI


## VOR DEM MITTAGESSEN

bei ☉+☽ 10 ml Brennesselpreßsaft mit 150 ml Fencheltee vermengen und trinken.

bei ●+☽ 1 Glas Mineralwasser


MITTAG                           SALBEI-PUTE

Zutaten:
2 Putenschnitzel (a 80 g)
Jodsalz, Pfeffer
2 dünne Scheiben Katenschinken
4 große Salbeiblätter
2 EL Sellerie (fein gewürfelt)
1 EL Olivenöl
100 g Tomatenmark
1 El Sahne
1 Prise Zucker
70 g Bandnudeln

Zubereitung:
Das Putenfleisch auf der Arbeitsfläche ausbreiten und mit einer Klarsichtfolie (evtl. Gefrierbeutel) bedecken. Nun das Fleisch sehr dünn ausklopfen und pfeffern.
Den Salbei waschen und trockentupfen. Die einzelnen Putenschnitzel mit je einer Scheibe Schinken und zwei Salbeiblätter belegen. Das Fleisch zu einer Roulade rollen und mit Zahnstocher schließen.
Das Olivenöl in einer Pfanne erhitzen und die Fleischrouladen darin von allen Seiten anbraten, danach wieder

herausnehmen und beiseite stellen.
Die Selleriewürfel in dem Bratensatz anschwitzen, Tomatenmark dazugeben. Die Hitze veringern und die Fleischrouladen dazulegen, alles zugedeckt ca. 15 Minuten garen lassen.
In der Zwischenzeit die Bandnudeln in reichlich und leicht gesalzenem Wasser kochen, danach abgießen und abtropfen lassen.
Das Fleisch aus der Sauce nehmen und diese mit Sahne, Jodsalz, Zucker und Pfeffer abschmecken.
Die Fleischrouladen halbieren und mit den Bandnudeln auf einem flachen Teller anrichten.
Die Sauce darübergeben.


**NACHMITTAG**

bei ☻+☻ WASSERMANN-Mixgetränk (Seite 298–299)

bei ☻+☻ 1 BANANE


ABEND                                TOMATEN-
                                     MOZZARELLA-TOAST

Zutaten:
*50 g kleine Champignons*
*2 Tomaten*
*1 Mozzarella*
*2 Scheiben Vollkorntoast*
*1 EL Butter*
*Jodsalz, Pfeffer*
*1 Bund Basilikum (oder kleinen Topf)*

Zubereitung:
Den Backofen auf 200 Grad vorheizen.
Die Champignons waschen, trockentupfen und je nach Größe vierteln oder halbieren.
Die Tomaten waschen und in Scheiben schneiden.
Den Mozzarella ebenfalls in dünne Scheiben schneiden.

Die Vollkornscheiben toasten und dünn mit Butter bestreichen.
Die Tomatenscheiben auf die Toastscheiben verteilen.
Die Champignons auf den Tomatenscheiben verteilen und salzen und pfeffern. Das Basilikum waschen, trockenschleudern, die Blätter abzupfen und in feine Streifen schneiden, auf die Champignons streuen und mit Mozzarella bedecken.
Die Toast`s im Backofen ca. 5 Minuten überbacken.

## WASSERMANN-TAGES-MENUE 2

### NACH DEM AUFSTEHEN

bei ☺+● 20 ml Brennesselpreßsaft mit 150 ml Gemüsesaft vermengen und vor dem Frühstück trinken.

bei ●+● WASSERMANN-Mixgetränk (Seite 298–299)

ERSTES FRÜHSTÜCK          HAFER-NUß-CREME

Zutaten:
2 Trockenpflaumen
2 getrocknete Apfelringe
1 EL Vollkornhaferflocken
30 ml Magermilch
2 EL gemahlene Walnüsse
1/2 TL Zimtpulver
1/4 TL Zitronenschale (gerieben)
1 EL Creme fraiche

Zubereitung:          (am Vorabend)
Die Trockenpflaumen und die Apfelringe in feine Würfel schneiden und zusammen mit den Haferflocken in einen Topf geben. Alles in 50 ml Wasser etwa 1 Stunde quellen lassen.
Dann in der Flüssigkeit erhitzen, einmal aufkochen lassen, dabei öfter umrühren. Die Milch und die gemahlenen Walnüsse nach dem Aufkochen dazugeben, unterrühren und alles abkühlen lassen.
Das Zimtpulver, die geriebene Zitronenschale und die Creme fraiche nach dem Abkühlen unter die Haferflocken-Nuß-Creme rühren.

bei ☺+● Dazu 1 Tasse Brennesseltee trinken.

## ZWEITES FRÜHSTÜCK

bei ●+◐ WASSERMANN-Mixgetränk (Seite 298-299)

bei ◉+◑ MEERETTICH-QUARK

Zutaten:
1/2 Birne
Saft von 1/2 Zitrone
1/2 TL Meerettich (Glaskonserve)
2 EL Schmand
100 g Magerquark
1 Zweig Pfefferminze
2 Scheiben Vollkorntoast

Zubereitung: (am Vorabend)
Die halbe Birne schälen, Kerngehäuse entfernen und das Fruchtfleisch in kleine Würfel schneiden. Mit dem Zitronensaft beträufeln.Die Birnenwürfel in einen Topf geben und mit 1-2 EL Wasser kurz andünsten, so daß sie noch Biß haben. Danach in eine Schüssel geben und erkalten lassen.Nach dem Abkühlen den Meerettich und den Schmand unter die Birnenwürfel rühren.
Die Pfefferminzblätter abzupfen und fein hacken. Den Magerquark mit der gehackten Minze verrühren und danach die Birnen-Schmand-Masse unterheben.Die Mischung über Nacht durchziehen lassen. Vor dem Essen die Vollkornscheiben toasten und mit der Masse bestreichen.


## VOR DEM MITTAGESSEN

bei ◉+◑ 10 ml Brennesselpreßsaft mit 150 ml Fencheltee vermengen und trinken.

bei ●+◐ 1 Glas Mineralwasser

## MITTAG   HÄHNCHENBRUSTFILET MIT FENCHELGEMÜSE

Zutaten:
1 Hähnchenbrustfilet (ca. 120 g)
1 Zweig Thymian
2 TL Butter
1 TL Mehl
50 ml Gemüsebrühe (Instantpulver)
1 mittelgroße Fenchelknolle
2 TL Koriander (frisch oder trocken)
1 TL Olivenöl
Jodsalz, Pfeffer (frisch gemahlen)
1 EL saure Sahne

Zubereitung:
Für die Sauce, 1 TL Butter in einem Topf zerlassen und das Mehl dann darin kurz anschwitzen. Die Gemüsebrühe angießen und alles aufkochen lassen unter ständigem Rühren. Danach bei schwacher Hitze ca. 20 Minuten köcheln lassen. Immer wieder durchrühren.
In der Zwischenzeit den Fenchel waschen, säubern, halbieren, den Strunk entfernen und die halbierte Fenchelknolle in feine Streifen schneiden.
Das Fenchelgrün fein schneiden und zur Seite legen.
Das Olivenöl in einer Pfanne erhitzen und das Hähnchenbrustfilet auf einer Seite goldbraun anbraten, danach wenden und mit dem Thymianzweig in der geschlossenen Pfanne fertig garen.
Die restliche Butter (1 TL) in einem Topf zerlassen und die Fenchelstreifen darin anschwitzen. 2 EL Wasser dazugeben und zugedeckt ca. 5 Minuten dünsten.
Danach etwas salzen, pfeffern und das Fenchelgrün sowie den Koriander dazugeben. Alles zugedeckt warmhalten.
Die Sauce mit der sauren Sahne und 1 TL Koriander abschmecken. Mit Jodsalz und frisch gemahlenem Pfeffer verfeinern. Das Fenchelgemüse auf einem flachen Teller anrichten, das Hähnchenbrustfilet darauf legen und die Sauce rundherum geben.

NACHMITTAG

bei ●+◐ WASSERMANN-Mixgetränk (Seite 298–299)

bei ☺+◐ 1/2 BIRNE (geschält) und
1 KIWI (in Scheiben)


ABEND                                     PFANNKUCHEN

Zutaten:

Für die Füllung
*100 g Spinat (Tiefkühlkost)*
*80 g Mais (Konserve)*
*1 kleine Karotte*
*1 TL Butter*
*Jodsalz, Pfeffer und Muskatnuß (frisch gemahlen)*
*1 EL saure Sahne*
Für den Teig
*50 g Mehl*
*50 ml Magermilch*
*Jodsalz*
*2 Eiweiß*
*1 TL Olivenöl*

Zubereitung:
Den Spinat auftauen. Für den Teig das Mehl mit Milch, Jodsalz und 1 Eiweiß verquirlen. Das andere Eiweiß steifschlagen und unter den Teig heben. Den Mais abtropfen lassen, die Karotte schälen und in feine Würfel schneiden. Die Butter in einem Topf zerlassen, die Karottenwürfel darin ca. 2 Minuten anschwitzen und danach den Mais und den Spinat dazugeben. Mit Jodsalz, Pfeffer und Muskatnuß würzen und zugedeckt ca. 10 Minuten dünsten. Inzwischen das Olivenöl in einer beschichteten Pfanne erhitzen und aus dem Teig einen Pfannkuchen braten. Das Gemüse mit der sauren Sahne vermischen, auf die Hälfte des Pfannkuchens verteilen und diesen zusammenklappen.

## WASSERMANN-TAGES-MENUE 3

### NACH DEM AUFSTEHEN

bei ☺+☻ 20 ml Brennesselpreßsaft mit 150 ml Tomatensaft vermengen und vor dem Frühstück trinken.

bei ☻+☻ WASSERMANN-Mixgetränk (Seite 298–299)

### ERSTES FRÜHSTÜCK        TOMATENQUARK

Zutaten:
*125 g Magerquark*
*2-3 EL Dickmilch*
*1/2 Zwiebel (in kleine Würfel geschnitten)*
*1 Tomate (entkernt und in kleine Würfel geschnitten)*
*Jodsalz, weißer Pfeffer (frisch gemahlen)*
*1 TL Petersilie (fein gehackt)*

Zubereitung:
Den Magerquark mit der Dickmilch glattrühren.
Die Tomaten- und die Zwiebelwürfel unterheben, mit Jodsalz und Pfeffer würzen.
Die Petersilie über den Tomatenquark streuen.

bei ☺+☻ Dazu 1 Tasse Brennesseltee trinken.

### ZWEITES FRÜHSTÜCK

bei ☻+☻ WASSERMANN-Mixgetränk (Seite 298–299)

bei ☺+☻ KIWI-HÜTTENKÄSE

Zutaten:
*1 Kiwi (fein gewürfelt)*
*Saft von 1/2 Zitrone*

*Wassermann* 311

1 EL gehackte Walnüsse
75 g Hüttenkäse
1 Scheibe Vollkornknäcke

Zubereitung:
Die Kiwiwürfel mit dem Zitronensaft beträufeln und zusammen mit den gehackten Walnüssen unter den Hüttenkäse mischen.
Dazu eine Scheibe Vollkornknäcke essen.


VOR DEM MITTAGESSEN

bei ☺+☻ 10 ml Brennesselpreßsaft mit 150 ml Pfefferminztee vermengen und trinken.

bei ☻+☽ 1 Glas Mineralwasser


MITTAG SCHWEINEMEDAILLONS
IN PFLAUMENSAUCE

Zutaten:
40 g Trockenpflaumen, ohne Stein
50 ml Pflaumensaft
1/2 Vanilleschote
1 Zimtstange
Schweinefilet (ca. 130 g)
1 TL Honig (nach Wahl)
1 kleine Karotte (in feine Würfel geschnitten)
1/2 Apfel (in feine Würfel geschnitten)
1 Tomate (enthäutet, entkernt, fein gewürfelt)
1 EL Olivenöl
40 g saure Sahne
1 mittelgroße Kartoffel
*Jodsalz, weißer Pfeffer (frisch gemahlen)
Ingwerpulver*

Zubereitung:
Die Pflaumen am Vorabend in eine Schüssel geben und

den Saft darübergießen. Die Vanilleschote längs aufschneiden und zusammen mit der Zimtstange in die Flüssigkeit geben. Das Ganze zugedeckt ca. 12 Stunden einweichen lassen.
Das Schweinefilet in zwei gleichgroße Stücke schneiden. Die eingeweichten Pflaumen in der Marinade aufkochen und den Honig dazugeben.
Die Karottenwürfel und den halben Apfel in feine Würfel schneiden.
Die Tomate an der Unterseite kreuzweise einschneiden, in kochendes Wasser geben (ca. 5 Sekunden), im eiskalten Wasser abschrecken und die Haut abziehen. Die Tomate vierteln, entkernen und das Fruchtfleisch in feine Würfel schneiden.
Das Olivenöl in einer Pfanne erhitzen und die beiden Schweinefiletstücke von beiden Seiten hellbraun anbraten, danach aus der Pfanne nehmen. Die Karottenwürfel im Bratensatz anschwitzen und die Apfelwürfel kurz danach zugeben. Alles mit etwas Pflaumensaft ablöschen, das Fleisch dazugeben und es darin zugedeckt etwa 10 Minuten schmoren.
Die Kartoffel schälen und in kleine (ca. 1 cm) Würfel schneiden. Etwas Butter (1 TL) in einer Pfanne erhitzen und die Kartoffelwürfel darin knusprig braten.
Das Fleisch aus der Sauce herausnehmen und abgedeckt warmstellen. Den restlichen Pflaumensaft und die Pflaumen (ohne Vanille- und Zimtstange) zu den Karotten- und Apfelwürfel geben und in der Pfanne reduzieren.
Die saure Sahne und die Tomatenwürfel hinzufügen. und das Ganze salzen, pfeffern und mit Ingwerpulver abschmecken.
Das Fleisch auf einem flachen Teller anrichten, die Pflaumen rundherum legen und alles mit etwas Sauce bedecken. dazu die Röstkartoffelwürfel geben.

## NACHMITTAG

bei ●+☽ WASSERMANN-Mixgetränk (Seite 298–299)

bei ☺+🌑 1/2 APFEL und 1 BANANE

ABEND                    MEHRKORNBROT

Zutaten:
*2 Scheiben Mehrkornbrot*
*1 TL Butter*
*1 Scheibe Edamer*
*2 Scheiben Putenwurst*
*1 Tomate*
*1 Essiggurke*

Zubereitung:
Das Mehrkornbrot mit der Butter bestreichen. 1 Scheibe mit dem Käse, die andere Scheibe mit der Putenwurst belegen.
Die Tomate in Scheiben, die Essiggurke in dünne Streifen schneiden und zum garnieren verwenden.

## WASSERMANN-TAGES-MENUE 4

### NACH DEM AUFSTEHEN

bei ☺+☻ 20 ml Brennesselpreßsaft mit 150 ml Gemüsesaft vermengen und vor dem Frühstück trinken.

bei ☻+☻ WASSERMANN-Mixgetränk (Seite 298–299)

### ERSTES FRÜHSTÜCK        KIWI-CREME

Zutaten:
*100 g Magerquark*
*1 EL Magermilch*
*1 TL Honig (nach Wahl)*
*abgeriebene Schale von 1/2 Zitrone*
*1 Kiwi*

Zubereitung:
Den Quark mit der Milch, dem Honig und der Zitronenschale mischen und glattrühren.
Die Kiwi schälen, in kleine Würfel schneiden und unter die Quark-Creme heben.

bei ☺+☻ Dazu 1 Tasse Brennesseltee trinken.

### ZWEITES FRÜHSTÜCK

bei ☻+☻ WASSERMANN-Mixgetränk (Seite 298–299)

bei ☺+☻ **GEFÜLLTE TOMATEN**

Zutaten:
*2 Tomaten (mittelgroß)*
*Jodsalz, weißer Pfeffer, getrockneter Oregano*
*50 g Kräuterfrischkäse*

*Wassermann*

1 EL saure Sahne
1 TL Petersilie und Basilikum (frisch gehackt)
1/4 Zwiebel (fein gewürfelt)
1 Scheibe Vollkornknäcke

Zubereitung:
Die Tomaten waschen, abtrocknen und die Deckel abschneiden. Das Innere vorsichtig aushöhlen.
Die Tomaten innen mit Jodsalz, Pfeffer und dem zerrebelten Oregano würzen.
Den Frischkäse mit der sauren Sahne und den gehackten Kräutern mischen.
Die Zwiebelwürfel in die Käsecreme einrühren.
Die Tomaten mit der Käsecreme füllen und die Tomatendeckel wieder darauflegen.
Dazu 1 Scheibe Vollkornknäcke essen.


VOR DEM MITTAGESSEN

bei ☺+● 10 ml Brennesselpreßsaft mit 150 ml Fencheltee vermengen und trinken.

bei ●+☽ 1 Glas Mineralwasser


MITTAG                    KABELJAUFILET
                          IN PILZSAUCE

Zutaten:
1 Kabeljaufilet (ca. 130-150 g)
1 TL Zitronensaft
Jodsalz, weißer Pfeffer, Muskatnuß
1/2 Zwiebel (klein gewürfelt)
2 TL Olivenöl
1 EL trockener Weißwein
50 g Champignons (in Scheiben geschnitten)
1 Prise Kräutersalz
1 EL saure Sahne
1 TL Petersilie (frisch gehackt)

1 TL Dill (frisch gehackt)

Zubereitung:
Das Fischfilet waschen, trockentupfen, mit dem Zitronensaft beträufeln und mit dem Kräutersalz würzen.
1 TL Olivenöl in einer Pfanne erhitzen und die Zwiebelwürfel darin andünsten, den Fisch in die Pfanne geben, den Wein angießen und das Ganze 5 Minuten dünsten. Danach warm stellen.
1 TL Olivenöl in einer Pfanne erhitzen und die Champignons darin anbraten. Mit Muskat, Pfeffer und Jodsalz würzen, dann das Ganze über den Fisch geben.
Den Fond aus der Fischpfanne mit der sauren Sahne binden, kurz erhitzen (nicht mehr kochen) mit der Petersilie und dem Dill abschmecken und die Sauce über den Fisch und die Pilze geben.

## NACHMITTAG

bei ●+● WASSERMANN-Mixgetränk (Seite 298–299)

bei ☺+● GEFÜLLTE GRAPEFRUIT

Zutaten:
*1 rosafleischige Grapefruit*
*1 Mandarine*
*4 Erdbeeren*
*1 TL Honig (nach Wahl)*
*1 TL Walnußkerne (fein gehackt)*

Zubereitung:
Die Grapefruit halbieren, das Fruchtfleisch der einen Hälfte mit einem Messer aus der Schale lösen, in Spalten teilen und von der Haut befreien.
Die andere Hälfte auspressen und den Saft auffangen (in einer kleinen Glasschale).
Die Mandarine schälen, sorgfältig von den weißen Fäden befreien und in kleine Stücke schneiden.
Die Erdbeeren waschen, trockentupfen, von den Stiel-

enden befreien und vierteln.
Die Fruchtstücke mit dem Grapefruitsaft und Honig locker mischen und in die halbierte Grapefruitschale füllen.
Mit den gehackten Walnüssen bestreuen.

ABEND  PILZ-SPINAT
AUF MEHRKORNBROT

Zutaten:
*100 g Blattspinat (tiefgekühlt)*
*100 g Champignons oder Austernpilze*
*1/2 Karotte*
*2 TL Butter*
*Jodsalz, Pfeffer, Muskatnuß*
*1 EL saure Sahne*
*1 Scheibe Mehrkornbrot (ca. 30 g)*
*2 Scheiben Chesterkäse (Scheibletten)*

Zubereitung:
Den Spinat auftauen lassen.
Die Pilze waschen, trockentupfen und in 2-3 cm große Stücke schneiden.
Die halbe Karotte waschen, schälen und in feine Scheiben schneiden.
Den Backofen auf 200 Grad vorheizen.
Die Butter in einer Pfanne erhitzen und die Karottenscheiben darin anschwitzen. Die Pilze und den Spinat dazugeben, alles kurz dünsten und mit Jodsalz, Pfeffer und Muskat würzen. Danach die saure Sahne unterrühren.
Die Brotscheibe toasten, danach auf einen flachen Teller legen, das Pilzragout darauf verteilen und mit dem Chesterkäse belegen.
Den belegten Toast für ca. 5 Minuten auf der mittleren Schiene in den Backofen schieben.
Erwärmen bis der Käse geschmolzen ist.

## WASSERMANN-TAGES-MENUE 5

### NACH DEM AUFSTEHEN

bei ☺+● 20 ml Brennesselpreßsaft mit 150 ml Tomatensaft vermengen und vor dem Frühstück trinken.

bei ●+● WASSERMANN-Mixgetränk (Seite 298–299)

### ERSTES FRÜHSTÜCK      ERDBEER-CREME

Zutaten:
*100 g frische Erdbeeren*
*1 TL Honig (nach Wahl)*
*1/2 TL abgeriebene Zitronenschale*
*Mark aus 1/2 Vanilleschote (oder 1/2 TL Vanillezucker)*
*75 g Magerquark*
*1 TL gehackte Haselnüsse (oder Walnüsse)*

Zubereitung:
Die Erdbeeren waschen, abtrocknen und mit einer Gabel zerdrücken, mit Honig und Vanillemark (oder Vanillezucker) mischen.
Den Quark unter die Erdbeermasse ziehen. Die gehackten Nüsse darüberstreuen.

bei ☺+● Dazu 1 Tasse Brennesseltee trinken.

### ZWEITES FRÜHSTÜCK

bei ●+● WASSERMANN-Mixgetränk (Seite 298–299)

bei ☺+● FRUCHTSALAT

Zutaten:
*5 Erdbeeren (frisch)*

1 Scheibe Ananas (Konserve)
1 kleine Orange
3 getrocknete Aprikosen
1 TL Zitronensaft
1/2 TL abgeriebene Zitronenschale
2 TL Honig (nach Wahl)
3 EL Dickmilch
1 TL gehackte Haselnüsse (oder gehackte Walnüsse)

Zubereitung:
Die getrockneten Aprikosen über Nacht in etwas Wasser einweichen.
Die Erdbeeren waschen, abtrocknen und vierteln.
Die Ananasscheibe in kleine Würfel schneiden.
Die Orange schälen und komplett von der weißen Haut befreien, in Spalten teilen und zusammen mit den Aprikosen in kleine Würfel schneiden.
Die Dickmilch mit Honig und Zitronensaft verrühren und das Obst unterheben.
Mit den gehackten Nüssen bestreuen.


VOR DEM MITTAGESSEN

bei ☺+● 10 ml Brennesselpreßsaft mit 150 ml Pfefferminztee vermengen und trinken.

bei ●+☾ 1 Glas Mineralwasser


MITTAG                          MANDEL-HÄHNCHEN

Zutaten:
1 Hähnchenbrustfilet (ca. 130 g)
1 kleine Zucchini
1/2 Zitrone
1/2 cm Ingwerwurzel
1 Zweig Koriandergrün
1 EL Olivenöl
2 TL Tomatenmark

*70 ml Geflügelbrühe (Instantpulver)*
*30 g Mandelstifte*
*Jodsalz, Pfeffer, Cayennepfeffer, Currypulver*
*50 g Vollkornreis*

Zubereitung:
Das Fleisch waschen, trockentupfen und in ca. 2-3 cm große Stücke würfeln.
Die Zucchini waschen (nicht schälen) und in dünne Scheiben hobeln (ca. 2-3 mm Dick).
Eine Zitrone heiß abwaschen, trockenreiben und ca 1 TL Zitronenschale abreiben. Danach in zwei Hälften teilen und den Saft einer Hälfte auspressen.
Den Ingwer schälen, und sehr fein würfeln. Den Koriander waschen, trockentupfen und fein hacken.
Das Olivenöl in einer Pfanne erhitzen und die Fleischwürfel darin von allen Seiten goldbraun anbraten.
In der Zwischenzeit den Vollkornreis in ausreichend Wasser ansetzen.
Das Tomatenmark zu dem Fleisch geben und mit anschwitzen. Danach alle restlichen Zutaten (außer dem gehackten Koriandergrün) hinzugeben.
Alles ca. 5-7 Minuten köcheln lassen, bis alle Zutaten gar sind. Öfter umrühren, mit Jodsalz, Pfeffer und Cayennepfeffer würzen.
Das Mandel-Hähnchen und den Vollkornreis auf einem Teller anrichten und mit dem gehackten Koriandergrün bestreuen.

NACHMITTAG

bei ●+● WASSERMANN-Mixgetränk (Seite 298–299)

bei ☻+● 1/2 AVOCADO und 1 KIWI

Zubereitung:
Die Avocado halbieren (der Länge nach), schälen und in dünne Scheiben schneiden.
Die Kiwi schälen und in dünne Scheiben schneiden. Alles

auf einem flachen Teller verteilen und mit frisch gemahlenem schwarzen Pfeffer bestreuen.

ABEND  MOZZARELLA-TOAST

Zutaten:
*40 g kleine Champignons*
*100 g Mozzarella*
*2 Tomaten*
*2 Scheiben Vollkorntoast*
*2 TL Butter*
*1/2 Bund Basilikum*
*Jodsalz, Pfeffer*

Zubereitung:
Den Backofen auf ca. 200 Grad vorheizen.
Die Champignons waschen, putzen und in dünne Scheiben schneiden.
Die Tomaten waschen und in Scheiben schneiden.
Den Mozzarella in dünne Scheiben schneiden.
Das Vollkorntoast toasten und dünn mit Butter bestreichen.
Die Tomatenscheiben auf dem Toast verteilen, die Champignonscheiben auf den Tomaten verteilen und mit Jodsalz und Pfeffer würzen.
Das Basilikum waschen, trockentupfen (4 große Blätter beiseite legen) und fein schneiden.
Das feingeschnittene Basilikum auf die Champignons streuen und das Ganze mit den Mozzarellascheiben bedecken.
Die Toast`s im Backofen ca. 6-7 Minuten überbacken (mittlere Schiene).
Auf einem flachen Teller servieren und mit je zwei Basilikumblätter garnieren.

## WASSERMANN-TAGES-MENUE 6

### NACH DEM AUFSTEHEN

bei ☺+🌑 20 ml Brennesselpreßsaft mit 150 ml Gemüsesaft vermengen und vor dem Frühstück trinken.

bei ●+◐ WASSERMANN-Mixgetränk (Seite 298–299)

### ERSTES FRÜHSTÜCK          AVOCADO-QUARK

Zutaten:
1/2 Avocado
1 TL Honig (nach Wahl)
75 g Magerquark
2 EL Dickmilch

Zubereitung:
Die halbe Avocado schälen, in Scheiben, danach in Streifen und dann in kleine Würfel schneiden. Quark, Honig und Dickmilch vermengen und glattrühren. Die Avocadowürfel unterheben.

bei ☺+🌑 Dazu 1 Tasse Brennesseltee trinken.

### ZWEITES FRÜHSTÜCK

bei ●+◐ WASSERMANN-Mixgetränk (Seite 298–299)

bei ☺+🌑 MEHRKORNBROT MIT FRUCHTAUFSTRICH

Zutaten:
3 getrocknete Datteln
2 getrocknete Aprikosen
2 Trockenpflaumen (ohne Stein)
2 TL Rosinen

*Wassermann*

50 ml Orangensaft
Mark aus 1/2 Vanillestange
1 Prise Zimtpulver
2 TL Butter
2 EL Magerquark
2 Scheiben Mehrkornbrot

Zubereitung:
Die Trockenfrüchte gegebenenfalls entkernen, fein würfeln und ca. 3 Stunden im Orangensaft einweichen.
Die eingeweichten Früchte im Mixer (oder mit dem Pürierstab) fein pürieren.
Das Vanillemark und eine Prise Zimtpulver (nach Geschmack) unter das Früchtepüree rühren.
Die Mehrkornbrotscheiben mit Butter und Quark bestreichen. Danach das Früchtepüree auf dem Quark verteilen.


VOR DEM MITTAGESSEN

bei ☺+● 10 ml Brennesselpreßsaft mit 150 ml Fencheltee vermengen und trinken.

bei ●+● 1 Glas Mineralwasser


MITTAG                          SPINATSALAT
                                MIT NÜSSEN

Zutaten:
150 g frischen Blattspinat
1/2 Petersilienwurzel
1 EL Olivenöl
1 Zweig Minze
2 EL Magerjoghurt
Jodsalz, Pfeffer
2 TL gehackte Walnüsse
2 TL gehackte Haselnüsse
2 Scheiben Vollkornknäcke

Zubereitung:
Den Blattspinat gründlich waschen, abtropfen lassen, entstielen und grob hacken.
Die Petersilienwurzel waschen, schälen und in feine Würfel schneiden.
Das Olivenöl in einer Pfanne mit Deckel erhitzen, die Petersilienwurzelstückchen darin kurz anschwitzen.
Den Spinat dazugeben, in der geschlossenen Pfanne bei schwacher Hitze ca. 6 Minuten dünsten.
Die Spinatmischung etwa 30 Minuten abkühlen lassen.
In der Zwischenzeit die Minze waschen und trockentupfen. Die Blätter vom Stiel zupfen und fein hacken. Die feingehackte Minze mit dem Joghurt, dem Jodsalz und dem Pfeffer verrühren.
Die gehackten Nüsse in einer Pfanne (ohne Fett) anrösten.
Das abgekühlte Spinatgemüse mit der Joghurtsauce mischen und mit den gehackten Nüssen bestreuen.
Dazu 2 Scheiben Vollkornknäcke essen.


**NACHMITTAG**

bei ●+● WASSERMANN-Mixgetränk (Seite 298–299)

bei ☺+● ANANAS-QUARK

Zutaten:
*1 Ring Ananas (Konserve)*
*75 g Magerquark*
*2 EL Dickmilch*
*1 TL Honig (nach Wahl)*

Zubereitung:
Den Ananasring in kleine Würfel schneiden.
Den Magerquark mit dem Honig und der Dickmilch vermengen und glattrühren.
Die Ananaswürfel unter den Quark heben.

ABEND            MEHRKORNBROT

Zutaten:
*2 Scheiben Mehrkornbrot*
*2 TL Butter*
*2 Scheiben Putenwurst*
*1 Scheibe Edamer*
*1 Tomate*
*Jodsalz, Pfeffer*

Zubereitung:
Das Brot mit der Butter bestreichen.
Auf eine Brotscheibe die Putenwurst verteilen, auf die andere Brotscheibe den Käse legen.
Die Tomate in Scheiben schneiden und damit die Brotscheiben garnieren. Mit Jodsalz und Pfeffer nach Geschmack würzen.

# FISCHE

Heute sollten Sie mindestens ein Bekleidungsstück in gelber Farbe tragen.

Die empfohlenen Speisen und Getränke helfen heute der Aura und dem Lymphsystem.

KRANKHEITSDISPOSITIONEN

*fiebrige Erkrankungen, Allergien und Heuschnupfen.*

## GETRÄNKE BEI ☻+☻ IM STERNZEICHEN FISCHE

### STABILO

Zutaten: 6 Karotten
5 Grünkohlblätter
1/2 Bund Petersilie
1/2 Apfel

Zubereitung: Gemüse und Obst waschen, die Karotten und den Apfel nicht schälen. In der Reihenfolge Karotten, Grünkohl, Petersilie, Apfel in den Entsafter geben.

### ALCATRAZ

Zutaten: 4 Karotten
2 Stangen Staudensellerie
eine Handvoll Blattspinat
1/2 Bund Petersilie

Zubereitung: Das Gemüse waschen, die Karotten nicht schälen. In der Reihenfolge Karotten, Blattspinat, Petersilie, Staudensellerie in den Entsafter geben.

### STABILO II

Zutaten: 4 Karotten
5 Broccoliröschen mit Stielen
1/2 Apfel

Zubereitung: Gemüse und Obst waschen, die Karotten und den Apfel nicht schälen. In der Reihenfolge Karotten, Broccoli, Apfel in den Entsafter geben.

### BASIC INSTINCT

Zutaten: *3 Mandarinen*
*1 dicke Ananasscheibe (ca. 3 cm)*
*150 g rote Weintrauben*

Zubereitung: Das Obst waschen, die Mandarinen nicht schälen. In der Reihenfolge Mandarinen, Weintrauben, Ananas in den Entsafter geben.

### KRALLE

Zutaten: *6 Karotten*
*1/2 Pastinake*

Zubereitung: Das Gemüse waschen, nicht schälen. In der Karotten, Pastinake, Karotten in den Entsafter geben.

### KRATZER

Zutaten: *1 Salatgurke*
*4 Karotten*
*3 Weißkohlblätter*
*1/2 grüne Paprikaschote*

Zubereitung: Das Gemüse waschen, nicht schälen. In der Reihenfolge Salatgurke, Weißkohlblätter, Paprikaschote, Karotten

*Fische* 329

in den Entsafter geben.

## NAIL UP

Zutaten:
*3 Karotten*
*1 Salatgurke*
*1/2 Rote Bete mit Blattgrün*

Zubereitung: Das Gemüse waschen, nicht schälen. In der Reihenfolge Salatgurke, Rote Bete, Karotten in den Entsafter geben.

## Empfohlene Lebensmittel
im Sternzeichen **Fische**


FLEISCH        Schwein


FISCH          Aal, Hecht, Hering, Kabeljau, Lachs,
               Rotbarsch, Sardelle, Sardine,
               Thunfisch, Tintenfisch, Zander


GEMÜSE         Aubergine, Austernpilz, Avocado,
               Champignon, Chinakohl,
               Eichblattsalat, Eisbergsalat,
               Endiviensalat, Feldsalat, Karotte,
               Kartoffel, Knoblauch, Kürbis, Lollo
               Rosso, Löwenzahn, Mangold,
               Paprikaschote, Pfifferling,
               Radieschen, Rosenkohl, Rotkohl,
               Rucola, Salatgurke, Schalotte,
               Sellerie, Shiitakepilz, Steinpilz,
               Tomate, Weißkohl, Zucchini, Zwiebel


OBST           Ananas, Apfel, Banane, Birne,
               Brombeere, Erdbeere, Grapefruit,
               Himbeere, Johannisbeere,
               Kaktusfeige, Kiwi, Kumquat,
               Limette, Mango, Melone, Orange,
               Pflaume, Pitahaya, Weintraube,
               Zitrone

MILCHPRODUKTE Butter, Butterkäse, Buttermilch, Camembert, Creme fraiche, Edamer, Gouda, Hüttenkäse, Limburger, Magermilch, Magerquark, Naturjoghurt, Sahne, Schmand, Tilsiter

KRÄUTER Beifuß, Kresse, Majoran, Oregano, Petersilie, Salbei, Schnittlauch

GEWÜRZE Ingwer, Jodsalz, Kräutersalz, Muskat, Pfeffer, Senf, Sojasauce, Vanille

GETRÄNKE Apfelsaft, Grapefruitsaft, Grüner Tee, Karottensaft, Orangensaft, Pflaumensaft, Selleriesaft, Sherry, Tomatensaft, Traubensaft, Weißwein

SONSTIGES Alge, Balsamico, Ei, Haselnuß, Hirse, Honig, Langkornreis, Mandel, Mehrkornbrot, Naturreis, Olivenöl, Rundkornreis, Vollkornbrot, Vollkornhaferflocken, Vollkornknäcke, Walnuß

## FISCHE-TAGES-MENUE 1

### NACH DEM AUFSTEHEN

bei ☺+● 20 ml Brennesselpreßsaft mit 150 ml Multi-Vitamin-Fruchtsaft vermengen und vor dem Frühstück trinken.

bei ●+● FISCHE-Mixgetränk (Seite 327–329)


### ERSTES FRÜHSTÜCK        BANANENMÜSLI

Zutaten:
4 EL Vollkornhaferflocken
150 g Naturjoghurt
1/2 Banane (gewürfelt)

Zubereitung:
Vollkornhaferflocken und Naturjoghurt miteinander vermengen, gewürfelte Banane unterheben.

bei ☺+● Dazu 1 Tasse Brennesseltee trinken.


### ZWEITES FRÜHSTÜCK

bei ●+● FISCHE-Mixgetränk (Seite 327–329)

bei ☺+● OBSTSALAT

Zutaten:
50 g Himbeeren (tiefgekühlt)
1 Kiwi (gewürfelt)
1/2 Orange (gewürfelt, Saft dabei auffangen)
1/2 Banane (gewürfelt)
2 EL Orangensaft (ungesüßte Handelsware)
1 TL Zitronensaft

*Fische*

1 TL Mandelblättchen

Zubereitung:
Vorbereitetes Obst vorsichtig miteinander vermischen. Mit Orangen- und Zitronensaft begießen. Mandelblättchen in einer Pfanne ohne Fett goldbraun rösten und über den Obstsalat geben.


VOR DEM MITTAGESSEN

bei ☺+● 10 ml Brennesselpreßsaft mit 150 ml Pfefferminztee vermengen und trinken.

bei ●+☾ 1 Glas Mineralwasser


MITTAG                    GEFÜLLTER
                          ROTBARSCH
                          MIT KRÄUTERREIS

Zutaten:
150 g Rotbarschfilet
1 EL Zitronensaft
*Jodsalz, Pfeffer, Muskatnuß, Ingwer (gemahlen)*
1 EL Zwiebeln (gewürfelt)
1 EL Möhren (gewürfelt)
1 EL Sellerie (gewürfelt)
3 EL Brennesselblätter (fein gehackt)
1 TL Butter
1 EL Semmelbrösel
1 TL Creme fraiche
1 TL Sojasauce
1 EL Petersilie (fein gehackt)
100 ml Gemüsebrühe
1 Bratschlauch
40 g Vollkornreis (Rohgewicht)

Zubereitung:
Fischfilet säubern, säuern und salzen, Butter zerlassen, Gemüse darin andünsten. Semmelbrösel, Creme fraiche, Sojasauce, 2 EL Brennesselblätter und Petersilie zugeben. Mit Salz, Pfeffer, Ingwer und Muskatnuß abschmecken. Das Fischfilet mit der Masse bestreichen, aufrollen sodaß die Streichmasse sich auf der Innenseite der Rolle befindet und mit einem Holzspieß feststecken. Die Fischrolle in den Bratschlauch geben, Gemüsebrühe dazugeben und den Schlauch mit einer Gabel auf der Oberseite einstechen. Im Backofen bei 180 Grad ca. 35 Minuten garen.
Inzwischen den Reis in Salzwasser ca. 20 Minuten garen, anschließend mit 1 EL Brennesselblätter vermengen.

NACHMITTAG

bei ●+● FISCHE-Mixgetränk (Seite 327–329)

bei ☺+● 1 APFEL und 2 ZWIEBACK

ABEND                    KÜRBIS-
                         GURKEN-SALAT

Zutaten:
*250 g Salatgurke (halbiert, entkernt, in Stücke geschnitten)*
*150 g Kürbis (süßsauer eingelegt)*
*1 EL Weinessig*
*2 EL Wasser*
*1 EL Orangensaft*
*1 TL Olivenöl*
*Jodsalz, Pfeffer*

Zubereitung:
Kürbis- und Gurkenstücke in einer Schüssel vermengen. Aus Weinessig, Wasser, Orangensaft und den Gewürzen eine Marinade herstellen, über den Salat geben.
Dazu eine Scheibe Mehrkornbrot essen.

Fische

## FISCHE-TAGES-MENUE 2

### NACH DEM AUFSTEHEN

bei ☺+☽ 20 ml Brennesselpreßsaft mit 150 ml Multi-Vitamin-Fruchtsaft vermengen und vor dem Frühstück trinken.

bei ☹+☽ FISCHE-Mixgetränk (Seite 327–329)

### ERSTES FRÜHSTÜCK          VOLLKORNBROT

Zutaten:
*1 Scheibe Vollkornbrot*
*1 TL Butter*
*1 Scheibe Gouda*
*1/2 Grapefruit*

bei ☺+☽ Dazu 1 Tasse Brennesseltee trinken.

### ZWEITES FRÜHSTÜCK

bei ☹+☽ FISCHE-Mixgetränk (Seite 327–329)

bei ☺+☽ 2 KIWI und 2 ZWIEBACK

### VOR DEM MITTAGESSEN

bei ☺+☽ 10 ml Brennesselpreßsaft mit 150 ml Pfefferminztee vermengen und trinken.

bei ☹+☽ 1 Glas Mineralwasser

MITTAG

## GEFÜLLTER PFANNKUCHEN MIT EICHBLATTSALAT

Zutaten:
*1 Ei*
*2 EL Mehl*
*2-3 EL Mineralwasser*
*Jodsalz, Pfeffer*
*2 TL Olivenöl*
*100 g Brennesselblätter (grob gehackt)*
*100 g Champignons (in feine Scheiben geschnitten)*
*1 TL Butter*
*1 EL Creme fraiche (40% Fett)*
*1 EL Schnittlauch (in Röllchen geschnitten)*
*1 EL Weinessig*
*2 EL Wasser, 1/2 TL Senf*
*1 EL Petersilie (fein gehackt)*
*1/4 Eichblattsalat (zerpflückt)*

Zubereitung:
Ei verquirlen, Mehl und Salz unterrühren. Mineralwasser unterschlagen, bis ein dünner Teig entsteht. 1 TL Olivenöl erhitzen, einen Pfannkuchen ausbacken und warmstellen. Die grob gehackten Brennesselblätter und die Champignons in Butter andünsten, bis die Flüssigkeit verdampft ist. Die Creme fraiche unterheben, würzen und den Schnittlauch zufügen.
Die fertige Masse in den warmgestellten Pfannkuchen füllen und umklappen.
Aus 1 TL Olivenöl, Weinessig, Wasser, Senf, Petersilie, Salz und Pfeffer eine Marinade herstellen. Den zerpflückten Eichblattsalat in eine Schüssel geben und die Marinade unterheben.

NACHMITTAG

bei ●+● FISCHE-Mixgetränk (Seite 327–329)

*Fische*

bei ☺+🌑 1 ORANGE

ABEND AUBERGINEN-
TOMATEN-SALAT

Zutaten:
*1 Aubergine (mittelgroß)*
*2 Tomaten (enthäutet, gewürfelt)*
*1 Knoblauchzehe (durchgepreßt)*
*1 EL Petersilie (fein gehackt)*
*Jodsalz, Pfeffer*
*2 EL Olivenöl*

Zubereitung:
Aubergine im Backofen bei 200 Grad ca. 30 Minuten garen, halbieren, Fruchtfleisch mit einem Eßlöffel von der Schale lösen, herausnehmen und grob zerkleinern. Die Schale nicht beschädigen und beiseitestellen. Das Auberginenmus mit Tomaten, Knoblauch und Petersilie mischen. Mit Salz, Pfeffer und Olivenöl abschmecken. Den Salat in der Auberginenschale anrichten.

Dazu:
*1 Scheibe Vollkornbrot*
*1 TL Butter*

## FISCHE-TAGES-MENUE 3

### NACH DEM AUFSTEHEN

bei ☺+☽ 20 ml Brennesselpreßsaft mit 150 ml Multi-Vitamin-Fruchtsaft vermengen und vor dem Frühstück trinken.

bei ●+☽ FISCHE-Mixgetränk (Seite 327–329)

### ERSTES FRÜHSTÜCK    VOLLKORNBRÖTCHEN

Zutaten:
1 Vollkornbrötchen
2 TL Creme fraiche
2 TL Konfitüre (nach Wahl)
1 TL Butter
30 g Camembert

Zubereitung:
Vollkornbrötchen halbieren. Eine Hälfte mit Creme fraiche und Konfitüre bestreichen. Die zweite Hälfte mit der Butter bestreichen und mit dem Camembert belegen.

bei ☺+☽ Dazu 1 Tasse Brennesseltee trinken.

### ZWEITES FRÜHSTÜCK

bei ●+☽ FISCHE-Mixgetränk (Seite 327–329)

bei ☺+☽ 1 BIRNE

### VOR DEM MITTAGESSEN

bei ☺+☽ 10 ml Brennesselpreßsaft mit 150 ml Pfefferminztee vermengen und trinken.

bei ●+☽ 1 Glas Mineralwasser

MITTAG AUSTERNPILZ-
OMELETTE

Zutaten:
1/2 Zwiebel (gewürfelt)
2 EL Olivenöl
200 g Austernpilze (in Streifen geschnitten)
1/2 Knoblauchzehe (durchgepreßt)
Jodsalz, Pfeffer
4 EL junge Brennesselblätter (fein geschnitten)
1 Ei (verquirlt)
1/2 Eisbergsalat (zerpflückt)
2 EL Weinessig,
2 EL Wasser
1 TL Senf

Zubereitung:
Die Zwiebelwürfel in 1 EL Olivenöl andünsten, Austernpilze zugeben, bei mittlerer Hitze ca. 10 Minuten andünsten, mit Knoblauch und Gewürzen abschmecken.
Brennesselblätter mit dem verquirlten Ei vermengen, über die Austernpilze gießen, bei schwacher Hitze stocken lassen.
Das Omelette nach ca. 6 Minuten umdrehen und fertig braten.
Eisbergsalat in eine Schüssel geben, aus dem restlichen EL Olivenöl und den restlichen Zutaten eine Marinade rühren, mit Salz und Pfeffer würzen, über den Salat geben.

NACHMITTAG

bei ●+☽ FISCHE-Mixgetränk (Seite 327–329)

bei ☺+● 250 g WEINTRAUBEN

ABEND  GEMÜSE-CARPACCIO

Zutaten:
1 TL Speisestärke
etwas kaltes Wasser
200 ml Tomatensaft
Jodsalz, Pfeffer, Zitronensaft aus 1/2 Zitrone
1 Zucchini (in dünne Scheiben geschnitten)
2 Tomaten (in dünne Scheiben geschnitten)
8 Radieschen (in dünne Stifte geschnitten)
2 EL Olivenöl
2 EL Weinessig
1 Kästchen Kresse (geschnitten)

Zubereitung:
Das Stärkemehl mit Wasser glattrühren, Tomatensaft aufkochen und mit dem Stärkemehl binden. Mit Salz, Pfeffer sowie Zitronensaft abschmecken, auf einen Teller oder eine Platte gießen.
Vorbereitetes Gemüse darauf kreisförmig anrichten.
Das Carpaccio mit Olivenöl und Weinessig beträufeln, mit der geschnittenen Kresse bestreuen.

Dazu:
2 Scheibe Vollkornbrot
2 TL Butter

*Fische*

## FISCHE-TAGES-MENUE 4

### NACH DEM AUFSTEHEN

bei ☺+☽ 20 ml Brennesselpreßsaft mit 150 ml Multi-Vitamin-Fruchtsaft vermengen und vor dem Frühstück trinken.

bei ●+☾ FISCHE-Mixgetränk (Seite 327–329)

### ERSTES FRÜHSTÜCK    VOLLKORNBROT

Zutaten:
*1 Scheibe Vollkornbrot*
*1 TL Butter*
*1 Scheibe Edamer*
*1/4 rote Paprikaschote (in Streifen geschnitten)*

Zubereitung:
Vollkornbrot mit der Butter bestreichen und mit Edamer belegen. Mit den Paprikastreifen garnieren.

bei ☺+☽ Dazu 1 Tasse Brennesseltee trinken.

### ZWEITES FRÜHSTÜCK

bei ●+☾ FISCHE-Mixgetränk (Seite 327–329)

bei ☺+☽ HIMBEERMILCH

Zutaten:
*150 g Himbeeren (tiefgekühlt)*
*250 ml Buttermilch*

Zubereitung:
Himbeeren im Mixer oder mit dem Pürierstab pürieren,

mit der Buttermilch auffüllen und nochmals verquirlen.

## VOR DEM MITTAGESSEN

bei ☺+🌑 10 ml Brennesselpreßsaft mit 150 ml Melissentee vermengen und trinken.

bei 🌑+🌘 1 Glas Mineralwasser

MITTAG                     CHAMPIGNONS
                           MIT BRENNESSEL-
                           FÜLLUNG UND REIS

Zutaten:
*8 große Champignons (frische Ware)*
*4 EL junge Brennesselblätter*
*1/2 Bund Petersilie (fein gehackt)*
*1 Schalotte (fein gehackt)*
*1 TL Butter*
*Jodsalz, Oregano*
*Pfeffer (schwarz, frisch gemahlen)*
*30 ml süße Sahne*
*1 Ei*
*50 ml Gemüsebrühe*
*30 g Vollkornreis (Rohgewicht)*

Zubereitung:
Die Champignons putzen (trocken), entstielen und 5 Stück mit der Höhlung nach oben in eine eingefettete Auflaufform geben. Die restlichen Champignons, Champignonstiele, Brennesselblätter und Petersilie grob hacken und mit der fein gehackten Schalotte in einer Pfanne mit Butter andünsten. Mit Salz, Pfeffer und Oregano würzen. Die Masse nur kurz dünsten lassen und dann von der Kochstelle nehmen.
Süße Sahne und 1 Ei unter die Masse ziehen und die vorbereiteten Champignonköpfe damit füllen. Gemüsebrühe in die Auflaufform geben, mit Alufolie abdecken.

Fische

Im Backofen bei 220 Grad ca. 20 Minuten garen.
Den Vollkornreis in der Zwischenzeit, in leicht gesalzenem Wasser, ca. 20-25 Minuten garen.

NACHMITTAG

bei ●+● FISCHE-Mixgetränk (Seite 327–329)

bei ☺+● 1 BIRNE

ABEND                          LOLLO ROSSO-SALAT
                               MIT AVOCADO

Zutaten:
100 g Lollo rosso (zerpflückt)
2 Tomaten (halbiert, in Scheiben geschnitten)
100 g Champignons (in dünne Scheiben geschnitten)
1/2 Avocado (geschält, entkernt
und in dünne Scheiben geschnitten)
1 Zwiebel (gewürfelt)
2 EL Petersilie (fein gehackt)
1 TL Senf (scharf)
2 EL Weinessig
3 EL Wasser
1 TL Olivenöl
Jodsalz, Pfeffer (weiß)

Zubereitung:
Lollo rosso, Tomaten, Champignons, Avocado und Zwiebel in einer Schüssel vermengen. Aus Petersilie, Senf, Weinessig, Wasser, OLivenöl, Salz und Pfeffer eine Marinade herstellen, über den Salat geben und unterheben.

Dazu:
1 Vollkornbrötchen
1 TL Butter

## FISCHE-TAGES-MENUE 5

### NACH DEM AUFSTEHEN

bei ☺+☻ 20 ml Brennesselpreßsaft mit 150 ml Gemüsesaft vermengen und vor dem Frühstück trinken.

bei ●+◐ FISCHE-Mixgetränk (Seite 327–329)

### ERSTES FRÜHSTÜCK     APFEL-HÜTTENKÄSE

Zutaten:
*1/2 Apfel*
*50 g Hüttenkäse*
*1 EL Vollkornhaferflocken*
*1 TL Honig (nach Wahl)*
*1 TL Zitronensaft*
*1 EL gehackte Walnüsse*

Zubereitung:
Den halben Apfel schälen, vom Kerngehäuse befreien und in kleine Würfel schneiden. Die Apfelwürfel in eine kleine Schale geben, Haferflocken, Hüttenkäse, Honig und den Zitronensaft hineingeben und alles gut untermischen.
Mit gehackten Walnüssen bestreuen.

bei ☺+☻ Dazu 1 Tasse Brennesseltee trinken

### ZWEITES FRÜHSTÜCK

bei ●+◐ FISCHE-Mixgetränk (Seite 327–329)

bei ☺+☻ KAROTTENSALAT MIT APFEL

Fische

Zutaten:
2 Karotten
1/2 Apfel
2 EL Saure Sahne
1 TL Zitronensaft
1 EL Olivenöl
etwas frischer Kerbel oder Petersilie

Zubereitung:
Die Karotten waschen und zusammen mit dem ungeschälten Apfel raspeln, beides gut vermischen.
Das Olivenöl mit der sauren Sahne und dem Zitronensaft glattrühren, über die Karotten- Apfelraspel geben und gut unterheben.
Mit gehacktem Kerbel oder gehackter Petersilie bestreuen.


VOR DEM MITTAGESSEN

bei ☺+◐ 10 ml Brennesselpreßsaft mit 150 ml Fencheltee vermengen und trinken.

bei ●+◐ 1 Glas Mineralwasser


MITTAG                      ZUCCHINI-PFANNE
                            MIT NATURREIS

Zutaten:
1 kleine Zucchini
70 g Naturreis
1 kleine Zwiebel
1 Knoblauchzehe
1 EL Olivenöl
1 EL Tomatenmark
Jodsalz, weißer Pfeffer (frisch gemahlen)
1 TL Oregano (getrocknet)

Zubereitung:
Zwiebel und Knoblauch schälen, beides fein würfeln. Die Zucchini waschen, abtrocknen und grob raspeln.
Die Hälfte des Olivenöls in einer Pfanne erhitzen, die Zwiebelwürfel und den Knoblauch darin glasig dünsten.
In der Zwischenzeit den Naturreis in reichlich Salzwasser garen.
Zucchini zu den Zwiebeln geben und kurz mitdünsten, die Pfanne von der Kochstelle nehmen und die Gemüsemischung mit Salz, Pfeffer und Oregano würzen. Das Tomatenmark unterrühren. Auf einem flachen Teller mit dem abgegossenen Naturreis anrichten.


NACHMITTAG

bei ●+● FISCHE-Mixgetränk (Seite 327–329)

bei ☺+● 1/2 BIRNE und 1 KIWI


ABEND                    MEHRKORNBROT

Zutaten:
*2 Scheiben Mehrkornbrot*
*1 Scheibe Edamer*
*1 Tomate*
*2 TL Butter*
*1 Gewürzgurke*
*Jodsalz, weißer Pfeffer (frisch gemahlen)*

Zubereitung:
Die Brotscheiben mit der Butter bestreichen. Die Tomate waschen, trocknen und in Scheiben schneiden. Die Gewürzgurke abtropfen lassen, längs in Scheiben schneiden.
Eine Brotscheibe mit dem Edamer belegen und mit Gurkenscheiben garnieren. Die andere Brotscheibe mit den Tomatenscheiben belegen, mit Salz und Pfeffer würzen

## FISCHE-TAGES-MENUE 6

### NACH DEM AUFSTEHEN

bei ☺+☽ 20 ml Brennesselpreßsaft mit 150 ml Karottensaft vermengen und vor dem Frühstück trinken.

bei ●+☽ FISCHE-Mixgetränk (Seite 327–329)

### ERSTES FRÜHSTÜCK     KIWI-BANANEN-MÜSLI

Zutaten:
*1 Kiwi*
*1/2 Banane*
*1/4 L Magermilch*
*2 EL Vollkornhaferflocken*
*1 TL Vanillezucker*

Zubereitung:
Kiwi und Banane schälen, in mundgerechte Stücke schneiden, danach in eine Müsli-Schale geben. Mit Vanillezucker und Haferflocken bestreuen und anschließend die Milch zugeben.

bei ☺+☽ Dazu 1 Tasse Brennesseltee trinken

### ZWEITES FRÜHSTÜCK

bei ●+☽ FISCHE-Mixgetränk (Seite 327–329)

bei ☺+☽ ZWIEBACK MIT BANANE

Zutaten:
*4 Stück Zwieback*
*150 ml Magermilch*
*abgeriebene Zitronenschale von 1/2 Zitrone*

1 Banane
1/2 Orange
1 TL Honig (nach Wahl)
1 EL gehackte Nüsse nach Wahl

Zubereitung:
Zwieback zerbröckeln, mit Milch und Zitronenabrieb aufkochen und zugedeckt bei kleiner Hitze ca. 5 Minuten köcheln lassen. Den Topf von der Kochstelle nehmen. Banane schälen und in Scheiben schneiden. Orange auspressen, den Saft mit den Bananenscheiben, Honig und den gehackten Nüssen unter den Zwiebackbrei mischen.

VOR DEM MITTAGESSEN

bei ☺+☻ 10 ml Brennesselpreßsaft mit 150 ml Salbeitee vermengen und trinken.

bei ☻+☻ 1 Glas Mineralwasser

MITTAG  GEGRILLTES LACHSSTEAK AUF MANGO

Zutaten:
1 Lachssteak (frisch od.. tiefgefroren)
1 mittelgroße Zwiebel
1 EL Zitronensaft
2 EL Olivenöl
20 g Knoblauchbutter
2 mittelgroße Kartoffeln
1/2 Mango
1 EL heller Balsamico
1 EL gehackte Petersilie
Jodsalz, weißer und schwarzer Pfeffer (frisch gemahlen)

*Fische*

## Zubereitung:
Das Lachssteak salzen und pfeffern (weißer Pfeffer). Die Zwiebel schälen und in dünne Scheiben schneiden, einen tiefen Teller mit Zwiebelscheiben auslegen, darauf den Fisch legen. Restliche Zwiebelscheiben darauf verteilen. Zitronensaft mit Olivenöl vermischen, über den Fisch geben. Den Lachs ca. 30 Minuten marinieren lassen.
In der Zwischenzeit eine halbe Mango schälen, in ca. 5mm dicke Scheiben und dann in schmale Streifen schneiden. In eine Schüssel geben, mit frisch gemahlenem schwarzen Pfeffer bestreuen und mit dem Balsamico beträufeln.
Kartoffeln schälen und anschließend kochen.
Das Lachssteak in eine geölte Grillpfanne legen und auf beiden Seiten ca. 6 Minuten grillen.
Die Salzkartoffeln mit gehackter Petersilie bestreuen und zusammen mit den Mangostreifen auf einem flachen Teller anrichten. das Lachssteak darauf legen. Die Knoblauchbutter in Scheiben schneiden und auf den Lachs geben.


## NACHMITTAG

bei ●+● FISCHE-Mixgetränk (Seite 327–329)

bei ☺+● 1/2 MANGO in Scheiben schneiden und mit frisch gemahlenem schwarzen Pfeffer bestreuen.


ABEND  AUSTERNPILZE
MIT FELDSALAT

## Zutaten:
*100 g Austernpilze*
*100 g Feldsalat*
*2 EL Olivenöl*
*1 EL dunkler Balsamico*
*1 Bund Schnittlauch*

*1 TL Tafelsenf
Jodsalz, weißer Pfeffer (frisch gemahlen)*

**Zubereitung:**
Die Austernpilze reinigen und in mundgerechte Stücke schneiden. In einer Pfanne mit 1 EL erhitztem Olivenöl braten. Wenig salzen und pfeffern.
In der Zwischenzeit den Feldsalat verlesen und waschen, danach in einem Tuch vorsichtig trocken tupfen.
In einer kleiner Schüssel 1 EL Olivenöl, Senf und Balsamico vermischen, den Feldsalat dazugeben und mit Salz und Pfeffer würzen.
Die Austernpilze und den Feldsalat auf einem Teller anrichten, den
Schnittlauch in feine Röllchen schneiden und darüber streuen.

# Gesünder würzen ohne Salz

»Mit Hilfe dieser Würztabelle lassen sich
Speisen auch ohne Salz pikant
und schmackhaft zubereiten«

## FLEISCH

| | |
|---|---|
| Schwein | Paprika • Majoran • Rosmarin • Thymian • Oregano • Salbei • Curry • Basilikum • Knoblauch |
| Rind | Petersilie • Zwiebel • Lorbeerblatt • Majoran • Curry• Basilikum |
| Leber | Zwiebel • Paprika • Thymian • Oregano |
| Niere | Pfeffer • Zwiebel • Lorbeerblatt • Rosmarin • Curry• Knoblauch |
| Hammel | Pfeffer • Bohnenkraut • Majoran • Rosmarin • Salbei • Thymian • Oregano • Basilikum • Knoblauch |
| Kalb | Pfeffer • Salbei • Curry • Muskat • Basilikum • Estragon |
| Hackfleisch | Pfeffer • Zwiebel • Paprika • Majoran • Thymian • Oregano • Curry • Basilikum |

## Wild und Geflügel

| | |
|---|---|
| Pute | Pfeffer • Majoran • Rosmarin • Thymian • Oregano • Wacholderbeeren • Basilikum |
| Fasan | Lorbeerblatt • Paprika • Rosmarin • Thymian • Oregano |
| Hase | Pfeffer • Zwiebel • Rosmarin • Thymian • Salbei •Wacholderbeeren |

*Würzen ohne Salz* 353

| | |
|---|---|
| Huhn | Zwiebel • Majoran • Oregano • Curry |
| Gans | Pfeffer • Paprika • Majoran • Oregano |
| Ente | Rosmarin • Kümmel • Basilikum |

## Fisch

| | |
|---|---|
| Fisch (gekocht) | Petersilie • Pfeffer • Zwiebel • Lorbeerblatt • Dill • Thymian • Kerbel • Wacholderbeeren |
| Fisch (gebraten) | Zwiebel • Dill • Thymian • Curry |
| Forelle | Petersilie • Dill • Estragon |
| Kabeljau | Petersilie • Paprika • Dill • Curry |
| Muscheln | Petersilie • Pfeffer • Zwiebel • Dill • Knoblauch • Wacholderbeeren |

## Gemüse

| | |
|---|---|
| Sauerkraut | Pfeffer • Wacholderbeeren • Kümmel • Basilikum |
| Spinat | Pfeffer • Zwiebel • Muskat • Knoblauch |
| Rotkohl | Zwiebel • Loorbeerblatt • Muskat • Wacholderbeeren • Kümmel |
| Spargel | Petersilie • Pfeffer • Dill |
| Sellerie | Pfeffer • Paprika • Salbei |
| Erbsen | Petersilie • Pfeffer • Paprika • Curry • Muskat • Basilikum |

| | |
|---|---|
| Pilze | Petersilie • Pfeffer • Zwiebel • Dill • Majoran • Muskat • Basilikum • Estragon |
| Blumenkohl | Pfeffer • Curry • Muskat |
| Bohnen | Zwiebel • Bohnenkraut • Majoran • Thymian • Salbei • Oregano • Basilikum |
| Rosenkohl | Curry • Muskat |

## Eier und Käse

| | |
|---|---|
| Rührei | Petersilie • Pfeffer • Schnittlauch • Dill • Kerbel • Muskat |
| Omelett | Petersilie • Pfeffer • Schnittlauch • Dill • Kerbel |
| Quark | Petersilie • Schnittlauch • Paprika • Dill • Kerbel • Curry • Kümmel |

## Beilagen

| | |
|---|---|
| Kartoffelbrei | Petersilie • Pfeffer • Zwiebel • Dill • Muskat • Basilikum |
| Kartoffelklöße | Zwiebel • Majoran • Oregano • Muskat |

# Rezepte mit exotischen Früchten

39 Zusatz-Rezepte
mit exotischem
Obst und Gemüse

Mit den gültigen
Tierkreiszeichen gekennzeichnet

## APFELBANANE

Die »Mini-Banane« wird auch »Goldbanane« genannt. Die leicht gebogene ca. 8-11 cm lange Banane hat erst eine grüne, dann eine gelbe Schale.

Hauptanbaugebiete sind die Elfenbeinküste, Kenia und Kolumbien. Sie kann ganzjährig geerntet werden.

Das weiche, helle Fruchtfleisch hat einen süßen Geschmack. Der Geschmack ist viel konzentrierter als bei einer großen Banane.

Die »Mini-Banane« sollte bei Kauf eine gelbe Schale aufweisen. Braune Flecken sind ein Zeichen von Reife.

Sie ist zum Rohverzehr als Zwischenmahlzeit genauso geeignet wie zum erwärmen.

Die Apfelbanane läßt sich eine gute Woche bei Zimmertemperatur aufbewahren.

Sie sollte nicht im Kühlschrank gelagert werden.

## Apfelbananen-Salat mit Zimtjoghurt

Zutaten:

*2 Apfelbananen*
*1 Orange*
*100 ml Orangensaft*
*1 EL Honig (nach Wahl)*
*150 g Naturjoghurt*
*2 TL Vanillezucker*
*1/2 TL Zimtpulver*
*3 EL Vollkornflakes*
*2 EL gehackte Pistazien*

Zubereitung:

Die Bananen schälen und in kleine Stücke schneiden.

Die Orange schälen und ebenfalls in mundgerechte Stücke schneiden.

Den Orangensaft mit dem Honig verrühren und über die Früchte gießen.

Joghurt mit Zimt und Vanillezucker schaumig schlagen und über die Bananen-Orangenstücke geben.

Die Vollkornflakes und die Pistazien über die Mischung streuen.

## Artischocke

Die Artischocke hat eine intensive grüne Farbe und feste spitze Blätter. Im Inneren sind die Blätter weicher und darunter sitzt das sogenannte Heu. Zuletzt kommt der Artischockenboden.

Beim Kauf sollte die Artischocke prall und knackig frisch wirken. Es dürfen noch keine welken und trockenen, braune Stellen an den Blättern vorhanden sein.

Die Hauptanbaugebiete der Artischocke sind Frankreich, Spanien und Ägypten. Dort sind sie ganzjährig zu ernten.

Im Kühlschrank lassen sich Artischocken ca. 2-3 Tage aufbewahren ohne an Frische zu verlieren.

## ARTISCHOKEN MIT VERSCHIEDENEN DIPS

Zutaten:

*2 Artischocken (mittlere Größe)*
*Wasser*
*Saft von einer Zitrone*
*Jodsalz*
*200 g Magerquark*
*4 EL Naturjoghurt*
*4 x je 1 EL gehackte Kräuter*
*z. B.: Petersilie, Kresse, Schnittlauch, Basilikum usw.*

Zubereitung:

In einem großen Topf ca. 2 Liter Wasser einfüllen, stark salzen und den Saft einer Zitrone hinzufügen. Die Artischocken in den Topf geben und ca. 35-40 Minuten kochen. Danach das Wasser abgießen, die Artischocken abtropfen lassen.

Je 50 g Magerquark mit je 1 EL Naturjoghurt glattrühren und jeweils 1 EL gehackte Kräuter mit jeder Portion Magerquark vermengen, sodaß Sie 4 verschiedene Kräuterdips erhalten.

Die Blätter von der Artischocke ziehen, wenn sie gargekocht ist geht dies ohne großen Widerstand, in den Kräuterqaurk dippen und das weiche Fruchtfleisch herauszutzeln.

## Avocado

Die Avocado ist eine grüne bis schwarze birnenförmige Frucht, mit einer, abhängig der Sorte, glatten oder rauhen Schale. Das Fruchtfleisch ist in der Konsistenz butterartig mit einem nussigen Geschmack. Mitten im Fruchtfleisch befindet sich ein großer Kern, der leicht zu entfernen ist. Die Avocado ist reif, wenn die Schale auf leichten Druck nachgibt.

Die Hauptanbaugebiete der Avocado sind Mittel- und Südamerika, Israel, Spanien. Dort wird sie ganzjährig geerntet. Das Fruchtfleisch der Avocado kann roh wie auch gekocht oder gebraten in verschiedenen Gerichten verzehrt werden.

Reife Avocados halten sich einige Tage im Kühlschrank. Harte Avocados halten sich 5-7 Tage bei Zimmertemperatur und reifen nach.

## Avocadosuppe

Zutaten:

*1/4 L Wasser*
*1 TL getrocknetes Suppengrün*
*100 -120 g frischer Lachs*
*1 Schalotte*
*1/2 Knoblauchzehe*
*1 TL Butter*
*1/2 Avocado*
*1/4 L Hühnerbrühe*
*1 EL Creme fraiche*

5 cl Weißwein (trocken)
1 TL Sherry- oder Weißweinessig
einige Tropfen Worcestersauce
1 TL zerstoßene Pfefferkörner (schwarz)
Jodsalz


Zubereitung:

Das Wasser in einem Topf aufsetzen und leicht salzen. Das getrocknete Suppengrün in ein Tee-Ei geben und in das Wasser hängen. Das Ganze zum Kochen bringen und ca. 5 Minuten kochen lassen. Den Lachs entgräten, leicht salzen, in 1 cm dicke Streifen schneiden und ca. 3 Minuten in dem Wasser mitziehen lassen. Den Lachs dann aus dem Wasser nehmen und warmstellen, sowie das Tee-Ei mit dem Suppengrün entfernen.

Die Schalotte und die Knoblauchzehe ganz fein hacken. In einem Topf mit heißer Butter glasig dünsten.

Die Avocado halbieren, entkernen und aus einer Hälfte das Fruchtfleisch mit einem Eßlöffel herausheben (die zweite Hälfte für den Nachmittag oder den Abend zurücklegen), zu der Schalotte in den Topf geben und mit etwas Brühe aufgießen.

Die Mischung mit einem Mixstab fein pürieren, die restliche Hühnerbrühe, Weißwein und Creme fraiche hinzugeben. Unter ständigem Rühren erhitzen (nicht kochen).

Die Suppe mit Jodsalz, Essig und einigen Tropfen Worcestersauce abschmecken und in einen vorgewärmten Teller geben.

Die Lachsstreifen in den Teller geben und die zerstoßenen Pfefferkörner darüber streuen.

## CHAYOTE

Die Chayote ist eine eiförmige Frucht mit einer hellgrünen Schale. Das Fruchtfleisch ist elfenbeinfarbig. In der unteren Hälfte befindet sich ein ovaler Kern. Der Geschmack ist eher neutral und erinnert an Zucchini oder Salatgurke.

Die Hauptanbaugebiete sind in Ecuador und Columbien. Dort wird die Chayote ganzjährig geerntet.

In kühlen Räumen kann sie bis zu 4 Wochen aufbewahrt werden.

## CHAYOTEN-RAHMSUPPE

Zutaten:

*1/4 Chayote (ca. 100 g)*
*3 Frühlingszwiebeln mit Blattgrün*
*1 TL Butter*
*1/4 L Geflügel- oder Gemüsebrühe*
*50 g Sahne*
*1/2 TL frischer feingehackter Ingwer*
*etwas Jodsalz*
*1 EL feingehackte Petersilie*
*1 EL feingeschnittener Schnittlauch*

Zubereitung:

Die Chayotefrucht waschen, schälen (am besten unter fließendem Wasser, da beim Schälen ein klebriger Milchsaft austritt), den Kern herauslösen und das Fruchtfleisch in kleine mundgerechte Würfel schneiden.

Die Frühlingszwiebeln waschen und in feine Streifen schneiden.

Butter in einem Topf erhitzen, Chayote und Frühlingszwiebeln darin andünsten, mit der Brühe und der Sahne aufgießen, mit Jodsalz würzen und ca. 15 Minuten kochen lassen.

Anschließend die Suppe mit dem Mixstab pürieren und in einen tiefen Teller geben.

Mit Petersilie und Schnittlauch bestreuen.

## CHERIMOYA

Die Cherimoya besteht aus einigen zusammengewachsenen Teilfrüchten und ähnelt einem Tannenzapfen. Sie hat eine grüne, weiche Schale. Das weiße, manchmal blauartige, glänzende Fruchtfleisch erinnert an eine Mischung von Erdbeeren, Himbeeren und Ananas. Die Cherimoya gehört zu den feinsten Früchten der Welt. Die schwarzen Kerne sind nicht eßbar. Die Früchte sind reif, wenn sie auf Fingerdruck stark nachgeben und braune Flecken haben.

Die Hauptanbaugebiete liegen in Peru, Kolumbien, Chile, Spanien, Portugal, Israel, Brasilien, Thailand und Indonesien. Sie werden in der Zeit Zwischen Oktober und Mai geerntet.

Reife Früchte lassen sich 1-2 Tage bei Zimmertemperatur aufbewahren. Es sind sehr empfindliche Früchte und sie sollten deswegen nie im Kühlschrank gelagert werden.

### MARZIPANWAFFELN MIT CHERIMOYA-SAHNE

Zutaten:

Für die Cherimoya-Sahne
*1 Cherimoya*
*1 EL Limettensaft*
*20 g Vanillezucker*
*75 g Sahne*

Für die Marzipanwaffeln
50 g Marzipanrohmasse
10 g Zucker
1 Ei
50 g Mehl
100 ml Magermilch
Butterschmalz für das Waffeleisen
etwas Puderzucker
1 EL Himbeeren
1 EL Brombeeren
1 EL geröstete Mandelblättchen


Zubereitung:

Für die Cherimoya-Sahne die Frucht halbieren und entkernen. Das Fruchtfleisch mit einem Löffel aus der Schale heben, mit Limettensaft und Vanillezucker pürieren. Die Sahne steif schlagen, unter das Fruchtpüree heben und anschließend kühl stellen.

Für den Teig die Marzipanrohmasse in kleine Stücke schneiden. Die Marzipanstücke in eine Schüssel geben und über einem Wasserbad erwärmen bis sie sich cremig verrühren läßt.

Die Schüssel vom Wasserbad nehmen. Das Marzipan mit dem Zucker cremig rühren, das Ei unterrühren und dann Mehl und Milch abwechselnd zugeben.

Das Waffeleisen erhitzen, einfetten und den Teig portionsweise zu Waffeln backen.

Die fertigen Waffeln bis zum Servieren warm stellen.

Zwischen jeweil 2 Waffeln die Cherimoya-Sahne und die Brombeeren und Himbeeren füllen.

## CRANBERRY

Die ovalen bis runden Beeren haben eine hellrote bis tiefdunkelrote Schale mit rosarotem Fruchtfleisch und kleinen Kernen. Der Geschmack ist herbsäuerlich. Sie enthalten viele Samenkerne, die in vier Kammern aufgeteilt sind.

Die Hauptanbaugebiete sind in Madagaskar und Kolumbien. Dort werden sie in der Zeit von September bis März geerntet.

Im Kühlschrank sind sie über mehrere Wochen lagerfähig

### HÄHNCHENBRUST MIT CRANBERRY-SAUCE

Zutaten:

1 Hähnchenbrust (ohne Haut)
100 g Cranberries
1 Schalotte
Jodsalz, weißer Pfeffer (frisch gemahlen)
Rotwein oder Sojasauce
1 EL Zucker
1 TL Butter
Als Sättigungsbeilage 60 g Naturreis oder Polenta

Zubereitung:

Die Cranberries waschen und mit Zucker bestreuen. Im eigenen Saft ziehen lassen.

Die Schalotte schälen und in feine Ringe schneiden.

Butter in einer Pfanne erhitzen und die Schalottenringe darin glasig dünsten.

Die Cranberries dazugeben und zu einem flüssigen Sirup einkochen lassen. Mit Salz, Pfeffer und nach Belieben mit Rotwein oder Sojasauce abschmecken.

Die Hähnchenbrust auf beiden Seiten braten, erst danach salzen und pfeffern.

Auf einem vorgewärmten Teller mit der Cranberry-Sauce anrichten.

Dazu Reis oder Polenta servieren.

## CURUBA

Die Curuba ist länglich und besitzt eine dünne, weiche Schale. Diese ist erst grün und wird dann gelb. Die Frucht ist ca. 60-80 g schwer.

Das Fruchtfleisch ist hell-orange-gelb, hat eine geleeartige Konsistenz und ist mit Kernen durchsetzt. Der Geschmack der Curuba hat einen angenehmen säuerlich-neutralen Geschmack. Die Curuba ist reif, wenn die Schale gelb ist. Eventuelle kleine braune Flecken sind ein Zeichen von Reife.

Hauptanbaugebiet der Curuba ist Kolumbien. Dort wird sie ganzjährig geerntet.

Die Curuba ist sehr empfindlich. Sie hält sich nur einige Tage bei Zimmertemperatur.

## CURUBA-MILCHSHAKE

Zutaten:

1 Curuba
1 L Magermilch
1 EL Zucker
1 TL Zitronensaft


Zubereitung:

Die Curuba schälen. Das Fruchtfleisch aus der Schale mit Hilfe eines Löffels herausheben.

Danach das Fruchtfleisch in einem Mixer (oder mit dem Pürierstab) zerkleinern.

Das Püree mit Milch, Zucker und Zitronensaft verquirlen.

## DURIAN

Die Frucht wiegt zwischen 3-5 kg. Sie wird auch Stinkfrucht oder Baumkäse genannt. Die Schale ist stachelig und hellgrün. Das cremig-gelbe Fruchtfleisch schmeckt nach Vanille, Banane, Ananas und Walnuß. Im Fruchtfleisch sitzen kastaniengroße Kerne, die in Stücke geschnitten und in einer Pfanne geröstet, eßbar sind.

Hauptanbaugebiet ist Südost-Asien. Dort wird die Durian ganzjährig geerntet.

Bei Zimmertemperatur kann die Durian 3-5 Tage gelagert werden.

## DURIAN-CREME

Zutaten:

*80 g Durian-Fruchtfleisch*
*1-2 TL Zucker*
*1 TL Puderzucker*
*4 Walnüsse*

Zubereitung:

Das Fruchtfleisch geschnitten in einen Mixer geben und ca. 1 Minute zerkleinern.

Anschließend mit Zucker abschmecken und glattrühren.

In eine Dessertschale füllen, mit Puderzucker bestreuen und mit den Walnüssen garnieren.

## FEIGE

Feigen sind kleine birnenförmige Früchte mit, je nach Sorte, einer violetten bis grünlich-gelben Schale. Das Fruchtfleisch ist weißlich rosa bis rot. Schale und Kerne sind eßbar. Der Geschmack ist süßlich, aromatisch.

Hauptanbaugebiet sind die Türkei, Brasilien, Peru und Israel. Dort werden sie ganzjährig geerntet.

Feigen lassen sich roh verzehren. Man kann die Frucht auch durchschneiden und auslöffeln. Frische Feigen passen ausgezeichnet zu Schinken, allen Käsesorten, Joghurt und Quark.

Feigen sind sehr empfindlich und nur einige Tage haltbar. Am besten im Kühlschrank lagern. Feigen sind sehr druckempfindlich.

## Feigen mit Parmaschinken

Zutaten:

4 frische Feigen
4 Scheiben Parmaschinken
2 Scheiben Stangenbrot

Zubereitung:

Die Feigen an der Spitze kreuzweise einschneiden, wie eine Blüte etwas auseinanderziehen und mit dem zu einer Rosenblüte zusammengerollten Schinken auf einem Teller anrichten.

Dazu Stangenbrot servieren.

## Marinierte Feigen

Zutaten:

3 frische Feigen
1 EL Puderzucker
5 ml Marsalalikör

Zubereitung:

Die Feigen der Länge nach halbieren und auf einen Teller, mit der Schale nach unten, legen. Den Puderzucker über die Früchte sieben und anschließend den Marsalalikör darüber geben.

Mindestens 1 Stunde im Kühlschrank ziehen lassen.

## GEMÜSEBANANE

Die Schale der Gemüsebanane ist grün bis gelb mit braunen Flecken. Das Fruchtfleisch ist weißlich gelb und hat einen milden Geschmack mit leichter Säure. Die Gemüsebanane ist jedoch nicht zum Rohverzehr geeignet.

Gemüsebananen können gebacken, gekocht oder gegrillt werden. Man kann sie zu Fleisch, Fisch oder zu Süßspeisen servieren.

Hauptanbaugebiet ist Südamerika und Afrika. Dort wird sie ganzjährig geerntet.

Bei Zimmertemperatur kann sie bis zu einer Woche aufbewahrt werden, sollte aber nicht im Kühlschrank gelagert werden.

## RINDERFILET IN TOMATENSAUCE MIT GEMÜSEBANANE

Zutaten:

*1 Rinderfilet (ca. 120 g)*
*1 EL Olivenöl*
*1 kleine Zwiebel*
*2 Tomaten*
*ein wenig Kümmel*
*Jodsalz*
*1 Gemüsebanane*

Zubereitung:

Die Tomaten am unteren Ende einritzen, in heißem Wasser für ca. 15 Sekunden blanchieren, herausnehmen und mit kaltem Wasser abschrecken. Jetzt können sie die Tomaten ganz einfach enthäuten und entkernen.

Die Zwiebel schälen und in kleine Würfel schneiden.

Eine Pfanne erhitzen und die Zwiebelwürfel mit etwas Öl glasig dünsten.

Die gehäuteten und entkernten Tomaten achteln und zusammen mit Kümmel und Jodsalz zu den Zwiebelwürfel geben. Das Ganze ca. 25 Minuten schmoren lassen.

Das Fleisch in einer anderen Pfanne mit etwas Öl braten (nicht ganz durchbraten), salzen und Pfeffern, danach in die Tomatensauce legen und weiter garen lassen.

Nochmals Öl in einer Pfanne erhitzen. Die Gemüsebanane schälen und in Scheiben schneiden. In der Pfanne braten, bis sie weich und goldbraun sind.

Zusammen mit dem Fleisch und der Tomatensauce auf einem vorgewärmten Teller anrichten.

Beilage nach Wahl.

## GRENADILLO

Die aprikosengroße Frucht hat eine dünne, lederartige, purpurrote bis violette Schale. Die Schale ist sehr zerbrechlich und man darf sie nicht zu stark drücken. Die Schale ist bei überreifen Früchten meist braun gesprenkelt. Das geleeartige, saftige Fruchtfleisch hat einen erfrischenden, süß-sauren Geschmack mit einem sehr typischen Aroma.

Hauptanbaugebiete sind Brasilien, Afrika, Lateinamerika und Kolumbien. Sie wird dort ganzjährig geerntet.

Man kann die Grenadillo roh verzehren, mit Getränken z. B. Fruchtsäften, Longdrings und Mineralwasser vermischen oder mit anderen Zutaten in vielerlei Desserts kombinieren.

Reife, gefleckte Früchte lassen sich noch einige Tage bei Zimmertemperatur aufbewahren.

## Vanilleeis mit Grenadillasauce

Zutaten:

*3 Grenadilla*
*3 Kugeln Vanilleeis*
*1 EL Weißwein*
*1 EL Orangensaft*
*1 TL Zucker*
*1 TL Butter*
*weißer Pfeffer (frisch gemahlen)*

Zubereitung:

Die Grenadilla halbieren, das Fruchtfleisch mit einem Löffel herauslösen. Weißwein, Orangensaft und Zucker zusammen mit dem Fruchtfleisch in einem Topf erhitzen, danach ca. 10 Minuten köcheln lassen.

Die Sauce durch ein Sieb passieren. Butter unterrühren (mit Schneebesen) und mit etwas frisch gemahlenem weißen Pfeffer abschmecken.

Die Vanilleeiskugeln in einer Dessertschale anrichten und mit der Grenadillasauce übergießen.

## INGWER

Der Ingwer wird aus der Wurzelknolle der Ingwerpflanze gewonnen. Der Ingwer ist ca. 20-25 cm lang und in sich stark verzweigt. Er hat ein hellbeige Schale. Das Fruchtfleisch ist hell-gelblich und faserig. Der Duft ist aromatisch und etwas zitronig. Der Geschmack ist würzig scharf. Die Knolle sollte beim Kauf frisch und prall wirken; und auf Fingerdruck keinesfalls nachgeben.

Hauptanbaugebiete sind Brasilien, Australien, Afrika und Ferner Osten.

Die Möglichkeiten der Verwendung von frischem und auch kandiertem Ingwer sind fast unbegrenzt. Ingwer ist besonders geeignet, um einfachen, alltäglichen Gerichten wie Hackfleisch, Suppen, Obstsalaten, Torten, Gebäck und Getränken einen einzigartigen Geschmack zu vermitteln. Auserdem ist er für die Zubereitung von Eintöpfen, Suppen und Saucen geeignet. Wenn z. B. Fleisch mit einigen frischen Ingwerscheiben gebraten oder gedünstet wird, wird es erheblich weicher und zarter.

Frischer Ingwer läßt sich gut einen Monat in der Gemüseschale des Kühlschranks lagern.

## HÄHNCHENSCHENKEL MIT INGWER-MANGO-SAUCE

Zutaten:

1 Hähnchenschenkel
Jodsalz
weißer Pfeffer (frisch gemahlen)
etwas Paprikapulver (edelsüß)
ca. 2 cm Ingwerwurzel
1/2 Mango
Saft einer 1/2 Zitrone
1 EL Olivenöl
1 EL frisch gehackte Petersilie
etwas Tabasco

Zubereitung:

Den Hähnchenschenkel salzen und pfeffern, mit Paprikapulver und einer Scheibe Ingwer einreiben. In einer Pfanne ein wenig Olivenöl erhitzen und das Fleisch darin gar braten.

Den Ingwer schälen und in feine Würfel schneiden. Die Mango schälen, halbieren (1/2 Mango in Frischhaltefolie wickeln und evtl. am Nachmittag oder Abend verzehren), das Fruchtfleisch vom Kern lösen und mit einem Pürierstab fein zerkleinern.

Den Zitronensaft mit etwas Olivenöl vermengen und mit den Ingwerwürfeln, Gehackter Petersilie, einigen Spritzer Tabasco (nach Geschmack) sowie Jodsalz und Pfeffer würzen.Das Ganze mit dem Mangopüree vermischen.

Hähnchenschenkel mit Reis oder Kartoffelbrei auf einen vorgewärmten Teller geben und mit der Ingwer-Mango-Sauce übergießen.

## KAKTUSFEIGE

Die Kaktusfeige gehört zur Familie der Kakteengewächse. Sie ist oval, 7-10 cm lang, und hat warzenartige Erhebungen auf denen Stachel sitzen. Die Schale ist grünrot, lachsfarben bis gelbbraun. Das körnige wässerige Fruchtfleisch hat einen leicht säuerlichen, saftigen, erfrischenden Geschmack.

Die Hauptanbaugebiete sind Marokko, Israel, Spanien, Italien, Brasilien, Kolumbien und Ecuador. Dort wird sie ganzjährig geerntet.

Die Kaktusfeige ist zum Rohverzehr geeignet. Dazu wird die Frucht halbiert und ausgelöffelt oder aus der Schale herausgedrückt.

## MARINIERTE KAKTUSFEIGEN

Zutaten:

*1 reife Kaktusfeige*
*Saft von 1/2 Zitrone*
*1/2 TL Vanillezucker*
*einige Spritzer Amaretto*
*steifgeschlagene Sahne*

Zubereitung:

Die Kaktusfeige der Länge nach halbieren und das Fruchtfleisch aus der Schale drücken. Das Fruchtfleisch dann in Scheiben schneiden, diese mit Zitronensaft, Vanillezucker und Amaretto beträufeln. Ca. 30 Minuten durchziehen lassen. Vor dem Servieren die Sahne steif schlagen und nach Belieben auf die Kaktusfeigenscheiben geben.

ERDBEER-KAKTUSFEIGEN-SALAT

Zutaten:

*5 Erdbeeren*
*1 Kaktusfeige*
*2 EL Schmand*
*1 EL Honig (nach Wahl)*
*schwarzer Pfeffer (frisch gemahlen)*

Zubereitung:

Die Erdbeeren waschen und dann erst entstielen und vierteln. Kaktusfeige halbieren, das Fruchtfleisch herausdrücken und in Scheiben schneiden.

Den Schmand mit Honig glattrühren und pfeffern.

Erdbeerviertel und Kaktusfeigenscheiben in eine Dessertschale geben, mit dem Schmand übergießen und gut unterheben, ca. 30 Minuten ziehen lassen.

## KARAMBOLE

Die Karambole ist ca. 6-12 cm lang und hat mehrere Furchen. Beim Aufschneiden, quer zur Längsachse, ergeben sich Sternförmige Scheiben. Die Farbe der Schale ist grün bis intensiv gelb, je nach Reifegrad. Der Geschmack ist eine Mischung aus Stachelbeere, Quitte und Apfel. Sie ist sehr durstlöschend. Die Frucht ist reif, wenn sie tiefgelbe und braune Außenkanten hat.

Hauptanbaugebiete sind Malaysia, Thailand, Indonesien, Brasilien und Israel. Dort wird die Karambole ganzjährig geerntet.

Die Frucht wird gewaschen und dann quer zur Längsrichtung in dünne Scheiben, mit der bekannten Sternkontur, geschnitten. Die Früchte werden roh verzehrt und als Dekoration verwendet.

Bei Zimmertemperatur lassen sich die Karambolen etwa 5 Tage, im Kühlschrank eine Woche, aufbewahren. Sie sollten nicht unter 5 Grad C gelagert werden.

## KARAMBOLE-GRÜTZE

Zutaten: für 4 Personen

4 Karambola
1/2 L Wasser
150 g Zucker
3 EL Speisestärke
1 Becher Sahne
1 EL Waldblütenhonig

Zubereitung:

Die Karambola waschen und anschließend in Würfel schneiden. Die Würfel im Wasser kochen, wenn sie weich sind mit einem Stabmixer pürieren.

Die Speisestärke in kaltem Wasser anrühren und zum Karambolapüree geben. Alles zusammen aufkochen und stetig rühren.

Die Sahne und den Honig vermengen und steifschlagen.

Die Grütze in eine Dessertschale geben und die steifgeschlagene Sahne darauf verteilen.

## KIWANO

Die Frucht ist länglich-rund, ca. 10-12 cm lang und ca 8 cm dick. Die gelborange, sehr feste Schale hat viele hornartige Aufsätze. Das Fruchtfleisch ist grün, mit eßbaren Kernen versetzt.

Der Geschmack ist ähnlich dem einer Salatgurke. Ansonsten ist der Geschmack eher neutral. Die Frucht ist reif, wenn sie auf Fingerdruck nachgibt.

Hauptanbaugebiete sind Israel, Portugal, Kenia und Neuseeland. Dort wird sie ganzjährig geerntet.

Die Frucht ist roh zu verzehren. Dazu wird die Kiwano längs aufgeschnitten und das Fruchtfleisch mit einem Löffel herausgehoben.

Bei Zimmertemperatur lagern. Die Frucht ist je nach Reifestadium bis zu zwei Wochen haltbar.

## BUTTERMILCH-CREME MIT KIWANO-SAUCE

Zutaten: für 2 Personen

*2 Kiwano*
*250 ml Buttermilch*
*30 g Zucker*
*1 EL Limettensaft*
*100 ml Sahne*
*3 Blatt Gelantine*
*etwas Puderzucker*
*1 cl Apricot Brandy*
*Mark von 1 Vanilleschote*
*2 EL Himbeeren*
*etwas Zitronenmelisse zum Garnieren*

Zubereitung:

Die Kiwanos der Länge nach halbieren und das Fruchtfleisch mit einem Löffel herausschaben, die Schale nicht beschädigen da sie noch gefüllt werden soll.
Die Gelantine in kaltem Wasser einweichen.
Die Buttermilch mit Limettensaft und Zucker schaumig rühren.
Die Gelantine ausdrücken, in etwas lauwarmem Wasser auflösen und unter die Buttermilch schlagen.
So lange kühl stellen bis sie fest wird. Dann sofort die steifgeschlagene Sahne unterheben, in die Kiwanoschalen einfüllen und im Kühlschrank mindestens 1 Stunde fest werden lassen.
Inzwischen das Fruchtfleisch der Kiwano mit Puderzucker, Apricot Brandy und dem Vanillemark abschmecken.
Die gefüllten Kiwanoschalen auf einen Teller setzen, mit der Fruchtsauce überziehen und mit Himbeeren und Zitronenmelisse garnieren.

## KUMQUAT

Die Kumquats haben die Größe einer kleinen Pflaume. Die Schale ist leuchtend orange. Das Fruchtfleisch ist in 4-7 Fächer aufgeteilt. Der Geschmack ist sauer bis leicht würzig, aromatisch. Ähnlich einer Orange, nur sehr viel intensiver. Das Fruchtfleisch besitzt weiche Kerne, die mitgegessen werden können.
Hauptanbaugebiete sind Frankreich, Italien, Spanien, Brasilien, Südafrika, Israel und Ägypten. Dort werden die Früchte ganzjährig geerntet.
Kumquats werden mit der Schale verzehrt. Gut waschen und ganz oder in sehr dünne Scheiben, Stückchen oder Würfel schneiden und verzehren. Sie sind eine Delikatesse zu gegrilltem oder gebratenem Fleisch, Geflügel und Wild. Außerdem eignen sie sich ausgezeichnet zum Garnieren von Salaten und kalten Platten.
Im Kühlschrank sind sie ca. 1 Woche lagerfähig.


### KUMQUAT-JOGHURT-TORTE MIT MARZIPAN

**Zutaten:** Für den Biskuit
*2 Eiweiß*
*80 g Zucker*
*1 TL Orangen-Aroma*
*2 Eigelb*
*30 g Mehl*
*30 g Speisestärke*
*1 gestr. TL Backpulver*
*50 g Mandeln*
*20 g abgekühlte aber noch flüssige Butter*

**Zutaten:** Für den Belag
*2 EL Orangenmarmelade*
*200 g Marzipan-Rohmasse*
*250 g Kumquats*

750 g Naturjoghurt
150 g Zucker
75 g Puderzucker
5 EL Orangenlikör
12 Blatt Gelantine
200 g süße Sahne
50 g Haselnußkrokant


Zubereitung:

Eiweiß und 2 EL Wasser mit einem Handrührgerät auf der höchsten Stufe sehr steif schlagen. Zucker und Orangen-Aroma unter Schlagen einrieseln lassen. Das Handrührgerät auf die niedrigste Stufe schalten. Das Eigelb leicht unter die Eiweißmasse ziehen und das Gemisch aus Speisestärke, Mehl, Backpulver und Mandeln darunter heben. Zuletzt die flüssige Butter unter die Biskuitmasse ziehen. Die Masse in eine nur am Boden gefettete Springform (Durchmesser ca. 26 cm) füllen und im vorgeheizten Backofen bei 200 Grad C ca. 15 Minuten backen. Nach dem Backen den Biskuitboden in der Springform erkalten lassen.
Wenn der Tortenboden erkaltet ist mit Orangenmarmelade bestreichen. Marzipan-Rohmasse mit Puderzucker verkneten, dünn ausrollen, einen Kreis in Tortenbodengröße ausschneiden und auf den Biskuitboden legen. Kumquats waschen und in dünne Scheiben schneiden. Joghurt, Zucker und Orangenlikör verrühren. Die eingeweichte, ausgedrückte und aufgelöste Gelantine in die Joghurtmasse rühren. Sobald die Masse anfängt steif zu werden, 200 g Kumquats und die steifgeschlagene Sahne darunter heben. Die Joghurt-Kumquat-Masse auf dem Tortenboden verteilen und glattstreichen. Die Torte im Kühlschrank fest werden lassen. Den Springformrand lösen und die Torte mit dem restlichen Marzipan, den Kumquats und dem Haselnußkrokant garnieren.

## LIMETTE/LIMONE

Diese kleine, runde, grüne Schwester der Zitrone hat eine äußerst dünne Schale und hellgrünes Fruchtfleisch ohne Kerne. Das Fruchtfleisch ist sehr saftig, duftend und aromatischer als das einer Zitrone. Die Limette/Limone kann ansonsten wie eine Zitrone verwendet werden.

Hauptanbaugebiete sind Brasilien, Mexiko und Kuba. Dort wird sie ganzjährig geerntet.

Bei Zimmertemperatur ist die Limette/Limone 1-2 Wochen lagerfähig.

### ROTBARSCHFILET AUF LIMETTENSCHAUM

Zutaten:

*1 Bund Suppengrün*
*1 Bund Kerbelzweige*
*1 Lorbeerblatt*
*1 TL weiße Pfefferkörner*
*1/4 L Weißwein (trocken)*
*100 g Zucchini*
*100 g Karotten*
*2 Limetten*
*1 Rotbarschfilet (ca. 120-150 g)*
*Jodsalz*
*1 EL Butter*
*weißer Pfeffer (frisch gemahlen)*
*3 Eigelb*
*1/8 L Schlagsahne*
*Kerbelblättchen zum garnieren.*

## Zubereitung:

1/2 Liter Wasser aufkochen. Suppengrün waschen, schälen und in kleine Stücke schneiden, zusammen mit Kerbelzweigen, Lorbeerblatt, Pfefferkörner und Weißwein in das kochende Wasser geben. 20 Minuten kochen lassen, dann salzen.

Zucchini und Karotten putzen und waschen, in kleine Würfel schneiden. Schale einer Limette abreiben. Saft einer halben Limette auspressen und den Fisch damit beträufeln, dann salzen.

Den Fisch in den heißen, nicht mehr kochenden, Sud legen und ca. 10 Minuten simmern lassen.

In einer Pfanne die Butter erhitzen und darin die Zucchini- und Karottenwürfel dünsten, danach mit Jodsalz und weißem Pfeffer würzen.

Vom Fischsud ca. 1/8 Liter abmessen, durch ein Sieb seihen. Mit Eigelb, Saft einer Limette, Limettenschale, Jodsalz und Pfeffer verquirlen. Im warmen Wasserbad dick schlagen, dabei nach und nach die Sahne einlaufen lassen.

Das Rotbarschfilet auf einem flachen Teller anrichten, das Gemüse beilegen und den Limettenschaum über den Fisch träufeln. Mit frischen Kerbelblättchen bestreuen und mit Limettenscheiben garnieren.

Als Sättigungsbeilage reichen Sie Salzkartoffeln oder Naturreis.

## Limquat

Die Schale ist grün, glatt und glänzend. Sie hat die Größe eines Wachteleies und ist kugelrund. Das Fruchtfleisch ist hellgelb und dem der großen Limette/Limone identisch. Sie ist sehr saftig und sauer. Sie eignet sich für Cocktails und als kleine Vitaminbombe für Zwischendurch. Die Limquat ist mit Schale zu verzehren

Hauptanbaugebiete sind Israel, USA, Südafrika und Italien. Erntezeit ist Oktober bis April.

Bei Zimmertemperatur ist die Limquat ca. 5-7 Tage lagerfähig.

## Limquat-Dessert mit Vanillesauce

Zutaten: Für vier Personen

*1/2 L Milch*
*1/2 Vanilleschote*
*1 EL Speisestärke*
*2 Eier*
*2 EL Zucker*
*4 Limquats*
*150 g Mandelmaronen*
*etwas süßer Sherry*

Zubereitung:

Für die Sauce wird die Milch mit der aufgeschlitzten Vanilleschote aufgekocht.

Die Eier mit 2 EL Zucker und der Speisestärke verrühren, heiße Milch dazugießen, dabei die Masse mit dem Schneebesen rühren.

Auf einem leicht siedenden Wasserbad so lange schlagen, bis die Sauce gebunden ist. Unter gelegentlichem Rühren erkalten lassen.

Die Limquats mit heißem Wasser waschen, in Scheiben schneiden und diese vierteln. Mit 150 g Mandelmaronen mischen und soviel süßen Sherry darüber träufeln, wie die Maronen aufsaugen können.

Die Maronen-Limquat-Mischung in Dessertschalen füllen und die Sauce darüber gießen.

## Litchi

Litchis sind kleine, nußförmige Früchte mit einer hell- bis dunkelrotbraunen schuppigen Schale. Das glasige, weiße Fruchtfleisch der Litchi ist saftig und hat einen leicht süß-sauren, würzigen Geschmack, der an Muskat-Trauben erinnert. Im Innern der Litchi sitzt ein Kern, der sich nicht mit verzehren läßt. Das Fruchtfleisch ist roh zu verzehren.

Hauptanbaugebiete sind Südafrika, Madagaskar, Thailand, Israel und Mauritius.

Sie werden von November bis März und von Juli bis September geerntet.

Litchis lassenn sich gut 1 Woche im Kühlschrank aufbewahren. Vorsicht, bei Zimmertemperatur wird die Schale sehr schnell trocken und hart.

### Litchi-Auflauf

Zutaten: Für vier Personen

*20 Litchi*
*200 g Brombeeren*
*2 cl Cointreau*
*1 TL Zitronensaft*
*Butter zum Ausfetten*
*100 ml Schlagsahne*
*2 Eigelb*
*50 g Puderzucker*
*100 ml trockener Sekt*
*einige Blätter Zitronenmelisse zum garnieren*

Zubereitung:

Die Litchi aus der Schale lösen und entkernen. Litchi und Brombeeren in eine Schüssel geben, mit Cointreau und Zitronensaft marinieren und ca. 35-40 Minuten ziehen lassen.

Den Backofen auf 250 Grad C vorheizen.

Sahne steif schlagen und kühl stellen.

Die Eigelbe, den Puderzucker (ein wenig Puderzucker zum Verzieren übriglassen) und ca. 1/3 des Sektes vermischen.

Die Masse über warmem Wasser mit einem Schneebesen aufschlagen und dabei langsam den restlichen Sekt beigeben. Wenn die Creme beginnt, dickflüssig zu werden, aus dem Wasserbad nehmen und die geschlagene Sahne vorsichtig unterheben.

Die marinierten Früchte auf 4 Souffleeförmchen verteilen (vorher einfetten) und mit der Creme überziehen. Die Soufflees im Ofen kurz überbacken, bis sie leicht braun werden.

Aus dem Backofen nehmen und mit dem restlichen Puderzucker bestäuben.

Mit den Zitronenmelisse-Blätter garnieren und sofort servieren.

## LONGANE

Die Longane ist haselnußgroß. Die Schale ist braun und spröde. Das Fruchtfleisch ist ähnlich dem der Litchi, weiß und geleeartig. In der Mitte befindet sich ein Kern, der nicht verzehrbar ist. Der Geschmack ist sehr aromatisch, ebenfalls ähnlich dem der Litchi, aber nicht ganz so süß.

Hauptanbaugebiet ist Israel. Dort wird sie ganzjährig geerntet.

Im Kühlschrank gelagert halten sich die Longane ca. 4-5 Tage.

### EXOTISCHER SALAT MIT LONGANEN

**Zutaten:** Für vier Personen

*20 Longane*
*1 Cherimoya*
*1 Banane*
*etwas Limettensaft*
*1 mittelgroße Mango*
*1 Karambole*
*1 EL Puderzucker*

**Für die Sauce**
*2 Grenadilla*
*1/8 L Weißwein (trocken)*
*Puderzucker nach Geschmack*
*frische Kokosraspel zum garnieren*

## Zubereitung:

Longane schälen und die Kerne entfernen.

Die Cherimoya schälen, in Scheiben schneiden (die Kerne möglichst entfernen), Banane schälen und in Scheiben schneiden.

Cherimoya und Banane sofort mit Limettensaft beträufeln um eine Bräunung des Fruchtfleisches zu vermeiden.

Die Mango beidseitig des Kerns durchschneiden, die Hälften schälen und das Fruchtfleisch dann in Würfel schneiden.

Die Karambole waschen und in dünne Scheiben schneiden (quer zur Längsachse).

Das Obst auf flachen Tellern anrichten und mit Puderzucker bestäuben.

Die Grenadillas halbieren, das Fleisch mit einem Löffel herausheben und zusammen mit dem Weißwein und dem Zucker etwas einkochen lassen.

Durch ein Sieb passieren und über die Früchte gießen.

Mit Kokosraspeln garnieren.

## LULO

Wenn die Lulo unreif ist, sieht sie aus wie eine kleine grüne Tomate; ist sie reif, wie eine kleine Orange. Das Fruchtfleisch ist grün und geleeartig und mit vielen kleinen eßbaren Kernen durchsetzt.

Der Geschmack erinnert an eine Mischung aus Ananas, Cherimoya und Guave. Den richtigen Geschmack entwickelt die Frucht nur, wenn sie richtig reif ist. Der Duft des Fruchtfleisches ist sehr aromatisch.

Man ißt die Lulo am besten roh. Um das Fruchtfleisch genießen zu können halbiert man die Lulo und löffelt das Fleisch aus der Schale heraus.

Hauptanbaugebiet ist Kolumbien. Dort wird sie ganzjährig geerntet.

Lagerfähig ist die Lulo für ca. 3-4 Tage im Kühlschrank.

## Gebackene Lulo mit Ananas-Sahne

Zutaten:

1/2 Baby-Ananas
100 ml Sahne
1/2 Päckchen Vanillezucker
1 EL gehackte Walnüsse
7 Lulos
1 TL Butter
1 EL Puderzucker
3-4 EL Ananassaft

Zubereitung:

Die Ananasschale sowie den Schopf entfernen. Ananas halbieren (eine Hälfte für Nachmittags oder Abends beiseite legen), das holzige Mittelteil entfernen. Die Ananas in kleine Stücke schneiden.

Die Sahne steif schlagen, dabei zum Schluß den Vanillezucker zugeben. Die Ananas-Würfel mit den gehackten Walnüssen unter die steife Sahne heben.

Die Lulos schälen, in Scheiben schneiden und in eine Pfanne mit erhitzter Butter geben, sofort mit Zucker betreuen und mit dem Ananassaft ablöschen.

Die Luloscheiben ca. 2 Minuten andünsten.

Auf einen flachen Teller legen und die Ananas-Sahne darauf anrichten.

## Mais

Maiskolben sind lange Stengel umgeben von runden, hellgelben Körnern. Der Geschmack erinnert etwas an junge Erbsen. Mais bildet nicht nur eine ausgezeichnete Ernährungsbasis, sondern ist gleichzeitig eine gesunde und schmackhafte Delikatesse.

Sie können die gelben Körner des Kolbens abbeeren und für einen Eintopf, Salat oder als Gemüsebeilage verwenden.

Hauptanbaugebiete sind Deutschland, Israel, Türkei, Griechenland und USA. Hier wird der Mais mit wenigen Ausnahmen ganzjährig geerntet. Mais läßt sich ca. 3-5 Tage in der Gemüseschale des Kühlschranks lagern.

### Mais-Salat mit jungen Erbsen und Paprika

Zutaten:

*80 g Vollkornreis*
*1 rote Paprika*
*1 Maiskolben*
*4 EL junge grüne Erbsen (auch TK-Ware)*
*1 TL Butter*
*Jodsalz*
*schwarzer Pfeffer (frisch gemahlen)*
*1 EL Olivenöl*

Zubereitung:

Den Reis mit etwas Jodsalz in reichlich Wasser kochen.
Den Maiskolben ebenfalls kochen, mit kaltem Wasser abschrecken und endbeeren.
Die Erbsen in heißer Butter schmoren.
Den Paprika in feine Würfel schneiden.
Alle Zutaten in einer Schüssel mit dem Reis vermischen und mit Jodsalz und Pfeffer würzen. einige Minuten ziehen lassen und mit etwas Olivenöl beträufeln.


GEBACKENER MAIS AUF INDONESISCHE ART

Zutaten:

*100 g frisch gekochter Mais*
*1 feingehackte Schalotte*
*1 Stange feingehackter Staudensellerie*
*1 geschlagenes Ei*
*2 EL Erdnußöl*
*1 EL Mehl*
*Jodsalz*
*schwarzer Pfeffer (frisch gemahlen)*

Zubereitung:

Alle Zutaten, außer Erdnußöl, in einer großen Schüssel verrühren. Das Öl in einer großen Bratpfanne erhitzen und die Gemüsemischung hineingeben, ca. 5-7 Minuten unter ständigem Rühren bei großer Hitze anbraten, bis das Gemüse hellbraun ist. Vor dem Servieren evtl. noch mit einem Schuß dunkle Sojasauce ablöschen.

## Mango

Die Mango ist eine nierenförmige Frucht. Es umgibt sie (je nach Sorte verschieden) eine grüne bis rote Schale. das Fruchtfleisch ist gelb. Teilweise mit Fasern durchzogen. Im Inneren der Frucht liegt ein Kern. Der Kern ist länglich und flach, verläuft in der Mitte der Frucht, längs zur Längsachse.

Der Geschmack des Fruchtfleisches ist herbsüß und erinnert an Pfirsich und Pinienwald. Mangos sind reif, wenn sie auf Fingerdruck nachgeben.

Hauptanbaugebiete sind Mittelamerika, Asien, Nordafrika, Südamerika, Israel und Südafrika. Dort werden sie ganzjährig geerntet.

Mangos sollten nicht im Kühlschrank aufbewahrt werden, weil sonst das Aroma zerstört würde. Im reifen, weichen Zustand hält sich die Mango 3-4 Tage. Im halbreifen, festen Zustand dagegen kann man die Mango ca. 7 Tage lagern.

## Lachs mit marinierter Mango

Zutaten:

1/2 Mango
1/2 Zitrone
1 gestr. TL grüne Pfefferkörner
1 EL Balsamico
80 g Räucherlachs
1 Scheibe Mehrkornbrot

Zubereitung:

Die halbe Mango von der Schale und evtl. vom Kern befreien. Der Länge nach in dünne Scheiben schneiden.

Die Pfefferkörner in einer kleinen Schale (oder in einem Mörser) zerdrücken. Den Saft einer halben Zitrone mit 1 EL Balsamico und den zerdrückten Pfefferkörnern verrühren.

Die Mangoscheiben fächerartig auf einem Teller anrichten, mit der Marinade beträufeln und für ca. 1 Stunde im Kühlschrank aufbewahren.

Den Lachs und die marinierten Mangoscheiben auf einem Teller wiederum fächerartig und abwechselnd anrichten.

Dazu eine Scheibe Mehrkornbrot essen.

## MANGOSTANE

Die Früchte sind etwa tomatengroß. An der oberen Seite befindet sich ein festes kelchartiges Blatt. Die Schale ist rot-braun-violett. Sie ist sehr hart und dick. Unter der lederartigen Schale sitzt das vanillefarbige Fruchtfleisch, welches in einzelne Segmente aufgeteilt ist. Einige Früchte haben Kerne. Die Kerne sind nicht verzehrbar. Der Geschmack ist eine Mischung aus Trauben, Ananas, Grapefruit und Aprikose. Angenehm säuerlich.

Hauptanbaugebiete sind Indonesien, Thailand, Mittelamerika und Brasilien.

Das Fruchtfleisch kann roh verzehrt werden.

Mangostanen sollten frisch verzehrt werden. Keine längere Lagerung möglich.

## RADICCHIOSALAT MIT MANGOSTANEN

Zutaten:

1/2 Radicchiosalat
100 g Putenbrust
1/2 gelbe Paprikaschote
3 Mangostanen
1 EL Sojasauce
1 EL Obstessig
Jodsalz
weißer Pfeffer (frisch gemahlen)
1 Prise Zucker
3 EL Olivenöl

Zubereitung:

Die Putenbrust in Streifen schneiden, salzen und pfeffern, in einer Pfanne mit 1 EL Olivenöl braten.

In der Zwischenzeit den Radicchiosalat putzen und in mundgerechte Stücke schneiden.

Die Paprikaschote putzen und in feine Streifen schneiden.

Aus den Mangostanen das Fruchtfleisch herauslösen und in mundgerechte Stücke schneiden.

Radicchio, Paprika und Mangostanenfleisch auf einem Teller anrichten.

Aus Sojasauce, Essig, Zucker, Jodsalz, Pfeffer und Olivenöl ein Dressing herstellen und über den Salat geben.

## Maracuja

Die Maracuja hat einen saftigen, intensiven Geschmack. Die Frucht ist anfangs noch grün und glatt. Um so reifer sie wird, verwandelt sich die Schale in gelb und wird schrumpelig. Erst dann hat die Frucht ihren vollen Geschmack entwickelt.

Die Maracuja darf beim Kauf schon sehr gelb und zerknittert sein.

Hauptanbauland ist Kolumbien.

Die Maracuja wird hier ganzjährig geerntet.

Bei Zimmertemperatur und im vollreifen Zustand kann die Maracuja noch ca. 4-5 Tage gelagert werden.

## Vanille-Eis mit Maracuja-Sauce

Zutaten:

*2 Maracuja*
*1 EL Ahornsirup*
*30 ml frisch gepreßter Orangensaft*
*Saft und abgeriebene Schale von 1/2 Limette*
*etwas Zimt*
*3 Kugeln Vanilleeis*

Zubereitung:

Die Maracujas halbieren, das Fruchtfleisch ausschaben und pürieren, danach durch ein Sieb passieren. Den Maracujasaft dann mit Ahornsirup, Orangensaft, Saft und Schale einer halben Limette sowie etwas Zimt (nach Geschmack) verrühren.

Das Vanilleeis auf einem Dessert-Teller anrichten und die Maracuja-Sauce darüber geben.

## NASHI-BIRNE

Die Nashi-Birne ist ca. 200 g schwer und hat die Form eines Apfels. Die Schale ist gelb-grün oder rötlich-braun, wogegen das Fruchtfleisch cremefarben wirkt. Es hat die Konsistenz eines Apfelfruchtfleisches. In der Mitte der Nashi-Birne sitzt ein Kerngehäuse mit kleinen Kernen. Der Geschmack erinnert an eine Mischung aus Apfel und Birne, nur wesentlich süßer.

Die Nashi ist reif, wenn sie auf Fingerdruck nachgibt. Man kann die Nashi roh wie einen Apfel oder eine Birne verzehren. Nashi Birnen lassen sich wie andere Birnen in Obstsalaten, Kompotts und Desserts verwenden.

Hauptanbaugebiete sind Japan, Chile, Frankreich und Italien. Dort werden sie ganzjährig geerntet.

Bei Zimmertemperatur halten sich Nashi-Birnen ca. 6-7 Tage.

## Nashi-Birne mit Nougat-Sauce

Zutaten:

*1 Nashi-Birne*
*Saft von 1/2 Zitrone*
*2 TL Zucker*
*60 g Nougat*
*1/4 Becher Sahne*
*1 EL Rum*
*2 EL schwarze Johannisbeeren*

Zubereitung:

Die Nashi-Birne schälen und das Kerngehäuse ausstechen, anschließend die Nashi in Scheiben schneiden.

Mit Zitronensaft beträufeln, danach den Zucker über den Nashischeiben verteilen.

Nougat mit der Sahne und dem Rum in einem Topf schmelzen. Nicht zu hohe Temperatur verwenden, da die Sahne sonst gerinnt.

Die Nashischeiben auf einem flachen Teller anrichten und die Nougat-Sauce darüber verteilen.

## OKRA

Die Okra ist eine Hülsenfrucht mit fingerlangen Spitzen und eckigen Kapseln die eine Länge von 3-5 cm erreichen können. Je nach Sorte können sie auch länger werden. Die Schale ist hell- bis dunkelgrün mit einem feinen Flaum. Innen hat die Okra weiße Samenkörner. Im Geschmack ist sie neutral, mild bis herb. Sie ist vergleichbar mit einer Bohne.

Hauptanbaugebiete sind Türkei, Griechenland, Thailand und Kenia.

Die Okra sollte vor dem Kochen oder Braten immer vorher in heißem Wasser blanchiert werden, damit sich der Schleim absondern kann. Vor der Verwendung soll die Okra gründlich gewaschen und der Flaum von der Schale abgerieben werden. Der harte Stielansatz wird abgeschnitten und die Spitze gestutzt, dann wird die Okra 5 Minuten in kochendes Salzwasser gegeben oder 5 Minuten in heißem Öl zugedeckt gebraten. Dann kann man sie wie anderes Gemüse dünsten und als Beilage zu Fleisch oder Fisch servieren. Die Okra sollte gut gewürzt werden, da sie wenig Eigengeschmack hat.

Okras nur unbeschädigt und grün kaufen. Sie lassen sich dann 2-3 Tage im Kühlschrank aufbewahren.

### EINTOPF MIT OKRASCHOTEN

Zutaten:

*120-150 g Putenbrust*

2 Schalotten
250 g Okraschoten
1 rote Paprikaschote
100 g Champignons
100 g Tomatenfleisch (enthäutet und entkernt)
2 EL Olivenöl
Jodsalz
schwarzer Pfeffer (frisch gemahlen)
1/2 L Hühnerbrühe (Instant)


Zubereitung:

Putenbrust in Streifen schneiden, Schalotten schälen und fein würfeln. Das Gemüse waschen.

Die Okraschoten in Scheiben schneiden und die Champignons vierteln oder achteln, je nach Größe.

Die Tomaten am unteren Ende mit einem scharfen Messe kreuzweise einschneiden, mit heißem Wasser überbrühen, enthäuten und achteln, das Kerngehäuse herausschneiden.

Die Paprikaschote waschen, vierteln und von den Samen sowie den weißen Zwischenwänden befreien. Anschließend in feine Streifen schneiden.

1 El Olivenöl erhitzen und die Putenbruststreifen darin braten. Nach dem anbraten salzen und pfeffern, aus der Pfanne nehmen und warm stellen.

Im restlichen Olivenöl die Schalottenwürfel glasig dünsten, Okrascheiben, Pilze, Paprikastreifen und Tomaten dazugeben. Alles dünsten, dann mit der Hühnerbrühe aufgießen.

Putenfleisch hinzufügen und das Ganze ca. 10 Minuten garen (das Wasser nicht mehr aufkochen lassen, es soll nur noch leicht simmern).

## Papaya

Die Papaya ist eine birnenförmige Frucht mit einer grün-gelb-gesprengelten Schale. Das Fruchtfleisch ist blaß- bis tieforangefarben. Es ist saftig und duftet nach reifen Aprikosen. In der Mitte liegen Körner, die nicht verzehrbar sind. Die Frucht ist reif, wenn sie auf leichten Fingerdruck nachgibt und wenn die Schale gelb mit dunklen Sprenkeln versehen ist. Man kann die Papaya direkt aus der Schale essen oder sie würfeln und in Obstsalaten oder gemischten Salaten verwenden.

Hauptanbaugebiete sind Südafrika, Lateinamerika und Afrika. Dort wird die Papaya ganzjährig geerntet.

Reife Papaya haben bei Zimmertemperatur eine Haltbarkeit von 3-4 Tagen.

## Papaya-Colada

Zutaten:

1/2 Papaya
4 cl weißer Rum
3 cl Coconut Cream
3 cl Aprikosensaft
1 cl Orangensaft
1 cl Limettensaft
3 Eiswürfel
2 EL zerstoßenes Eis

Zubereitung:

Die Papaya schälen, längs halbieren und die Kerne entfernen (zweite Hälfte für Nachmittag oder Abend aufbewahren). Das Fruchtfleisch in etwa 1 cm dicke Scheiben schneiden. 1 Scheibe für die Dekoration beiseite legen.

Die restlichen Scheiben mit Rum, Kokosnuß-Creme, den Säften und Eiswürfeln in einen Mixer geben, kräftig zerkleinern.

Den Saft in ein Glas füllen und das zerstoßene Eis dazu geben. Das Glas mit einer Papayascheibe dekorieren.

## PASSIONSFRUCHT

Die aprikosengroßen Früchte haben eine dünne, lederartige, purpurrote bis violett-braune Schale. Die Schale ist bei reifen Früchten runzelig. Das geleeartige Fruchtfleisch hat einen erfrischenden, süß-sauren Geschmack mit einem typischen Aroma. Man kann die Passionsfrüchte roh verzehren oder mit Getränken wie z. B. Fruchtsaft, Longdrinks, Mineralwasser vermischen oder mit anderen Zutaten in vielerlei Nachtischen kombinieren. Passionsfrüchte werden auch zu Maracujalikör verarbeitet.

Hauptanbaugebiete sind Brasilien, Afrika und Lateinamerika. Dort werden sie ganzjährig geerntet.

Reife, gerunzelte Früchte lassen sich noch einige Tage bei Zimmertemperatur aufbewahren.

## EIS-PASSIONSFRUCHT-DESSERT

Zutaten: Für 2 Personen

*3 Eier*
*4 EL Zucker*
*1/2 L Weißwein*
*4 Passionsfrüchte*
*4 Blatt Gelantine*
*1/2 L Sahne*

Zubereitung:

Die Eier und den Zucker schaumig rühren. Ein Wasserbad erhitzen. Den Weißwein zu dem Eier-Zucker-Gemisch geben und im heißen Wasserbad unter ständigem rühren dick-cremig schlagen.

Das Fruchtfleisch der Passionsfrüchte und 4 Blatt eingeweichte und ausgedrückte Gelantine in der warmen Creme auflösen.

Kühlen, bis die Creme zu gelieren beginnt.

Die Sahne steif schlagen und mit dem Schneebesen unter die Creme heben.

Die Masse in kleine Förmchen füllen, mit Alufolie abdecken und im Eisschrank gefrieren lassen.

Zum Servieren die Form kurz in warmes Wasser halten, Förmchen auf einen Dessertteller stürzen und langsam abheben.

## PITAHAYA -GELB-

Die Schale der Pitahaya ist gelb und hat warzenartige Auswüchse. Das Fruchtfleisch ist weiß und hat viele kleine schwarze Kerne. Das Fruchtfleisch ist ähnlich dem der Kiwi. Der Geschmack ist saftig und erfrischend. Ein wirklich exotisches Erlebnis. Die Pitahaya ist roh zu genießen. Achten sie beim Verzehr bitte darauf, daß sie sehr verdauungsfördernd ist.

Hauptanbaugebiet ist Kolumbien. Dort wird sie ganzjährig geerntet, hat aber eine nur knappe Verfügbarkeit.

Die Frucht hält sich bei Zimmertemperatur ca. 3-4 Tage.

## Pitahaya mit Schoko-Nocken

**Zutaten:** Für 4 Personen

2 Pitahayas
125 ml Sahne
100 g Zartbitter-Schokolade
100 ml Sahne (für die Sauce)
1/2 TL Vanillezucker
2 cl Grand Marnier

**Zubereitung:**

125 ml Sahne aufkochen. Den Topf vom Herd nehmen und die in kleine Stücke geschnittene Schokolade unterrühren, bis sie sich vollkommen aufgelöst hat.

Die entstandene Schokosahne mindestens 2 Stunden kühl stellen.

Inzwischen die 100 ml Sahne mit dem Vanillezucker leicht anschlagen und den Grand Marnier unterrühren.

Die Pitahayas schälen, in Scheiben schneiden und auf den flachen Desserttellern verteilen.

Die Schokosahne nach dem Abkühlen mit dem Rührgerät kräftig aufschlagen, bis sie cremig wird. Mit dem Eßlöffel Nocken herausstechen und zu den Pitahayas auf den Teller geben.

Die Grand Marnier-Sahne über die Nocken und die Pitahayascheiben geben.

## PITAHAYA -ROT-

Die Schale der Pitahaya ist rot und hat warzenartige Auswüchse. Das Fruchtfleisch ist entweder weiß oder rot und hat viele kleine schwarze Kerne. Das Fruchtfleisch ist ähnlich dem der Kiwi. Der Geschmack ist saftig und erfrischend. Der gelben Pitahaya gegenüber eher neutral. Sie ist zum Rohverzehr geeignet.

Hauptanbaugebiete sind Vietnam und Israel. Dort wird sie ganzjährig geerntet.

Die Frucht hält sich bei Zimmertemperatur ca. 3-4 Tage.

### QUARKGRATIN MIT PITAHAYA UND FEIGEN

**Zutaten:** Für 4 Personen

*500 g Magerquark*
*3 Eier*
*4 Pitahayas*
*4 frische Feigen*
*abgeriebene Schale einer unbehandelten Zitrone*
*1 Päckchen Vanillezucker*
*1 EL Rum*
*3 EL Puderzucker*
*2 EL Speisestärke*
*3 EL Zucker*
*etwas Butter zum ausfetten*
*einige Minzeblätter zum Garnieren*

Zubereitung:

Den Quark abtropfen lassen oder ausdrücken.

Die Eier trennen. Eigelb, Zitronenschale, Vanillezucker und Rum unter den Quark rühren. Puderzucker und Speisestärke hinzusieben und unterheben.

Das Eiweiß steif schlagen und währenddessen den Zucker zurieseln lassen. Den steifen Eischnee dann unter die Quarkmasse ziehen.

Backofen auf 180 Grad C vorheizen.

4 tiefe, feuerfeste Teller ausfetten (mit etwas Butter) und die Quarkmasse darauf verteilen.

Die Pitahayas und die Feigen schälen, das Fruchtfleisch in Scheiben schneiden und auf dem Quark anordnen.

Ca 15 Minuten überbacken.

Aus dem Ofen nehmen.

Kurz abkühlen lassen und vor dem Servieren mit Minzeblättern garnieren.

## SALAK

Die Frucht hat die Größe einer Feige. Das Äußere erinnert an einen kleinen Tannenzapfen. Die Schale liegt dachziegelartig aneinander. Das Fruchtfleisch ist weißlich-gelb. In der rechten Fruchtfleischhälfte liegt ein Kern, der nicht mitverzehrt werden kann. Der Geschmack erinnert an einen süß-sauren Apfel.

Hauptanbaugebiet ist Südostasien. Die Salak wird dort ganzjährig geerntet.

Die Salak wird ausschließlich roh verzehrt. Die Schale von der Spitze her einschneiden und vorsichtig vom Fruchtfleisch lösen. Die drei Fruchtteile voneinander trennen und die Häutchen darüber mit den Fingern abreiben. Anschließend mit dem Messer die Frucht einschneiden und den nicht eßbaren Kern entfernen.

Bei Zimmertemperatur ist die Salak ca. 4-5 Tage lagerfähig.

## Salak-Apfel-Salat

Zutaten:

*1/2 Apfel*
*etwas Zitronensaft*
*1 Salak*
*1 EL Ahornsirup*
*1 EL gehackte und geröstete Mandelblättchen*
*100 ml Sahne*
*2 Kugeln Vanille- oder Bananeneis*

Zubereitung:

Den 1/2 Apfel vom Kerngehäuse befreien und fein hobeln. Sofort mit etwas Zitronensaft beträufeln.

Die Salak, wie vorher beschrieben vorbereiten und dann würfeln, mit dem Apfel und dem Ahornsirup vermengen.

Die Sahne steifschlagen und die Früchtemischung unter die Sahne heben.

Das Eis in eine Dessert-Schale füllen und den Früchtesalat darübergeben.

## TAMARILLO

Die Frucht hat auf den ersten Blick sehr viel Ähnlichkeit mit einer Tomate. Man nennt sie daher auch Baumtomate. Es umgibt sie eine rote feste Schale. Das Fruchtfleisch ist gelborange und mit Kernen versetzt. Der Saft der Tamarillo ist absolut farbecht. Beim Kauf sollte die Frucht leicht auf Fingerdruck nachgeben und eine intensive rote Schale aufweisen. Der Geschmack ist säuerlich erfrischend.

Der Rohverzehr der Frucht ist möglich, es sollte die Frucht halbiert und das Fruchtfleisch herausgelöffelt werden. Die Schale sollte nicht mitverzehrt werden da sie sehr bitter schmeckt weil sie viele Gerbstoffe enthält. Die Tamarillo eignet sich auch sehr gut zum Kochen. Hauptanbaugebiet ist Kolumbien. Dort wächst sie ganzjährig.

Die Tamarillo kann bei Zimmertemperatur ca. 4-5 Tage gelagert werden.

### LAMMFILET MIT TAMARILLOSAUCE

Zutaten:

1 Lammfilet (ca. 120-150 g)
1 Schalotte
1 EL Butter
schwarzer Pfeffer (frisch gemahlen)
Jodsalz
2 Tamarillos
100 ml trockener Weißwein
1/2 TL weißer Pfeffer (frisch gemahlen)

## Zubereitung:

Wasser zum Kochen bringen. Die eingeritzten Tamarillos darin blanchieren, kalt abschrecken und die Schale abziehen. Schalotte schälen und fein würfeln.

Eine Pfanne mit der Hälfte der Butter erhitzen, das Lammfilet darin anbraten, salzen und pfeffern.

Im Backofen warm halten, mit Alufolie abgedeckt.

Die Schalottenwürfel in der gleichen Pfanne andünsten, mit Weißwein ablöschen und ca. 10 Minuten zugedeckt köcheln lassen.

Die Tamarillos in einem Mixer oder mit dem Stabmixer pürieren. Das Püree in die Pfanne zu den Schalotten geben, den weißen Pfeffer dazustreuen und das Ganze aufkochen. Nach Belieben noch mit Jodsalz abschmecken.

Das Lammfilet nochmals in der Pfanne mit der Sauce erwärmen und dann auf einem flachen Teller anrichten.

Als Sättigungsbeilage empfehle ich Naturreis.

## TOPINAMBUR

Die Topinambur wird auch Erdartischocke genannt. Äußerlich wirkt die Topinambur wie eine behaarte, dreckige Knolle. Das Fleisch ist cremeweiß und fest.

Gründlich gewaschen und in Scheiben oder Würfel geschnitten kann sie gedünstet, gebraten oder gebacken werden.

Hauptanbaugebiet der Topinambur ist Nordamerika. Dort wird sie ganzjährig geerntet.

In einem Plastikbeutel eingewickelt kann sie im Kühlschrank 3-4 Tage gelagert werden.

### TOPINAMBUR-LAUCHSUPPE MIT GEFLÜGELSTREIFEN

Zutaten:

*100 g Topinambur*
*1 Schalotte*
*1 Stange Lauch*
*1 Hähnchenbrustfilet ohne Haut*
*1/4 L Hühnerbrühe (Instant)*
*Jodsalz*
*weißer Pfeffer (frisch gemahlen)*
*1 EL Butterschmalz*
*100 ml Sahne*
*etwas gemahlener Safran*
*1 EL gehackte Petersilie*

Zubereitung:

Die Topinambur gründlich waschen und abbürsten. In kochendem Wasser ca. 5 Minuten blanchieren, kalt abschrecken und schälen, in kleine Würfel schneiden.

Die Schalotte ebenfalls schälen und klein würfeln. Den dunkelgrünen Teil des Lauchs entfernen, die Stange halbieren, waschen und in feine Streifen schneiden.

Das Hähnchenbrustfilet in schmale Streifen schneiden und mit Jodsalz und Pfeffer würzen.

Das Butterschmalz in einem Topf erhitzen, die Fleischstreifen darin anbraten, herausnehmen und zur Seite stellen.

Topinambur, Schalotte und Lauch in den Topf geben und kurz andünsten, mit der Brühe aufgießen. Mit Jodsalz und Pfeffer würzen.

Das Gemüse im geschlossenen Topf weich kochen. Die Sahne zugeben und alles mit dem Stabmixer pürieren. Den Safran unterrühren. Die gebratenen Fleischstreifen kurz in der Suppe erwärmen.

Die Suppe im Teller mit der gehackten Petersilie bestreuen.

## Ugli

Die Ugli ist eine Kreuzung aus Tangerine, Grapefruit und Orange. Sie hat eine schorfige, ungleichmäßige Oberfläche. Die Frucht ist ungleichmäßig rund. Die Farbe der Schale ist gelbgrün oder gelbbraun. Die Schale ist ziemlich dick, läßt sich aber so einfach wie eine Orange schälen. Das Fruchtfleisch ist orangegelb, es ist sehr saftig, süßaromatisch und enthält nur wenig Kerne.

Hauptanbaugebiet ist Jamaica. Sie wird dort in der Zeit von Januar bis Mai geerntet.

Bei Zimmertemperatur hält sich die Ugli ca. 1 Woche.

## Tropensalat

Zutaten:

1 Ugli
1/2 Banane
1/2 Babyananas
2 halbe Pfirsiche (aus der Konserve)
2 EL Pfirsichsaft (aus der Konserve)
4 EL Kokosmilch
1 Prise Muskat
etwas Zucker
etwas Wasser
2 cm Ingwerwurzel
1 TL Zimtpulver
2 TL Kokosraspel

Zubereitung:

Alle Früchte in mundgerechte Stücke schneiden. Den Ingwer schälen und in feine Würfel schneiden, die Hälfte davon zu den Früchten geben, die andere Hälfte mit Zucker und etwas Wasser pürieren bis sich ein Sirup bildet. Dazu nun den Pfirsichsaft, die Kokosmilch und den restlichen Zucker geben, alles zusammen pürieren und dann behutsam unter die Früchte heben.

Für mindestens 2-3 Stunden in den Eisschrank stellen, halbgefroren servieren.

Vorher noch mit einer Kokosraspel-Zimt-Muskat-Mischung bestreuen.

## ZITRONENGRAS

Zitronengras ist äußerlich leicht mit Lauchzwiebeln zu verwechseln. Die äußeren Blätter sind etwas spröde und trocken. Sie sind sehr fest. Darunter werden die Blätter zart und fein. Der Geschmack ist zitronig-würzig. Zur Verwendung die äußeren 2-3 Blätter und das braune untere Ende entfernen und das Gras waschen. Nun von unten angefangen feine Ringe schneiden und zum würzen unter die Gerichte mischen. Ideal für asiatische Gerichte.

Hauptanbaugebiet ist Thailand. Hier wird das Zitronengras ganzjährig geerntet.

Bei Zimmertemperatur ist Zitronengras ca. 5-6 Tage lagerfähig.

Zutaten:

1 Hähnchenbrustfilet (ca. 120-150 g)
80 g Zuckerschoten
1 Halm Zitronengras
etwas Sojasauce
Jodsalz
weißer Pfeffer (frisch gemahlen)
2 EL Sesamöl
60 g Basmati-Reis (Trockengewicht)

Zubereitung:

Das Hähnchenbrustfilet waschen und in mundgerechte Stücke schneiden.

Die Zuckerschoten waschen, abfädeln und einmal in der Länge halbieren.

Das Zitronengras (wie vorher beschrieben) putzen, in kleine Ringe schneiden.

In der Zwischenzeit in reichlich Salzwasser den Basmati-Reis kochen.

Jetzt das Olivenöl in einen Wok (oder eine tiefe Pfanne) geben und das Fleisch anbraten.

Die Zuckerschoten und die Zitronengrasringe dazu geben, kräftig braten lassen. Mit Jodsalz und weißem Pfeffer abschmecken.

Wenn das Fleisch gar ist, mit Sojasauce nach Geschmack verfeinern.

Auf einem vorgewärmten Teller mit Basmati-Reis anrichten.

## Auf ein Wort...

Wie Sie nach Durchsicht der angebotenen Rezepte sicherlich festgestellt haben, sind die Tages-Menue-Pläne sowohl nach Warenangebot als auch nach ökonomischer Sicht erstellt. Für Sie bedeutet dies, daß Sie keine überschüssigen Lebensmittel lagern müssen, die evtl. schlecht werden könnten. Fast alle Lebensmittel werden im Verlauf eines Tages restlos verbraucht.

Anders ist dies, wenn Sie evtl. dazu übergehen innerhalb der verschiedenen Tages-Menue-Pläne eines Tierkreiszeichens, die Speisen untereinander zu tauschen. Selbstverständlich können Sie einen Tages-Plan zusammenstellen, der z. B. das erste Früchstück aus Widder 1, das zweite Frühstück aus Widder 4, das Mittagessen aus Widder 6 usw. enthält. Die Kombinationsmöglichkeiten sind vielfältig und können in einem Tierkreiszeichen uneingeschränkt genutzt werden. Keine Angst, Sie können nichts verkehrt machen, solange Sie sich an die jeweiligen Mondphasen und die dazugehörigen Tierkreiszeichen halten.

Natürlich können Sie sich jetzt ein Leben lang an die vorgegebenen Rezepte und Tages-Menue-Pläne halten; Sinn und Zweck der **MOON-LIGHT-METHODE** ist es aber, daß Sie nach einer gewissen Zeit eine Routine für gesunde Ernährung entwickeln und Ihre eigenen Rezepte kreieren.

Für die nicht so virtuosen Köchinnen und Köche unter Ihnen, besteht aber auch die Möglichkeit den zweiten Teil der **MOON-LIGHT-METHODE** zu erwerben, der für Ende 2004 geplant ist und prallvoll mit neuen Tages-Menue-Vorschlägen sein wird.

# Mondphasen-Kalender

## 2003 und 2004

# Mondphasen-Kalender

| JANUAR | | | FEBRUAR | | | MÄRZ | | |
|---|---|---|---|---|---|---|---|---|
| Mi | 1 | 🐏 | Sa | ● 1 | 👶 | Sa | 1 | 👶 |
| Do | ● 2 | 🐂 | So | 2 | 👶 | So | 2 | 👶 |
| Fr | 3 | 🐂 | Mo | 3 | 👯 | Mo | ● 3 | 👯 |
| Sa | 4 | 🐂 | Di | 4 | 👯 | Di | 4 | 👯 |
| So | 5 | 👶 | Mi | 5 | 👯 | Mi | 5 | 🦁 |
| Mo | 6 | 👶 | Do | 6 | 🦁 | Do | 6 | 🦁 |
| Di | 7 | 👯 | Fr | 7 | 🦁 | Fr | 7 | 🦁 |
| Mi | 8 | 👯 | Sa | 8 | 🐂 | Sa | 8 | 🐂 |
| Do | 9 | 🦁 | So | ◐ 9 | 🐂 | So | 9 | 🐂 |
| Fr | ◐ 10 | 🦁 | Mo | 10 | 🐂 | Mo | 10 | 👯 |
| Sa | 11 | 🦁 | Di | 11 | 👯 | Di | ◐ 11 | 👯 |
| So | 12 | 🐂 | Mi | 12 | 👯 | Mi | 12 | 👯 |
| Mo | 13 | 🐂 | Do | 13 | 🦀 | Do | 13 | 🦀 |
| Di | 14 | 👯 | Fr | 14 | 🦀 | Fr | 14 | 🦀 |
| Mi | 15 | 👯 | Sa | 15 | 🦀 | Sa | 15 | 🦁 |
| Do | 16 | 👯 | So | 16 | 🦁 | So | 16 | 🦁 |
| Fr | 17 | 🦀 | Mo | ○ 17 | 🦁 | Mo | 17 | 👩 |
| Sa | ○ 18 | 🦀 | Di | 18 | 👩 | Di | ○ 18 | 👩 |
| So | 19 | 🦁 | Mi | 19 | 👩 | Mi | 19 | ⚖️ |
| Mo | 20 | 🦁 | Do | 20 | ⚖️ | Do | 20 | ⚖️ |
| Di | 21 | 👩 | Fr | 21 | ⚖️ | Fr | 21 | 🦂 |
| Mi | 22 | 👩 | Sa | 22 | 🦂 | Sa | 22 | 🦂 |
| Do | 23 | ⚖️ | So | ◑ 23 | 🦂 | So | 23 | 🐏 |
| Fr | 24 | ⚖️ | Mo | 24 | 🐏 | Mo | 24 | 🐏 |
| Sa | ◑ 25 | ⚖️ | Di | 25 | 🐏 | Di | ◑ 25 | 🐂 |
| So | 26 | 🦂 | Mi | 26 | 🐂 | Mi | 26 | 🐂 |
| Mo | 27 | 🦂 | Do | 27 | 🐂 | Do | 27 | 🐂 |
| Di | 28 | 🐏 | Fr | 28 | 👶 | Fr | 28 | 👶 |
| Mi | 29 | 🐏 | | | | Sa | 29 | 👶 |
| Do | 30 | 🐂 | | | | So | 30 | 👯 |
| Fr | 31 | 🐂 | | | | Mo | 31 | 👯 |

**2003**

- 🐏 Widder
- 🐂 Stier
- 👯 Zwillinge
- 🦀 Krebs
- 🦁 Löwe
- 👩 Jungfrau
- ⚖️ Waage
- 🦂 Skorpion

# Mondphasen-Kalender

## APRIL

| Tag | Datum | Phase | Zeichen |
|---|---|---|---|
| Di | 1 | Neumond | Widder |
| Mi | 2 | | Widder |
| Do | 3 | | Widder |
| Fr | 4 | | Stier |
| Sa | 5 | | Stier |
| So | 6 | | Zwillinge |
| Mo | 7 | | Zwillinge |
| Di | 8 | | Zwillinge |
| Mi | 9 | | Krebs |
| Do | 10 | zun. Mond | Krebs |
| Fr | 11 | | Löwe |
| Sa | 12 | | Löwe |
| So | 13 | | Löwe |
| Mo | 14 | | Jungfrau |
| Di | 15 | | Jungfrau |
| Mi | 16 | Vollmond | Waage |
| Do | 17 | | Waage |
| Fr | 18 | | Skorpion |
| Sa | 19 | | Skorpion |
| So | 20 | | Schütze |
| Mo | 21 | | Schütze |
| Di | 22 | | Steinbock |
| Mi | 23 | abn. Mond | Steinbock |
| Do | 24 | | Wassermann |
| Fr | 25 | | Wassermann |
| Sa | 26 | | Fische |
| So | 27 | | Fische |
| Mo | 28 | | Fische |
| Di | 29 | | Widder |
| Mi | 30 | | Widder |

## MAI

| Tag | Datum | Phase | Zeichen |
|---|---|---|---|
| Do | 1 | Neumond | Stier |
| Fr | 2 | | Stier |
| Sa | 3 | | Stier |
| So | 4 | | Zwillinge |
| Mo | 5 | | Zwillinge |
| Di | 6 | | Krebs |
| Mi | 7 | | Krebs |
| Do | 8 | | Krebs |
| Fr | 9 | zun. Mond | Löwe |
| Sa | 10 | | Löwe |
| So | 11 | | Jungfrau |
| Mo | 12 | | Jungfrau |
| Di | 13 | | Waage |
| Mi | 14 | | Waage |
| Do | 15 | | Skorpion |
| Fr | 16 | Vollmond | Skorpion |
| Sa | 17 | | Schütze |
| So | 18 | | Schütze |
| Mo | 19 | | Steinbock |
| Di | 20 | | Steinbock |
| Mi | 21 | | Wassermann |
| Do | 22 | | Wassermann |
| Fr | 23 | abn. Mond | Fische |
| Sa | 24 | | Fische |
| So | 25 | | Fische |
| Mo | 26 | | Widder |
| Di | 27 | | Widder |
| Mi | 28 | | Stier |
| Do | 29 | | Stier |
| Fr | 30 | | Stier |
| Sa | 31 | Neumond | Zwillinge |

## JUNI

| Tag | Datum | Phase | Zeichen |
|---|---|---|---|
| So | 1 | | Zwillinge |
| Mo | 2 | | Krebs |
| Di | 3 | | Krebs |
| Mi | 4 | | Krebs |
| Do | 5 | | Löwe |
| Fr | 6 | | Löwe |
| Sa | 7 | zun. Mond | Jungfrau |
| So | 8 | | Jungfrau |
| Mo | 9 | | Waage |
| Di | 10 | | Waage |
| Mi | 11 | | Skorpion |
| Do | 12 | | Skorpion |
| Fr | 13 | | Schütze |
| Sa | 14 | Vollmond | Schütze |
| So | 15 | | Steinbock |
| Mo | 16 | | Steinbock |
| Di | 17 | | Steinbock |
| Mi | 18 | | Wassermann |
| Do | 19 | | Wassermann |
| Fr | 20 | | Fische |
| Sa | 21 | abn. Mond | Fische |
| So | 22 | | Widder |
| Mo | 23 | | Widder |
| Di | 24 | | Widder |
| Mi | 25 | | Widder |
| Do | 26 | | Stier |
| Fr | 27 | | Zwillinge |
| Sa | 28 | | Zwillinge |
| So | 29 | Neumond | Zwillinge |
| Mo | 30 | | Krebs |

Legende:
- Schütze
- Steinbock
- Wassermann
- Fische
- abn. Mond
- zun. Mond
- Neumond
- Vollmond

# Mondphasen-Kalender

| JULI | | | AUGUST | | | SEPTEMBER | | |
|---|---|---|---|---|---|---|---|---|
| Di | 1 | ♋ | Fr | 1 | ♍ | Mo | 1 | ♏ |
| Mi | 2 | ♌ | Sa | 2 | ♍ | Di | 2 | ♏ |
| Do | 3 | ♌ | So | 3 | ♎ | Mi ● | 3 | ♐ |
| Fr | 4 | ♍ | Mo | 4 | ♎ | Do | 4 | ♐ |
| Sa | 5 | ♍ | Di ● | 5 | ♏ | Fr | 5 | ♑ |
| So | 6 | ♍ | Mi | 6 | ♏ | Sa | 6 | ♑ |
| Mo ● | 7 | ♎ | Do | 7 | ♐ | So | 7 | ♑ |
| Di | 8 | ♎ | Fr | 8 | ♐ | Mo | 8 | ♒ |
| Mi | 9 | ♏ | Sa | 9 | ♑ | Di | 9 | ♒ |
| Do | 10 | ♏ | So | 10 | ♑ | Mi ☺ | 10 | ♓ |
| Fr | 11 | ♐ | Mo | 11 | ♒ | Do | 11 | ♓ |
| Sa | 12 | ♐ | Di ☺ | 12 | ♒ | Fr | 12 | ♈ |
| So ☺ | 13 | ♑ | Mi | 13 | ♒ | Sa | 13 | ♈ |
| Mo | 14 | ♑ | Do | 14 | ♓ | So | 14 | ♈ |
| Di | 15 | ♒ | Fr | 15 | ♓ | Mo | 15 | ♉ |
| Mi | 16 | ♒ | Sa | 16 | ♈ | Di | 16 | ♉ |
| Do | 17 | ♓ | So | 17 | ♈ | Mi | 17 | ♊ |
| Fr | 18 | ♓ | Mo | 18 | ♉ | Do ◐ | 18 | ♊ |
| Sa | 19 | ♈ | Di | 19 | ♉ | Fr | 19 | ♊ |
| So | 20 | ♈ | Mi ◐ | 20 | ♉ | Sa | 20 | ♋ |
| Mo ◐ | 21 | ♈ | Do | 21 | ♊ | So | 21 | ♋ |
| Di | 22 | ♉ | Fr | 22 | ♊ | Mo | 22 | ♌ |
| Mi | 23 | ♉ | Sa | 23 | ♋ | Di | 23 | ♌ |
| Do | 24 | ♊ | So | 24 | ♋ | Mi | 24 | ♍ |
| Fr | 25 | ♊ | Mo | 25 | ♋ | Do | 25 | ♍ |
| Sa | 26 | ♊ | Di | 26 | ♌ | Fr ○ | 26 | ♎ |
| So | 27 | ♋ | Mi ○ | 27 | ♌ | Sa | 27 | ♎ |
| Mo | 28 | ♋ | Do | 28 | ♍ | So | 28 | ♏ |
| Di ○ | 29 | ♌ | Fr | 29 | ♍ | Mo | 29 | ♏ |
| Mi | 30 | ♌ | Sa | 30 | ♎ | Di | 30 | ♏ |
| Do | 31 | ♌ | So | 31 | ♎ | | | |

**2003**

♈ Widder   ♊ Zwillinge   ♌ Löwe   ♎ Waage
♉ Stier    ♋ Krebs       ♍ Jungfrau ♏ Skorpion

Mondphasen-Kalender 433

| OKTOBER | | | NOVEMBER | | | DEZEMBER | | |
|---|---|---|---|---|---|---|---|---|
| Mi | 1 | ♐ | Sa ☽ | 1 | ♒ | Mo | 1 | ♓ |
| Do ☽ | 2 | ♐ | So | 2 | ♒ | Di | 2 | ♓ |
| Fr | 3 | ♑ | Mo | 3 | ♓ | Mi | 3 | ♈ |
| Sa | 4 | ♑ | Di | 4 | ♓ | Do | 4 | ♈ |
| So | 5 | ♒ | Mi | 5 | ♓ | Fr | 5 | ♉ |
| Mo | 6 | ♒ | Do | 6 | ♈ | Sa | 6 | ♉ |
| Di | 7 | ♓ | Fr | 7 | ♈ | So | 7 | ♉ |
| Mi | 8 | ♓ | Sa | 8 | ♉ | Mo ☺ | 8 | ♊ |
| Do | 9 | ♈ | So ☺ | 9 | ♉ | Di | 9 | ♊ |
| Fr ☺ | 10 | ♈ | Mo | 10 | ♉ | Mi | 10 | ♊ |
| Sa | 11 | ♈ | Di | 11 | ♊ | Do | 11 | ♋ |
| So | 12 | ♉ | Mi | 12 | ♊ | Fr | 12 | ♋ |
| Mo | 13 | ♉ | Do | 13 | ♋ | Sa | 13 | ♌ |
| Di | 14 | ♊ | Fr | 14 | ♋ | So | 14 | ♌ |
| Mi | 15 | ♊ | Sa | 15 | ♋ | Mo | 15 | ♍ |
| Do | 16 | ♊ | So | 16 | ♌ | Di ☽ | 16 | ♍ |
| Fr | 17 | ♋ | Mo ☽ | 17 | ♌ | Mi | 17 | ♍ |
| Sa ☽ | 18 | ♋ | Di | 18 | ♍ | Do | 18 | ♍ |
| So | 19 | ♌ | Mi | 19 | ♍ | Fr | 19 | ♍ |
| Mo | 20 | ♌ | Do | 20 | ♎ | Sa | 20 | ♎ |
| Di | 21 | ♌ | Fr | 21 | ♎ | So | 21 | ♎ |
| Mi | 22 | ♍ | Sa | 22 | ♏ | Mo | 22 | ♐ |
| Do | 23 | ♍ | So | 23 | ♏ | Di ● | 23 | ♐ |
| Fr | 24 | ♎ | Mo ● | 24 | ♐ | Mi | 24 | ♑ |
| Sa ● | 25 | ♎ | Di | 25 | ♐ | Do | 25 | ♑ |
| So | 26 | ♏ | Mi | 26 | ♑ | Fr | 26 | ♒ |
| Mo | 27 | ♏ | Do | 27 | ♑ | Sa | 27 | ♒ |
| Di | 28 | ♐ | Fr | 28 | ♒ | So | 28 | ♓ |
| Mi | 29 | ♐ | Sa | 29 | ♒ | Mo | 29 | ♓ |
| Do | 30 | ♑ | So ● | 30 | ♒ | Di ☽ | 30 | ♈ |
| Fr | 31 | ♑ | | | | Mi | 31 | ♈ |

♐ Schütze  ♒ Wassermann  ☽ abn. Mond  ☽ zun. Mond
♑ Steinbock  ♓ Fische  ● Neumond  ☺ Vollmond

| JANUAR | | | FEBRUAR | | | MÄRZ | | |
|---|---|---|---|---|---|---|---|---|
| Do | 1 | 🐑 | So | 1 | 👬 | Mo | 1 | 🦀 |
| Fr | 2 | 🐂 | Mo | 2 | 👬 | Di | 2 | 🦀 |
| Sa | 3 | 🐂 | Di | 3 | 🦀 | Mi | 3 | 🦀 |
| So | 4 | 👬 | Mi | 4 | 🦀 | Do | 4 | 🦁 |
| Mo | 5 | 👬 | Do | 5 | 🦀 | Fr | 5 | 🦁 |
| Di | 6 | 👬 | Fr ☺ | 6 | 🦁 | Sa | 6 | 👧 |
| Mi ☺ | 7 | 🦀 | Sa | 7 | 🦁 | So ☺ | 7 | 👧 |
| Do | 8 | 🦀 | So | 8 | 👧 | Mo | 8 | ⚖ |
| Fr | 9 | 🦁 | Mo | 9 | 👧 | Di | 9 | ⚖ |
| Sa | 10 | 🦁 | Di | 10 | ⚖ | Mi | 10 | ⚖ |
| So | 11 | 🦁 | Mi | 11 | ⚖ | Do | 11 | 🦂 |
| Mo | 12 | 👧 | Do | 12 | 🦂 | Fr | 12 | 🦂 |
| Di | 13 | 👧 | Fr ◐ | 13 | 🦂 | Sa ◐ | 13 | 🏹 |
| Mi | 14 | ⚖ | Sa | 14 | 🏹 | So | 14 | 🏹 |
| Do ● | 15 | ⚖ | So | 15 | 🏹 | Mo | 15 | 🐐 |
| Fr | 16 | 🦂 | Mo | 16 | 🏹 | Di | 16 | 🐐 |
| Sa | 17 | 🦂 | Di | 17 | 🐐 | Mi | 17 | ♒ |
| So | 18 | 🏹 | Mi | 18 | 🐐 | Do | 18 | ♒ |
| Mo | 19 | 🏹 | Do | 19 | ♒ | Fr | 19 | 🐟 |
| Di | 20 | 🐐 | Fr ● | 20 | ♒ | Sa ● | 20 | 🐟 |
| Mi ○ | 21 | 🐐 | Sa | 21 | 🐟 | So | 21 | 🐑 |
| Do | 22 | ♒ | So | 22 | 🐟 | Mo | 22 | 🐑 |
| Fr | 23 | ♒ | Mo | 23 | 🐑 | Di | 23 | 🐑 |
| Sa | 24 | 🐟 | Di | 24 | 🐑 | Mi | 24 | 🐂 |
| So | 25 | 🐟 | Mi | 25 | 🐂 | Do | 25 | 🐂 |
| Mo | 26 | 🐟 | Do | 26 | 🐂 | Fr | 26 | 👬 |
| Di | 27 | 🐑 | Fr | 27 | 🐂 | Sa | 27 | 👬 |
| Mi | 28 | 🐑 | Sa ◑ | 28 | 👬 | So | 28 | 👬 |
| Do ◑ | 29 | 🐂 | So | 29 | 👬 | Mo ◑ | 29 | 🦀 |
| Fr | 30 | 🐂 | | | | Di | 30 | 🦀 |
| Sa | 31 | 🐂 | | | | Mi | 31 | 🦁 |

**2004** 🐑 Widder 👬 Zwillinge 🦁 Löwe ⚖ Waage
🐂 Stier 🦀 Krebs 👧 Jungfrau 🦂 Skorpion

Mondphasen-Kalender

| APRIL | | | MAI | | | JUNI | | |
|---|---|---|---|---|---|---|---|---|
| Do | 1 | ♌ | Sa | 1 | ♊ | Di | 1 | ♋ |
| Fr | 2 | ♌ | So | 2 | ♎ | Mi | 2 | ♋ |
| Sa | 3 | ♌ | Mo | 3 | ♎ | Do ☺ | 3 | ♐ |
| So | 4 | ♌ | Di ☺ | 4 | ♋ | Fr | 4 | ♐ |
| Mo ☺ | 5 | ♎ | Mi | 5 | ♋ | Sa | 5 | ♑ |
| Di | 6 | ♎ | Do | 6 | ♐ | So | 6 | ♑ |
| Mi | 7 | ♋ | Fr | 7 | ♐ | Mo | 7 | ♒ |
| Do | 8 | ♋ | Sa | 8 | ♑ | Di | 8 | ♒ |
| Fr | 9 | ♐ | So | 9 | ♑ | Mi ◐ | 9 | ♓ |
| Sa | 10 | ♐ | Mo | 10 | ♒ | Do | 10 | ♓ |
| So | 11 | ♑ | Di ◐ | 11 | ♒ | Fr | 11 | ♌ |
| Mo ◐ | 12 | ♑ | Mi | 12 | ♒ | Sa | 12 | ♌ |
| Di | 13 | ♒ | Do | 13 | ♓ | So | 13 | ♌ |
| Mi | 14 | ♒ | Fr | 14 | ♓ | Mo | 14 | ♉ |
| Do | 15 | ♓ | Sa | 15 | ♌ | Di | 15 | ♉ |
| Fr | 16 | ♓ | So | 16 | ♌ | Mi | 16 | ♊ |
| Sa | 17 | ♓ | Mo | 17 | ♉ | Do ● | 17 | ♊ |
| So | 18 | ♌ | Di | 18 | ♉ | Fr | 18 | ♊ |
| Mo ● | 19 | ♌ | Mi ● | 19 | ♉ | Sa | 19 | ♋ |
| Di | 20 | ♉ | Do | 20 | ♊ | So | 20 | ♋ |
| Mi | 21 | ♉ | Fr | 21 | ♊ | Mo | 21 | ♌ |
| Do | 22 | ♉ | Sa | 22 | ♋ | Di | 22 | ♌ |
| Fr | 23 | ♊ | So | 23 | ♋ | Mi | 23 | ♌ |
| Sa | 24 | ♊ | Mo | 24 | ♋ | Do | 24 | ♌ |
| So | 25 | ♋ | Di | 25 | ♌ | Fr ◑ | 25 | ♌ |
| Mo | 26 | ♋ | Mi | 26 | ♌ | Sa | 26 | ♎ |
| Di ◑ | 27 | ♋ | Do ◑ | 27 | ♌ | So | 27 | ♎ |
| Mi | 28 | ♌ | Fr | 28 | ♌ | Mo | 28 | ♋ |
| Do | 29 | ♌ | Sa | 29 | ♌ | Di | 29 | ♋ |
| Fr | 30 | ♌ | So | 30 | ♎ | Mi | 30 | ♐ |
| | | | Mo | 31 | ♎ | | | |

♐ Schütze  ♒ Wassermann  ◐ abn. Mond  ◑ zun. Mond
♑ Steinbock  ♓ Fische  ● Neumond  ☺ Vollmond

| JULI | | | AUGUST | | | SEPTEMBER | | |
|---|---|---|---|---|---|---|---|---|
| Do | 1 | ♈ | So | 1 | ♏ | Mi | 1 | ♌ |
| Fr ☺ | 2 | ♉ | Mo | 2 | ♏ | Do | 2 | ♌ |
| Sa | 3 | ♉ | Di | 3 | ♐ | Fr | 3 | ♌ |
| So | 4 | ♏ | Mi | 4 | ♐ | Sa | 4 | ♉ |
| Mo | 5 | ♏ | Do | 5 | ♌ | So | 5 | ♉ |
| Di | 6 | ♐ | Fr | 6 | ♌ | Mo ◐ | 6 | ♊ |
| Mi | 7 | ♐ | Sa ◐ | 7 | ♉ | Di | 7 | ♊ |
| Do | 8 | ♌ | So | 8 | ♉ | Mi | 8 | ♋ |
| Fr ◐ | 9 | ♌ | Mo | 9 | ♉ | Do | 9 | ♋ |
| Sa | 10 | ♌ | Di | 10 | ♊ | Fr | 10 | ♋ |
| So | 11 | ♉ | Mi | 11 | ♊ | Sa | 11 | ♌ |
| Mo | 12 | ♉ | Do | 12 | ♋ | So | 12 | ♌ |
| Di | 13 | ♊ | Fr | 13 | ♋ | Mo | 13 | ♍ |
| Mi | 14 | ♊ | Sa | 14 | ♋ | Di ● | 14 | ♍ |
| Do | 15 | ♊ | So | 15 | ♌ | Mi | 15 | ♍ |
| Fr | 16 | ♋ | Mo ● | 16 | ♌ | Do | 16 | ♎ |
| Sa ● | 17 | ♋ | Di | 17 | ♍ | Fr | 17 | ♎ |
| So | 18 | ♌ | Mi | 18 | ♍ | Sa | 18 | ♏ |
| Mo | 19 | ♌ | Do | 19 | ♎ | So | 19 | ♏ |
| Di | 20 | ♌ | Fr | 20 | ♎ | Mo ◑ | 20 | ♐ |
| Mi | 21 | ♍ | Sa | 21 | ♎ | Di | 21 | ♐ |
| Do | 22 | ♍ | So | 22 | ♏ | Mi | 22 | ♑ |
| Fr | 23 | ♎ | Mo ◑ | 23 | ♏ | Do | 23 | ♑ |
| Sa | 24 | ♎ | Di | 24 | ♐ | Fr | 24 | ♏ |
| So ◑ | 25 | ♏ | Mi | 25 | ♐ | Sa | 25 | ♏ |
| Mo | 26 | ♏ | Do | 26 | ♑ | So | 26 | ♐ |
| Di | 27 | ♏ | Fr | 27 | ♑ | Mo | 27 | ♐ |
| Mi | 28 | ♈ | Sa | 28 | ♏ | Di ☺ | 28 | ♐ |
| Do | 29 | ♈ | So | 29 | ♏ | Mi | 29 | ♌ |
| Fr | 30 | ♑ | Mo ☺ | 30 | ♐ | Do | 30 | ♌ |
| Sa ☺ | 31 | ♑ | Di | 31 | ♐ | | | |

**2004**

♌ Widder  ♊ Zwillinge  ♌ Löwe  ♎ Waage
♉ Stier  ♋ Krebs  ♍ Jungfrau  ♏ Skorpion

Mondphasen-Kalender 437

| OKTOBER | | | NOVEMBER | | | DEZEMBER | | |
|---|---|---|---|---|---|---|---|---|
| Fr | 1 | ♉ | Mo | 1 | ♊ | Mi | 1 | ♋ |
| Sa | 2 | ♉ | Di | 2 | ♋ | Do | 2 | ♌ |
| So | 3 | ♊ | Mi | 3 | ♋ | Fr | 3 | ♌ |
| Mo | 4 | ♊ | Do | 4 | ♋ | Sa | 4 | ♌ |
| Di | 5 | ♊ | Fr ● | 5 | ♌ | So ● | 5 | ♌ |
| Mi ● | 6 | ♋ | Sa | 6 | ♌ | Mo | 6 | ♌ |
| Do | 7 | ♋ | So | 7 | ♌ | Di | 7 | ♎ |
| Fr | 8 | ♌ | Mo | 8 | ♌ | Mi | 8 | ♎ |
| Sa | 9 | ♌ | Di | 9 | ♎ | Do | 9 | ♍ |
| So | 10 | ♌ | Mi | 10 | ♎ | Fr | 10 | ♍ |
| Mo | 11 | ♌ | Do | 11 | ♎ | Sa | 11 | ♐ |
| Di | 12 | ♌ | Fr ☺ | 12 | ♍ | So ☺ | 12 | ♐ |
| Mi | 13 | ♎ | Sa | 13 | ♍ | Mo | 13 | ♑ |
| Do ☺ | 14 | ♎ | So | 14 | ♐ | Di | 14 | ♑ |
| Fr | 15 | ♍ | Mo | 15 | ♐ | Mi | 15 | ♒ |
| Sa | 16 | ♍ | Di | 16 | ♑ | Do | 16 | ♒ |
| So | 17 | ♐ | Mi | 17 | ♑ | Fr | 17 | ♓ |
| Mo | 18 | ♐ | Do | 18 | ♒ | Sa ◐ | 18 | ♓ |
| Di | 19 | ♑ | Fr ◐ | 19 | ♒ | So | 19 | ♈ |
| Mi ◐ | 20 | ♑ | Sa | 20 | ♓ | Mo | 20 | ♈ |
| Do | 21 | ♑ | So | 21 | ♓ | Di | 21 | ♈ |
| Fr | 22 | ♒ | Mo | 22 | ♈ | Mi | 22 | ♉ |
| Sa | 23 | ♒ | Di | 23 | ♈ | Do | 23 | ♉ |
| So | 24 | ♓ | Mi | 24 | ♈ | Fr | 24 | ♊ |
| Mo | 25 | ♓ | Do | 25 | ♉ | Sa | 25 | ♊ |
| Di | 26 | ♈ | Fr ☉ | 26 | ♉ | So ☉ | 26 | ♊ |
| Mi | 27 | ♈ | Sa | 27 | ♊ | Mo | 27 | ♋ |
| Do ☉ | 28 | ♉ | So | 28 | ♊ | Di | 28 | ♋ |
| Fr | 29 | ♉ | Mo | 29 | ♋ | Mi | 29 | ♌ |
| Sa | 30 | ♉ | Di | 30 | ♋ | Do | 30 | ♌ |
| So | 31 | ♊ | | | | Fr | 31 | ♌ |

♐ Schütze  ♒ Wassermann  ● abn. Mond  ◐ zun. Mond
♑ Steinbock  ♓ Fische  ● Neumond  ☺ Vollmond

## BEZUGSQUELLEN

### BRENNESSEL-TEE

Getrocknetes Brennesselkraut bekommen Sie in jeder gut sortierten Apotheke zu einem angemessenen Preis von ca. 2.- Euro pro 100g. Für den Tee verwenden Sie je Tasse 2 TL Brennes-selkraut und überbrühen es mit kochendem Wasser, ca 5-7 Minuten ziehen lassen und dann abseihen in eine Tasse.

### BRENNESSEL-PREßSAFT

Brennessel-Preßsaft bekommen Sie in jeder Apotheke oder Drogerie zum Preis von ca. 5-6 Euro pro 200 ml. Hier kommt es nicht auf einen speziellen Hersteller an. Brennessel-Preßsaft unterliegt strengen Kontrollen und jeder Her-steller ist bemüht diese zu erfüllen.

### ENTSAFTER

Ich empfehle Ihnen den Entsafter des Vector-Versandes aus dem TV-TeleShop zum Preis von 149.- Euro, Sie können keinen besseren bekommen! Er gibt Ihnen die Möglichkeit Gemüse und Obst größtenteils unzerteilt und mit Schale zu entsaften.

# KRANKHEITEN UND IHRE MIXGETRÄNKE

| | |
|---|---|
| AKNE | Alles klar 270, Hingucker 271 |
| AUGEN | Crystal-Clear 35, Eagle-Eye 35 |
| BAUCHSPEICHELDRÜSE | Aufräumer 168 |
| BLÄHUNGEN | Pusteblume 168 |
| BLUTREGENERATOR | Blutregenerator 141 |
| EKZEME | Ekztremo 271 |
| ENTSCHLACKUNG | ...and find out 270, Transformator 168 |
| FINGER- U. FUßNÄGEL | Kralle 328, Kratzer 328, Nail Up 329 |
| GALLE | Galliläo 167, (G)alltäglich 167 |
| GEWICHTSREDUZIERUNG | Jetzt oder Nie 169 |
| HAARE | Hair-Care 35, Hair-Protection 36, Carrot-High 36 |
| HAUTREINIGER | Karoderma 270 |
| HARNWEGSERKRANKUNGEN | Voll die Krise 222 |
| HERZ | Fruchtpumpe 140 |
| HERZ-KREISLAUF | Fit... 139, 4 139, ...Fun 139, Turn Around 140, Kreisel 140 |
| KNOCHENAUFBAU | Stabilo 88, 246, 271, 298, 327, Basic Instinct 88, 247, 298, 328 |

| | |
|---|---|
| | Richt-Fest 88, Alcatraz 89, 246, 298, 327, Steel-Eagle 89, 247, 298, Bone-Shaker 89 |
| Kopfschmerzen | Headache-Killer 36 |
| Kreislauf | Circuit 141 |
| Lunge | Steife Brise 112, Langer Atem 112, Air-Craft 112, Fresh Air 113, Breath 113 |
| Magen | Schon gegessen? 166, Voll satt 167 |
| Migräne | Migrane Diminisher 36, 37 |
| Nebenhöhlen | Sneezer 37 |
| Nieren | Kidney-Blazer 196, Nierana 196, Honey-Sucker 196, Out of Nierstein 196, Wasser Marsch 197, Nitro 197 |
| Potenzsteigerung | Na Hoppla 221, Hey Babe 221 Der mit der Wurzel 221 |
| Prostatabeschwerden | Na Prostata 222, Wassermann 222 |
| Venenstärkung | Steel Eagle 247, Venus 247, 298 |
| Verdauung | Now... 166, ...or Never 166 |
| Zahnfleisch | Paradontix 63, Pinky 63, Ground Zero 63 |
| Zähne | Biß-Fest 61, Apfeltest 61, Der Mandarin 61, Za(h)nk-Apfel 62, Aldente 62, Spooky-Tooth 62 |